21世纪 通识课系列教材

学校心理辅导

XUE XIAO XINLI FUDAO

王金道 编著

中国人民大学出版社
·北京·

前言 Foreword

21世纪是一个信息化、高科技化和全球经济一体化的时代。现在人们的生活、学习、工作与以往相比已发生了巨大的变化，而现在的生活又绝不能和未来相提并论。今天坐在教室内的学生，20年以后将成为国家的栋梁，他们的身心健康状况如何，直接关系到社会发展的前景。因此，现在人们对身心健康的期望越来越高，特别是对青少年心理健康教育的要求不断增长。

心理健康教育作为素质教育的重要组成部分，是许多人学习、关心的内容。开展心理健康教育是根据学生生理、心理发展特点，运用有关心理教育方法和手段培养学生良好的心理素质，促进学生身心全面和谐发展和素质全面提高的教育活动，是实施《面向21世纪教育振兴行动计划》，落实《跨世纪素质教育工程》，培养跨世纪高素质人才的重要环节。中共中央国务院《关于深化教育改革 全面推进素质教育的决定》强调，在全面推进素质教育的工作中，必须更加重视德育工作，加强学生的心理健康教育。《中国普通高等学校德育大纲（试行）》明确提出，要把心理健康教育作为学校德育的重要组成部分。

本书是为了那些准备从事心理健康教育的大学生，以及有志于心理辅导或心理咨询的青年人编写的教材和读物。它又是一本适合家长、医护人员和关心自己心理健康的人使用的工具书。编者是从素质教育的角度和心理疾病的形成过程，结合青少年的身心特点、临床经验和理论的研究成果来写这本书的。给读者一个具体的、可行的心理卫生措施以及心理辅导的具体方法是本书的一个特点。根据中华人民共和国劳动和社会保障部2001年颁布的《国家职业标准心理咨询师（试行）》规定，规范这一职业的技术要求和知识水平，是本书的宗旨。本书具有较强的可操作性，对学校心理辅导人员具有一定的指导性。将具体的理论和临床经验进行有机结合，是本书的另一大特点。

本书内容大致分为四个部分。第一，主要阐述心理健康教育的发展、心理健康的标准、健康概念的演变以及心理健康和素质教育的关系。第二，系统地阐述了心理健康疾病产生的理论基础和过程，使从事心理健康教育的人们对心理疾病的产生过程有一个清晰的认识，以准确把握心理问题的性质和特点。第三，主要向读者介绍心理健康教育的技术和方法。特别是对有志于从事心理辅导的人来说，这是必须掌握的技术。第四，介绍了心理健康教育的活动内容、方法和形式，同时介绍了国家对心理咨询师的具体要求。

从事心理咨询工作已有多年，接触患有心理障碍的来访者越多，我的感觉也越多，这促使我萌生了写这本书的想法。本书的许多内容也多次给参加继续教育学习的老师们和本科生讲授。为了写一本集科学性、操作性、通俗性于一体的专著，我辗转反侧，几次搁笔，怕难以完成，但每次看到前来咨询的学生和病人我又有了继续写下去的勇气。在我的亲人、同学、朋友的支持下本书终于得以完成。在写作本书的过程中，本应该在已出版的基础上进行大幅度的改动，但是，由于教学、科研、行政事务缠身，未能如愿以偿。本次出版只是将部分内容进行了必要的删减，以满足教学的需要。

最后还要说明的是，本书参考了近几年国内外相关的科研成果和资料，在此表示感谢。另外，由于自己的学术水平、精力、时间有限，本书难免存在许多疏漏和缺点，还请各位年轻的朋友、老师和同仁批评指正。

作者

目录
Contents

第一章 心理健康教育概述

21世纪是科技高度发达、国际竞争非常激烈的时代。再过20年，今天坐在教室里的青少年就到了为国家出力的时候。而那时他们面对的竞争、压力、紧张、烦恼等，要比我们这一代人大得多，因而他们的心理素质优劣直接关系到国家的前途和命运。学校教育是培养人才的工作，应该具有前瞻性。今天的教育是否成功，只有等待未来去检验。我们不能再用过去的教育方法去教育今天的学生。我们要让学生学会生存、学会学习、学会交际、学会适应，为此，对学生进行心理健康教育势在必行。这是现实的要求，也是未来对我们的要求。未来摆在人们面前的将是梦想和磨砺并存、机遇与绝望并存、希望与痛苦并存、光荣与苦难并存的多元化选择的时代。时代呼唤高素质、高创造力和个性健康的人才，要求基础教育必须摆脱应试教育的束缚，走素质教育之路。而培养具有优良心理素质的人才，已逐步成为现代学校教育的一项重要任务，开展心理健康教育是现代学校教育的一个重要标志，心理健康教育是素质教育的基础工程，已成为人们的共识。

中小学生处在身心发展的关键时期，这个时期充满活力，也孕育着矛盾，容易偏离心理正常状态而导致许多不适应行为。据全国调查资料显示，中小学生心理健康问题越来越突出，而且有随年龄增大而增长的趋势。1997年杭州市对上万名学生的调查研究表明，有16.79%的学生存在严重的心理问题，其中初中生占13.76%、高中生占18.79%、大学生占25.86%。上海市的研究结果也证明中学生存在较多的问题，中学生中有15.6%的人有心理问题。我国学者杨莲清（1997年）调查了899名中小学生，其中至少有一项指标不健康的检出率为21.6%。这就是说，以我国现有的93.2万所中小学校在籍的1.8亿中小学生推测，我国有3 000万中小学生有各种各样的心理健康问题。据2000年3月中国科学院心理研究所报道：我国中学生有心理平衡方面问题的占33.4%，有学习压力方面问题的占36.7%，有人际关系方面问题的占31.4%，有情绪方面问题的占35.0%，有偏执方面问题的占24.6%。

心理学家们给出了一个惊人的数字：人群中80%的人在不同的年龄阶段甚至一生均存在不同程度的心理疾病、人格缺陷和习惯性不良行为。他们还指出，社会越发展，人们越容易产生心理问题。因此，加强对中小学生进行心理健康教育是一项刻不容缓的工作。本章将从健康和疾病的关系以及心理卫生角度阐述对青少年进行心理健康教育的重要作用。

第一节　健康和疾病的关系

一、健康概念的演变

随着生产力水平的提高、科学技术的发展和社会的不断进步，人们对健康的要求越来越高。但是，对于什么是健康，人们却有不同的理解。编者曾随一家电视台在闹市区进行现场采访，问过往群众什么是健康，有人说脸红就是健康，脸白就是不健康，有人说不拉肚子就是健康，有人说没有疾病就是健康，众说纷纭。其实，健康的概念是随时代的发展和医学模式的转变而发生变化的。

（一）生理、心理的变化关系

生物科学和医学的进步为人类的健康做出了卓越的贡献。但生物医学把人简单地当做一个生物有机体来研究，实验生理学主要用动物实验的方法研究人体各系统、各部分的生理功能，而细胞病理学则把人体当做细胞的“联合王国”，认为它是由不同细胞组成的各种器官巧妙地构筑在一起的一个生物体。这种非人性化的医学，把健康和疾病主要理解成人体器官系统发育是否良好和机体的功能是否正常。这种健康标准通常是用体格检查和各种生理生化指标来衡量的，即人们常说的“健康就是没有病”。

随着自然科学和社会科学的飞速发展，人和环境的关系、心理和生理关系的重要性越来越被临床医学所认识，社会上的种种事件、人际关系、自然状态等，通过人的心理反映到每一个个体身上，引起其心理的、生理的和生物化学的种种变化，从而使其健康状况发生改变。反过来，有了疾病会给人带来许多心理问题，又影响其疾病的进程（见图1—1）。现代医学已经证明，导致死亡的原因主要是死者的心理、生活方式、生活习惯等因素，而不是生物因素。因此，单纯用药物、理疗和手术来治疗疾病是远远不够的。现代医学的发展强调应从社会、心理、生物三方面去综合治疗，因此对健康的定义也就发生了根本性的变化。

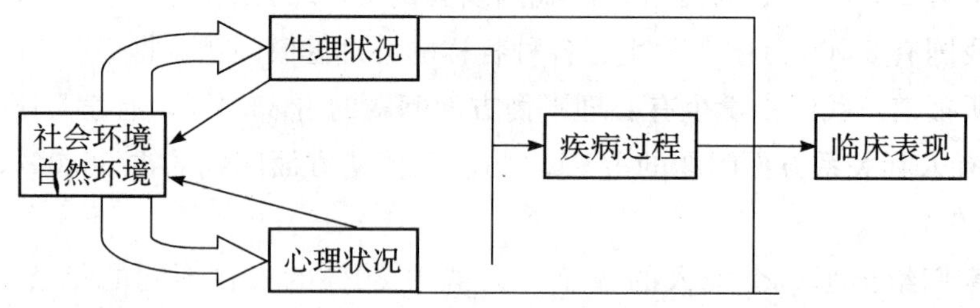

图1—1　疾病过程中的生理、心理、社会因素关系图

（二）健康概念的含义

从现代医学模式即生物—心理—社会医学模式来看，健康应包括生物（躯体）、心理和社会三方面的内容，而不仅仅是生理上没有病态。1946年世界卫生组织（WHO）对健康的定义是：健康乃是一种在身体、心理和社会上的完满状态，而不仅仅是没有疾病和虚弱的状态。1989年世界卫生组织又对健康重新定义：健康不仅仅是没有疾病，而且包括躯体健康、心理健康、社会适应良好和道德健康。社会适应良好这一标准是目前全世界公认的心理健康的首要标准，因此归纳起来，一个人的全面健康必须包括躯体健康、心理健康和道德健康三个组成部分，三者密不可分，形成一个整体。

（三）新世纪健康概念的含义和健康的表现

进入21世纪后，心理健康上升为提高民族素质的当务之急。因此，许多学者提出健康概念的整体观，即以道德健康为统帅，以生理健康为基础，以心理健康和社会适应良好为核心的有机整体。

1. 道德健康是人类健康体系的统帅

21世纪的人类健康概念是建立在民主、平等、进步的道德价值体系之上的。道德健康的表现为：热爱生命、热爱人类、热爱和平、热爱劳动、保护环境，为建设更完美的人类社会努力奉献自己诚实的劳动；遵纪守法、热心公益、乐于助人、爱护公共财产；尊重妇女、保护儿童；尊重科学、坚持真理。只有在富于人道主义的高尚道德指引下，生理健康、心理健康、社会适应各方面方能有机整合，全面发展；健康的人组成健康的家庭，养育健康的后代，促进民族素质的提高，推动社会的健康发展。

无论是心理健康还是良好的社会适应，都是在健康的道德指引下发展起来的。如果一个人的道德价值体系建立在压迫人剥削人、损人利己、牺牲他人利益、漠视他人生命、无视社会公德和法律等不人道、不民主、不平等、不进步甚至腐朽反动的基础上，那么这个人的身体越是强健，智力越是优秀，心理素质越好，他给社会带来的危害可能越是巨大。发生在今天社会的高智商犯罪，具有高学历的恐怖分子、杀手、黑客等现象，不能不引起人们的警示，因此，人们将道德健康推到21世纪健康体系的统帅位置上是非常必要的。

2. 生理健康是健康的物质基础

生理健康不仅仅是不生疾病。“没有疾病就是健康”的概念源于20世纪初人类的文明发展与卫生水平仍很低下的状况。

21世纪的生理健康应该表现为：体力充沛，精神饱满；肢体灵活，步履轻快；肌肉强健有力，运动自如协调；身材匀称，体重适中；耳聪目明，听觉锐敏，眼光灵活，眼神炯炯，注意力稳定集中；牙齿稳固强健，食欲、消化俱佳；头发浓密富于光泽，皮肤光洁有弹性；醒时神清气爽，入睡则安稳踏实；能有效抵御一般疾病的侵袭和气候环境的变化，能成功担负起现代社会高节奏、高强度的工作与学习生活。

3. 心理健康和社会适应良好是健康体系的核心

（1）健康的人格表现。21世纪的心理健康要求个体人格完善，自我意识、自我评价客观准确，智能良好，情感健全，意志坚强。所谓人格完善，是指个体拥有与人类社会民主进步总趋势协调一致的人生信念、理想、兴趣、动机以及需要等。并且，所有这些人格倾向性与自己的气质、能力、性格等人格心理特征组成和谐的整体并得到全面发展；能有效地适应社会生活环境的变化及自身身心的发展，完满发挥自己身心的最大潜能，积极为社会创造物质文明财富和精神文明财富。个体在社会大环境和小环境中找准自己的位置，认清自己的人生目标，清醒地认识到自己的能与不能、长处与不足，方能与他人发展与建立起和谐的人际关系。

(2) 健康的智能表现。高科技时代的竞争，优秀的智能是重要的前提。良好的健康智能表现为：感知敏锐，反应迅捷；观察全面、精细而又准确；注意范围广、稳定而又能迅速转移；记忆清晰、准确并持久；思维敏捷流畅、推理逻辑严密；想象丰富生动、富于创造性；接受新事物快，善于模仿，善于学习；独立思考，见解创新；长于综合，精于分析；心灵手巧，善于解决问题，勇于创造新事物。现代文明的演化推动了人类智能的突飞猛进，21世纪对人类智能的要求将达到前所未有的高度。

(3) 健康的情绪、情感表现。仅有高智商并不能保证事业成功，人生幸福。高科技时代的今天，高速度、快节奏、多变化给人带来更加强烈的情绪冲击，各种冲突、矛盾远比以往任何年代更普遍更尖锐，因而，要求情感更加健全。情感健全的表现为：情绪稳定、调控适度、愉悦开朗。一个热爱生活、朝气蓬勃、热情乐观、自尊自信的人，能准确地把握和调控自己的情绪表现，保持平和心境；既不狂喜暴怒、也不自我压抑自我封闭，而是宣泄流畅、善于沟通交流；既善于依据环境的不同，适时、适地、适度地表达出自己的喜怒哀乐，同时又敏于感受和理解周围环境中他人的情绪变化，能做出恰当反馈，富于同情心，具有高度的移情能力。通过情感交流才能获得人类社会的理解、支持与认可，以及人际的亲近、亲密与亲情，人生因此而坚实温情、丰富多彩，并催化着事业的成功和发达。

(4) 健康的意志表现。21世纪对人的意志品质提出了崭新的高要求。一个心理健康的人，其意志也很坚强，主要表现在：具有高度的公民责任感和义务感，敢于承诺，对自己对社会认真负责，言必信，行必果；自觉地确定自己的追求目标，并依据这一目标做出正确选择，不轻率盲目，亦不优柔寡断，遇到困难挫折不退缩不动摇，采用有效的方式方法，坚持始终，坚忍不拔，不达目标誓不休，直至成功完成任务；有目的有计划地完成各种学习、劳动乃至休闲活动，显示出自觉性、果断性、顽强性、自制性。

(5) 良好的社会适应表现。人是社会人，生活在由个体组成的社会群体中。社会适应良好是现代人社会生存的基础。如果个体不被群体接纳、个体与社会隔绝或是对抗，不仅是个体的不幸甚至可能导致毁灭，同时也会破坏社会的安定并给社会带来灾难。社会适应因而也是21世纪健康概念中不可或缺的成分。健康的人与社会现实保持密切联系，发展着稳定而密切的人际交流交往，拥有和谐的人际关系：宽容大度，却又不人云亦云、随波逐流，而是努力保持着自身人格的独立和完整。社会适应良好的人在现实生活中合理满足自身身心发展的物质需要与精神需要，不断调适和更新自己的思想观念与行为方式，与人类社会民主进步的总趋势同步发展；勇于接受时代前进的挑战，适应社会环境的变革发展，并能积极作用于周围环境，改造和创造更有利于身心发展的健康环境；积极为社会贡献自己的聪明才智，积极投入创造精神文明与物质文明的社会生产劳动中。具体来说，社会适应性可表现在以下三个方面：具备适应各种自然环境的能力；具备人际关系的适应能力；具备独立的生活能力。

在人生的各个阶段，人的社会适应也有不同的任务和内容。美国心理学家罗伯特·哈威格斯（Robert Havighurst）按人的不同年龄阶段指出其发展内容。

第一，幼儿期。学习走路，学会拿固体的食物，学习说话，学习养成不随地大小便的习惯，懂得脾气的好坏，学会控制自己的脾气，获得生理上的安定，形成有关社会事物的简单概念，与父母、兄弟姐妹和其他人建立感情，学会区分善恶。

第二，儿童期。学习游戏中必要的动作技能，培养对于自身健康的态度，与同伴建立良好的关系，学习男孩或女孩的角色，发展读、写、算的基础能力，确立日常生活必要的概念，建立道德及价值判断标准，发展人格的独立性。

第三，青年期。学习与同龄男女的新的交际方式，学习男性与女性的社会角色，认识自己的生理结构，并有效地保护自己的机体，从父母和其他家庭成员那里独立地体验情绪，有信心实现经济独立，为择业、结婚和组织家庭做好准备，发展作为一个公民所必须具备的知识和态度，追求带有社会性的行为并加以实现，学习作为行动指南的价值与伦理体系。

第四，成年早期。选择配偶，学会婚后与配偶共同生活，抚养子女，管理家庭，就业并担负起公民义务，找到合适的社会位置。

第五，中年期。形成作为公民的职责，建立并维持一定的经济生活水平，开展成年人的业余活动，帮助孩子成为可靠而幸福的成员，接受并适应中年人生理上的变化，照顾年迈的双亲。

第六，老年期。适应体力衰减和身体机能的衰退，适应退休和收入减少，适应丧偶，与和自己年龄相近的人建立愉快而亲密的关系，尽到社会和公民的义务，降低对于物质生活满足方面的要求。

这些内容要求都是主观上努力能够做到的，它不像身体的某些生理方面的变化那样是不可抗拒的自然规律。若能朝这方面努力，就可终生保持健康心态。

从对健康这一概念的讨论中可以看出，为了实现完满康宁的健康状态，就不仅要讲究生理卫生，还要讲究心理卫生。

二、心理卫生的概念

只有讲究卫生，才能预防疾病，这是人们的一种常识。但是，如何才能做到讲究卫生，可能许多人并不很清楚。一提到“卫生”二字，人们就会联想起洗手、洗脸、换衣服、打扫卫生、饭前便后要洗手。这实际上都是讲究生理卫生。要使得心理健康，同样也要讲究心理卫生，也必须采取多种措施，保持心理健康和促进社会适应。至于什么是心理卫生，不同的学者有不同的观点。

《简明不列颠百科全书》中关于心理健康和心理卫生（mental health）的描述是：“心理健康是指个体心理在本身及环境条件许可的范围内所能达到的最佳状态，但不是指绝对十全十美的状态。心理卫生包括一切旨在改进和保持上述状态的措施。诸如精神病的康复、精神病的预防、减轻充满冲突的世界所带来的精神压力，以及使人处于能按其身心潜能进行活动的健康水平等。”

我国著名社会学家费孝通教授为《中国心理卫生》杂志创刊撰文指出：“心理卫生即讲求心理健康和社会功能良好之道。”

我国多数学者认为，心理卫生是探讨人类如何来维护、保持和增进心理健康，预防和治疗心理失常，促进个体良好地适应环境、发挥心理潜能的心理学原则和方法，它是研究人的心理健康的一门学科，核心是维护人类的心理健康。

从实践意义来说，心理卫生的工作有两个方面：一是维护、保持和增进心理健康，预防心理疾病的发生；二是积极治疗心理失常，从而促进个体良好地适应环境，发挥心理潜能，培养健全的个性。

因此，心理卫生是按照个体的不同年龄发展阶段的心理特征和心理发展的规律，通过各种有益的教育与训练，以及家庭、社会的良好影响（即社会化）来培养和维护健全的人格、健康的心理和社会活动能力，使人们在工作、学习、生活的创造活动中保持身心健康，处于完满康宁的状态。

第二节　心理健康及评估的标准

心理健康和身体健康同样重要这一理念已逐渐被世人所接受。心理健康目前亦成为无论是专业领域还是大众之间的流行术语。但关于什么是心理健康，至今在心理卫生界还没有一个统一的标准，因为还没有一种定义能得到专业工作者一致公认。有学者收集到的国内外各种有关心理健康的标准就有 30 余种，但这并不影响我们对心理健康的追求。

一、心理健康的信念模式

健康行为的建立主要受健康信念的支配。健康信念指个体对自己心身健康的追求、认识和标准，即欲达到的目标。健康信念必须建立在科学的基础上，即经过科学研究证明，并经多人重复验证，又经过临床实践证实的信念，而不是个人经验和道听途说别人介绍经验。比如，许多人都说“饭后一根烟，赛过活神仙”，“男人不抽烟，对不起老祖先”，实际上应该是“饭后一根烟，少活好几天”。实践证明，具有错误健康信念的人，便没有健康的行为习惯。

虽然对于心理健康的标准，目前还没有统一的认识，但是，大多数心理学家主张心理健康的三项原则是一致的，这也是判断心理状态正常与否的重要原则。我们的教育工作者只要记住这几条原则，就可以在日常的教育、教学过程中明确判断学生心理状态正常与否。

（一）判断心理状态正常与否的三项原则

1. 心理与环境的同一性

从心理产生的实质来说，人的心理是对客观现实的反映。任何正常的心理活动和行为，无论形式或内容都应与客观环境（自然环境和社会环境，特别是社会环境）保持一致，即同一性。人的心理行为若与客观环境失去了同一性，就难以让人理解。无论是谁，也无论是在怎样的社会历史条件下和文化背景中，如果一个人说他看到或听到了什么，而客观世界中当时并不存在引起他的这种感觉的刺激物，那么，我们就可以断定这个人的心理不正常，他产生了幻觉。在日常社会生活中，相当一部分有心理障碍的人都没有真实地反映客观现实。比如，有一位戴眼镜的学生说，他从眼睛的余光中发现，别的同学都在注视着自己。他不敢和别人对视，怕别人从自己的眼睛里看到自己内心丑陋的东西。如果你问他是否去证实了，他又说没有。显然，这位学生的异常心理的产生是由于心理和环境之间不同一。心理与环境的同一性是人们追求的目标，如社会适应性良好、人际关系良好、能参与竞争、对挫折耐受力大。

2. 心理与行为的统一性

一个人的认识、情感、体验、意志行为在自身应是一个完整和协调一致的统一体。这种统一体是确保个体具有良好的社会适应性和有效地进行活动的心理基础。也就是说，人的任何行为都是由相应的心理所支配，如果心理和行为不能保持统一，就会产生异常心理。例如，某人明天要与心爱的女子举行结婚仪式，他此时应有愉快的情绪体验和相应的表情，用高兴的语调和行为方式去向人表述。如果这个人用悲哀的语调和行为向人表述，那么我们就可以认为这是不健康的异常行为。因此，把心理和行为的统一性作为区分正常与否的标准之一是容易理解的。

3. 人格的稳定性

人格（个性）是一个人在长期的生活过程中形成和发展起来的典型的心理特征。这种个性一旦形成就具有稳定性，并在一切生活中显示出区别于他人的独特性，在没有重大变故的情况下，一般是不易改变的。如果一个爽朗、乐观、外向的人，突然变得沉闷、悲观、内向，那就说明他的心理和行为不正常了。日常生活中一个人个性的突然变化，应引起人们的重视。

（二）心理健康的信念

为了达到心理健康的三项原则，我们应该教育学生拥有以下心理健康的信念。

第一，多思维、多用脑、多学习，积累丰富的知识与经验，以保证能正确认识客观事物，反映客观事物，解决客观存在的问题的能力强，智力水平高。这是发展学生智力的有效途径。

第二，情绪受意识支配，心胸开阔，心境乐观、稳定。一个人如果没有一个良好的心境，那么他的工作、学习、生活都将受到负性情绪的影响。

第三，意志坚强，有唯物主义世界观，有远大理想和正确的人生观，能为理想而献身。做任何事都有计划、有措施、有步骤、有方法，遇到困难能克服，并最终达到预定目标。意志品质是一个人成才必不可少的条件，从某种意义上讲意志品质比智力因素更为重要。

第四，人格健全、稳定。如气质温和、兴趣广泛而专一，能力逐步增强，性格诚实、勤劳，价值观符合社会发展及人民利益。没有一个良好性格的人，将来很难家庭美满、生活幸福。

第五，养成健康行为和健康习惯，无自残性不良行为，如吸烟、酗酒等。

二、心理健康水平评估的标准

正如一个人尽管没有躯体疾病，但与他人的身体健康水平并不一样，许多人虽然没有精神疾病，但他们在心理健康水平方面却存在着差异。因此我们可以用下列指标来衡量人们的心理健康的水平。

1. 适应能力

对环境（自然环境和社会环境、内环境）的适应能力是人赖以生存的最基本条件。人不仅能适应环境，而且可以通过实践和认识去改造环境，这是人与动物的根本区别。人在一生中，各种环境是在不断变化的，有的变化小些，有的变化很大。由于人们对自身生存环境的变化往往是无能为力的，所以被动适应和主动适应，都是必要的。

能否对变动着的环境保持良好的适应，是判断心理健康水平的重要标志。比如，有的人到了异国他乡，虽然有些紧张，但很快就消除了心理上的紧张状态并对当地的一切感到适应了。但也有的人这种适应过程会拖得很久，甚至一直不能适应，进而出现精神症状如焦虑不安、哭笑无常、血压改变、失眠或嗜睡等。这些现象就是由于心理健康水平过低所致。

2. 耐受力

对精神刺激或压力的承受力或抵抗力称为耐受力。一种强烈的精神打击出现在面前，如亲人的亡故，有的人可以立刻进入休克状态，有的人悲痛欲绝，有的人虽然经受着强烈的情感打击但不失理智等。不同的人对于同一类精神刺激的反应是各不相同的，从中可以看出人的抵抗力大小。

但在现实中还有另外一类精神刺激，长期反复地在生活中出现，久久不能消失，几乎每日每时都要缠绕着人的心灵。这种慢性的长期的精神刺激可以折磨一个人整整一生，使其痛苦不堪。有的人在这种慢性的长期的精神折磨下出现精神异常、个性改变、精神不振，甚至产生严重的躯体疾病。也有的人虽然会出现短暂的心理问题，但经过一段时间后，他们会把不断克服这种精神刺激所带来的不良情绪当做生活斗争的乐趣，当做自己是一个强者的象征——他们可以在别人无法忍受的逆境中做出光辉的成绩。

3. 控制力

控制力指自我控制和调节的能力。人对自己的情绪、情感、思维等心理活动是可以自觉地、能动地控制和调节的，也就是说是在大脑皮层的控制和调节下实现的。

自控能力因人而异。当一个人因为疾病而使大脑皮层功能下降时，对情绪的控制力会下降，很容易激动。相反，当一个人身心十分健康时，他的精神活动会十分自如，情感的表达恰如其分，语言通畅，仪态大方，既不拘谨也不放肆，这说明自我控制力较高。

4. 意识水平

意识水平的高低，一般以注意力水平为客观指标。如果一个人不能专注于某种工作，不能专注于思考问题，就要引起人们的重视。注意力不能集中的程度越高，心理健康水平就越低。

5. 社会交往能力

人类的心理活动得以产生和维持，其重要的支柱是良好的社会交往。个体若与世隔绝，社会交往被剥夺，就会出现心理障碍，甚至精神崩溃。社会交往能力也标志着一个人的心理健康水平。当一个人严重地、毫无理由地与亲友和社会中其他成员断绝来往，或变得十分冷漠时，这就构成了精神病的症状，叫做接触不良。相反，如果无选择地过分热情地倾谈并表现得十分兴奋，也可能是另一种精神病症状，即躁抑症的躁狂状态。一般人在社会交往中，应当是适中的和有目的的，有交往但不泛泛。如果一个人总是对周围事物漠不关心，与人交往总是很冷漠或以自我为中心，这就要考虑他的人格特征是否偏离正常或心境欠佳。一个人如果没有知心朋友，或很少和朋友交流思想情感，即使他工作效率可能良好，行为正常保守，也不能说他的心理健康没有缺陷。

6. 自信心

把自信心作为衡量心理健康水平的标准，是因为自信心不足是引起焦虑的核心因素。当一个人面对某种生活事件或工作任务时，必然会首先估计一下自己的应付能力。这种自我评估有两种倾向：一种是估计过高，一种是估计过低。前者是盲目的自信，后者是盲目的不自信。这种自信心的偏差所导致的后果都是不好的。前者很可能由于自身力不从心导致失败，从而产生失落感或抑郁情绪；后者可因自觉力不从心，害怕失败而产生焦虑不安的情绪。为此，一个人是否有恰当的自信是衡量心理是否健康的一个标准。自信心实质上是一种自我认识和思维的分析综合能力，这种能力可以在生活实践中逐步提高。

7. 康复力

康复力是指在蒙受精神打击和刺激后心理创伤的复原能力。在人的一生中，或多或少都会蒙受精神创伤。在一次精神创伤之后，情绪的极大波动，心情的急剧变化，行为的暂时改变，甚至某些躯体症状都是可能出现的。但是，由于人们各自的认识能力不同，各自的经验不同，从一次打击中恢复过来所需要的时间也不同，恢复的程度也有差别。有的人很快康复，并且不留什么痕迹，每当再次回忆起这次创伤时，他们表现得较为平静，原有的情绪色彩也很淡漠。这次精神创伤对他后来的精神生活以及行为不产生明显的影响。我们可以说，这类人的心理健康水平是较高的。正如一个比较健康的身体，虽然害了一场病，但病好后没有后遗症。对人的心理健康水平，康复力也是一项重要的衡量标准。

三、心理健康标准的各种论点

心理健康从整体上讲应包括三个方面内容：生理层面应没有器质性和功能性疾病；心理层面能正确认识自我、人格健全，与客观环境保持良好的接触；社会层面要适应社会，道德健康。

就个体心理状态而言，心理健康指个体在一般适应能力、自我满足能力、人际各种角色的扮演和智慧能力，对他人的积极态度、创造性、自主性、成熟性，对自己有利的态度，情绪与动机的自我控制等方面达到正常或良好的水平。

对于心理健康的具体标准，可谓见仁见智，下面分别列举国内外几种有代表性的观点。

（一）心理健康十标准论

郭念锋于 1986 年在《临床心理学概论》一书中提出十条标准：

（1）周期节律性；

（2）意识水平；

（3）暗示性；

（4）心理活动强度；

（5）心理活动耐受力；

（6）心理康复能力；

(7) 心理自控力；

(8) 自信心；

(9) 社会交往；

(10) 环境适应能力。

(二) 心理健康七标准论

马建青（1992）从临床表现方面考察，提出了心理健康的七条基本标准。

(1) 智力正常。智力是人的观察力、注意力、想象力、思维力和实践活动能力等的综合。智力正常是人正常生活最基本的心理条件，是心理健康的首要标准。无论是国际疾病分类体系《美国精神疾病诊断手册》，还是中国精神疾病分类，都把智力发育不全或阻滞视为一种心理障碍和异常行为。事实上，智力的异常经常导致其他心理功能出现异常。

(2) 情绪协调，心境良好。情绪在心理活动中起着核心的作用。心理健康者能经常保持愉快、开朗、自信、满足的心情，善于从生活中寻求乐趣，对生活充满希望。更重要的是，情绪稳定性好，具有调节控制自己的情绪以保持与周围环境动态平衡的能力。

(3) 具备一定的意志品质。意志是人类能动性的集中体现，是个体重要的精神支柱。健康的意志品质往往具有如下特点：目的明确合理，自觉性高；善于分析情况，意志果断；意志坚韧，有毅力，心理承受能力强；自制力好，既有实现目标的坚定性，又能克制干扰目标实现的愿望、动机、情绪和行为，不放纵任性。

(4) 人际关系和谐。个体的心理健康状况主要是在与他人的交往中表现出来的。和谐的人际关系既是心理健康不可缺少的条件，也是获得心理健康的重要途径。其表现为：一是乐于与人交往；二是在交往中保持独立而完整的人格；三是能客观评价别人，友好相处，乐于助人；四是交往中积极态度多于消极态度。

(5) 能动地适应环境。不能有效处理与周围现实环境的关系，是导致心理障碍乃至心理疾病的重要原因。对现实环境的能动适应和改造，是很积极的处世态度，与社会广泛接触，对社会现状有较清晰正确的认识，其心理行为能顺应社会文化的进步趋势，勇于改造现实环境，以达到自我实现与对社会奉献的协调统一。

(6) 保持人格完整。人格是个人比较稳定的心理特征的总和。心理健康的最终目标是使人保持人格的完整性，培养健全的人格。

(7) 符合年龄特征。与人生各阶段生理发展相对应的是心理行为表现，从而形成不同年龄阶段独特的心理行为模式。心理健康者应具有与同年龄多数人相符合的心理行为特征。如果一个人的心理行为，经常严重偏离自己的年龄特征，这意味着心理发育有问题。

(三) 马斯洛等人的心理健康十标准论

美国人本主义心理学家马斯洛（Maslow）和麦特曼（Mettelman）认为，正常心理应有以下十个标准。

(1) 充分的适应力；

(2) 充分了解自己，并对自己的能力做适度的估价；

(3) 生活的目标能切合实际；

(4) 与现实环境保持接触；

(5) 能保持人格的完整与和谐；
(6) 具有从经验中学习的能力；
(7) 能保持良好的人际关系；
(8) 适当的情绪表达及控制；
(9) 在不违背集体利益的前提下，能做有限度的个性发挥；
(10) 在不违背社会规范的条件下，对个人基本需求做恰当的满足。

(四) 心理健康六标准论

我国学者王极盛认为，心理健康有六条标准：智力正常；情绪稳定而愉快；行为协调；反应适度；人际关系适度；心理特点和年龄相符。

(五) 郑日昌心理健康十标准论

北京师范大学郑日昌认为，学生心理健康有十条标准：认知功能良好；情绪反应适度；意志品质健全；自我意识正确；个性结构完整；人际关系协调；社会适应良好；人生态度积极；行为规范化；活动与年龄相符。

(六) 心理健康八标准论

北京大学王登峰提出了心理健康的八条标准：了解自我，悦纳自我；接受他人，善与人处；正视现实，接受现实；热爱生活，乐于工作；能协调与控制情绪，心境良好；人格完整和谐；智力正常；心理年龄符合年龄特征。

(七) 余展飞的心理健康十项标准

上海心理卫生中心的余展飞提出心理健康的十项标准：较好的社会适应性；性格健全；情感稳定协调；智力正常；意志健全，行为协调；适度反应能力；心理特点符合实际年龄；注意力集中度；完好的感知能力；思维健全。

(八) 现代医学确定的心理健康标准论

1. 良好的社会适应性
(1) 具备适应各种自然环境的能力
(2) 具备人际关系的适应能力
(3) 具备处理和应付家庭、学校和社会生活的独立生活能力
2. 性格健全，没有缺陷
3. 情感和情绪稳定协调
4. 智力正常
5. 意志健全和行为协调
6. 适度的反应能力
7. 心理特点符合实际年龄
8. 注意的集中度
9. 完好的感知力

10. 思维健全

四、心理健康标准制定的基本条件

经过长期调查研究，不少学者指出，判断和衡量人类个体和群体是否处于心理健康状态必须满足以下四个基本条件。

第一，统计学上必须处于中间大多数的范围内。制定的心理健康标准必须要保证大多数人是属于“健康”范畴，既不能遗漏心理不健康者，又不能任意扩大不健康界限。实践和理论上已证实“人无完人，金无足赤”，绝对健康的人是不存在的，躯体和心理领域中无一例外。健康的界限划分是人为的，无绝对的标准。统计学上的大多数概念，有助于我们合情合理、较为客观地制定一条为大多数人都能接受的标准界限。

第二，心理健康者不应该存在心理疾病或病理心理的异常征象表现。

第三，心理健康者的心理行为应该能被所在的社会和文化背景接受。

第四，心理健康标准的制定不能是固定不变的僵化模式。允许不同学派、不同学科在不同的历史条件下对标准有弹性的相应规定，并且尽可能为多数人所能认可。其基础是符合现行心理规律的客观性和科学性，能较好地反映实际情况，能较大限度地包容和概括心理活动的主要内容。

五、对心理健康标准的思索

人是一个心身功能紧密相关、互为因果的统一体。心理健康是整体健康状态的组成部分，指的是一种持续的心理状态。不同的学者从不同的角度对心理健康的定义和标准进行研究，所得到的结论各不相同。作为教育工作者，我们要从以下几个方面对其进行思考。

（一）判断一个人心理健康状况应兼顾内外两个方面

从个体内部状态来说，心理健康的人各项心理机能应该健全，人格结构应该完整，能用正当手段满足自己的基本需要，在主观上较少感到痛苦，能体验到幸福感。从个体对外关系来说，心理健康的人行为规范，人际关系和谐，社会适应良好。

（二）心理健康应该分为不同层次

通常把平衡、适应作为心理健康者的特征。但是如果把适应理解成对周围环境的顺从，把平衡理解为内心无冲突，也是不合适的。一个人满足于现状，没有追求，不思进取，因而无挫折、无冲突，这也许可称做“平衡”；或者见人说人话，见鬼说鬼话，上下讨好，左右逢源，这也许可叫做“适应”。其实，这里前一种人只是一个“没有目的的躯壳”，后一种人或许可叫做“有教养的市侩”（许又新语）。

看来，杰何达（M. Jahoda）提出“积极的心理健康”的概念，并将其与“消极的心理健康”进行相对区分，是很有必要的。在心理学领域内，对于“一个人行为的根本动力是追求平衡”这一人性假定，人们是持有不同看法的。行为主义心理学家、精神分析学派代表人物（如弗洛伊德）等都认为行为的根本动力是追求平衡（达到稳态、降低内驱力、消除紧张）；而人本主义心理学家如马斯洛等则认为人的生活不仅是为了追求内部平衡，更重要的是追求不断成长与自我实现。这就是说，人既是趋向平衡的，也是追求新的刺激与不断成长的。趋向平衡与追求不断成长，既反映了人格完善的不同水平，也反映了一个人心理生活主动性程度不同的状态。如果我们把消除过度的紧张不安而达到内部平衡状态称为“消极的”或“低层次的”心理健康，那么“积极的”或“高层次的”心理健康则意味着有高尚的目标追求，发展建设性的人际关系，从事具有社会价值的创造，渴望生活的挑战，寻求生活的充实与人生意义。

（三）心理健康是一种状态更是一个过程

心理健康不是一种静态的平衡，也不是永久性的无压力、无冲突、无痛苦，而是要在平衡与不平衡的交错中，进行有效的自我调整，与现实环境保持动态的协调，进而追求成长与发展。换言之，一个人若具有在矛盾重重的日常生活中求得暂时或长期的内心平衡与和谐的能力，并进而追求新知，追求自我实现，则他必定拥有心理健康的重要条件。

（四）心理健康是一种人生态度和价值观问题

心理健康首先反映出一个人健康的人生态度和价值观。心理健康的人对生活抱着开放态度，乐于吸取新经验；心理健康的人以积极的眼光看待周围事物；心理健康的人富有利他精神，能在尝试付出、发展自己的过程中增强自我价值感；心理健康的人追求高尚的生活目标，但作为一种现实的生活目标，他能放弃做完人、超人的念头；心理健康的人有观念明确、能身体力行而又有一定程度理性的道德准则。缺乏道德观念与坚持“超道德”观念正是人格异常者与神经症患者常见的特征。

（五）人人都有可能在某一时期出现心理问题

我们研究的心理健康标准实际上是一个理想的尺度，不是绝对的。有人说，人在其一生中的不同时期，有80%会出现心理障碍或疾病。在当今，有心理问题是正常的现象，而且随着社会的发展，出现心理问题是经常和不可避免的，并且，心理健康水平在不同时期是不同的。因此我们要有一个正确的认识，不能谈“心理问题”就“色”变。

（六）心理健康教育是一个终身问题

心理健康教育问题不仅是学生的问题，也是全人类发展的终身的事情。一个人从出生到死亡，经历婴幼儿期、儿童期、少年期、青年期、成人期、中年期、老年期，在不同的年龄阶段所具有的心理问题的内容也各不相同，需要心理援助的方式、方法也各不相同。因此，心理健康教育问题不仅是学生的问题，也是人类终身的问题。

六、增进心理健康的三种基本途径

美国《人类行为百科全书》中指出：“促进人类心理健康的活动，应包括生理、心理和社会三方面的内容。生理方面是指从受孕期到老年的各阶段的人体脑神经系统的保护和预防损伤的各种卫生保健服务事项。心理方面是指自幼到老各发展阶段的心理需要获得满足和情绪困扰减低到最低限度。社会方面是指社会环境、社会制度和社会组织各方面功能的强化。”

依上述，维护和增进心理健康的途径也大致有三个方面。

（一）生理方面的主要途径

（1）实施优生政策，避免先天性有害生理影响，保证良好的分娩过程。
（2）保证儿童期营养，以消除生理和心理上的紧张与压力。
（3）提供免疫和其他医疗措施，以预防感染性疾病。
（4）加强体育运动，以增强体质。
（5）合理的休息和娱乐，以消除疲劳，调节情绪。

（二）心理方面的途径

（1）在婴幼儿期给予充分的母爱和关怀，提供友爱、温暖、鼓励的养育氛围。
（2）进行必要的社会行为训练，发展儿童的探索精神以及活动能力。
（3）提供科学的家庭、学校、社会的教育和训练。
（4）对心理压力给予充分的心理支持和帮助。
（5）培养乐观、积极、幽默与爱的情绪，善于控制和调节不良情绪。
（6）发展良好的人际关系，提高对人生各转折期的适应能力。
（7）树立健康积极的人生观。

（三）社会方面的途径

维护和增进心理健康的社会方面，对于个人和家庭而言，远比前两者要难以控制。因为社会方面的工作必须依社会组织及其制度而定。社会方面的心理卫生工作包括减少社会压力，提供每一个公民健全生活环境的各项措施。例如，足够的娱乐设施，住宅的改造，嗜酒、烟瘾及药物依赖的控制，性病的防止，建立社区组织方案，健全医疗保健机构，构成社区心理卫生网络，等等。

以上三方面途径构成了维护和增进心理健康的有机整体，只有三者的协调发展才能获得良好的效果。首先，必须是大众本身有正确的认识并努力实行；其次，有关计划应通过各种卫生保健设施和心理卫生组织机构来付诸实施，并通过大众传播媒介和有关服务机构广为宣传和强化；最后，在社区发展中，尤其要对社会面的预防工作负责，在政府的支持和公众的配合下，实行综合治理。

第三节　心理健康和学生素质教育的依存关系

一、心理健康教育在提高学生素质教育中的作用

对于素质教育究竟是什么，在基础教育阶段如何实施素质教育等问题，人们仍在不断地探究、争论和摸索。但是我们应该清晰地把握“素质教育”的发展方向，不能盲目地被

热点热昏了头脑。素质教育的定义很多，但就其本质仍然是全面贯彻党的教育方针。素质教育的指导思想是要求学校特别是基础教育要面向未来、面向世界、面向现代化。未来的人才就是今天坐在教室里的大、中、小学生。如果我们今天仍不能把目前的教育提高到为培养未来几十年所需要的人才高度去教育我们的学生，那么我们将犯历史性错误。中央电视台 2002 年 7 月报道，印度最高领导人向全世界宣布，再过 20 年印度将成为发达国家。我们的教育工作者如果没有危机意识、没有面向未来的意识，我们的国家就永远难以成为现代化的文明国家，而培养有创新能力的人才是素质教育的根本所在。素质教育的重点是培养具有创新知识、有创造性能力和较高的动手实践能力的人。素质教育的目标是全面提高学生的个人素质。没有良好的心理素质，人的整体素质就难以发展到高水平。

在《国家中长期教育改革和发展规划纲要（2010—2020 年）》的精神指导下，加强心理健康教育、促进学生身心健康、体魄强健、意志坚强、提高学生的心理素质，开始成为全国中小学生教学改革必须思考的课题之一。开展心理健康教育已成为衡量学校现代化的标志之一。时代呼唤高素质、富有创造力和个性健康的人才，这就要求基础教育必须摆脱应试教育的束缚，走素质教育之路。而素质的核心内容是心理素质，没有良好的心理素质，人的整体素质难以发展到高水平。任何无视心理素质教育的行为，必将影响整体素质的全面协同自主发展。心理素质的提高要以心理健康为基点，它可以保证其他教育落实到实处。

据上海的一项研究报告，通过对 1 684 名学生进行调查，心理障碍检出率为 15.43%，其中高中生为 13.9%，初中生为 9.1%，小学生为 23.2%。杭州的研究也发现，有 16.97%的学生存在着严重的心理问题，全国其他研究的结果大体相同。这说明心理健康教育是一项刻不容缓的事业，任何忽视心理健康的所谓素质教育都是徒劳的。现代学校教育是以关注学生的心理健康为显著特征的，维护良好的心理健康，提高心理素质水平，是整个素质教育的核心。忽视或背离心理素质，而另搞一套所谓“素质教育”，只能说是一个畸形的“素质教育”。比如，有人认为，在学校里将体育、美术、音乐课等搞好了就是素质教育。今天的大、中、小学生由于来自方方面面的影响、压力及其自身的生理成熟，要面对诸如学习、人际关系、情感、社会适应、生存本领等问题，这些问题也被作为德育问题或道德问题被应付了之。这种在无视学生心理健康的基础上搞的所谓“素质教育”到头来只能是一句空话。因此，在素质教育中，实施提高学生心理健康水平的教育活动是必要的、可行的。现代社会中全面发展的人不仅要有道德、有知识、有健康的身体，还要有健康的心理，这是现代社会文明对人的全面发展的要求。

二、德育教育和心理辅导

当前，社会的发展、科学技术的进步对人们的素质有更高的要求，市场经济的活跃、人才竞争的加剧使人们面临着种种挑战和机遇，生活节奏的加快、人际的接触和交往的日趋频繁而又冷淡必然也会使青少年产生矛盾，为其带来种种心理压力。因而加强对中小学生进行德育教育是素质教育中不容忽视的问题，这是一个学会如何做人的方向性问题。但德育教育往往是根据形势、社会需要自上而下地对学生提出要求和教育内容，较少去研究和了解学生的心理状态，忽视心理辅导的教育，而心理辅导是通过帮助、互助、自助，自上而下地解决学生自身需要解决的问题。因此，现代学校在素质教育的德育工作中，必须把思想品德教育和心理辅导相结合。“正人需正心，心不正则行不端；育人需育心，心不育则人不成。”那种不进行心理辅导的德育是有缺陷的德育。现在中小学政治课教材中，加入心理教育的内容就说明了这个问题的重要性。

德育教育目前采用的模式有以下弊端。

第一，只注重解决学生的思想品德问题，而不注重个性心理的塑造；只重视解决学生问题行为的现象，而不注重对问题行为背后的心理层面的调整。

第二，在处理师生关系中，处于儿童期的学生的社会化学习有较大的被动性和依赖性，比较强调教师在教育过程中的主导作用，而忽视学生的主体作用；不重视学生的自主性和独立性发挥，学生被动地接受教育，从而使其容易产生依赖性。

第三，在教育方法和手段的运用上，有较大的盲目性和单一性。教师在选择教育方法和手段时往往会带有较多的主观色彩，说服教育成为德育工作的基本方法。现在中小学校都有德育处和主抓学生德育工作的副校长，按理说我们的德育工作应该十分有成效。但是，面对目前的发展形势，我们的德育工作有时还是显得苍白无力，而且现代先进的教育原则和教育方法也得不到运用。

心理辅导则是以了解学生为基础，采取由内向外的方式，注重学生内在需求的满足和内在潜能的展现，注重学生个性的发挥，注重关心学生的个别差异和具体问题。实施心理辅导的实质是一种教育观念的转变。它是一种思想（信念），是一种情操（精神），也是一种行动（服务）。它基于对人类的基本关怀（爱），以协助学生自我了解为起点，以协助学生自我实现为目的。它从根本上改变传统教育模式，把以教师、课本和课堂为中心，转变为以学生、学生的学习以及所有学生参与活动为中心。这种观念上的变革是提高学生心理素质的根本所在。只有认真实施心理辅导，从中领悟其内涵，我们的中小学生全面教育才能得到根本的变革。目前国内大量的实验和事实证明，开展心理辅导往往是学校全面教育改革的突破口和有效方法。但心理辅导也不能脱离德育教育，两者是互为补充的一个整体。

三、心理辅导与学生的学习效率

学校开展素质教育，有一项战略性任务，即在中小学生阶段要“让学生学会学习”。联合国教科文组织出版的《学会生存》一书明确指出：“未来的文盲不再是不识字的人，而是没有学会怎样学习的人。”而我们目前许多学校的教育仍然处在一种“只会砍柴（学知识、技能）、不会磨刀（不会学习）”的状态，不懂“磨刀不误砍柴工”这个道理，结果造成钝斧砍柴，不仅效率低，消耗精力，而且使学生形成对学习的逆反心理，使学生的学习停留在一种消极应付学习的状态。我们曾经调查过部分中小学的教学情况，结果发现课堂上三分之一的学生听得懂、三分之一的学生似懂非懂、三分之一的学生根本听不懂，而我们的老师只是责怪学生的素质差。更奇怪的是，大学老师指责高中老师没有教好，高中老师埋怨初中老师没有教好，初中老师怨恨小学教育有问题，小学老师埋怨幼儿园老师，幼儿园老师埋怨他的父母亲没有生下一个智商高的孩子。按照这样的逻辑，如果人家的父母生下一个极高智商的孩子，那要我们的教师又有什么用呢？各地都有报道有些家长不信任我们的中小学教学能力，自己在家里教育自己的孩子并且也成功的极端例子。这从另一方面也说明了一些问题，应该引起我们教育工作者的深思。如若这样下去，不仅谈不上素质教育，更谈不上大面积出人才，而且还会培养出大批的新“文盲”，这一代人将可能在未来的社会中，难以适应世界的变革。我们必须认识到，每一个学生都是人才资源，关键是看教育工作者如何去引导、教育。

“让学生学会学习”本身就是变传统的凯洛夫（N. A. Kairov）提出的“以教师为中心，书本为中心，课堂为中心”为“以学生为中心，以学生的学习为主，以学生的活动为主，充分发挥学生的主动作用”。教学就是要让学生“学会学习，学会生存，学会关心他人”。学校的一切活动都要注重探讨什么样的教学活动有利于学生素质的提高，有利于学生去适应未来。在素质教育中要进行心理素质教育，这是教师首先应转变的一个教育观念。只有学生学会学习，学会生存，学会做人，我们的教育才是成功的。在具体实施时，要处理好以下关系。

首先是处理好知识和能力的关系。我们认为，在传授知识的过程中应始终围绕培养能力这个中心任务，充分发挥知识本身的价值（知识的价值有三点：使用价值、智力价值、悟道理的价值），充分挖掘智力价值；不仅让学生学习科学文化知识，更重要的是让学生掌握知识的同时，掌握人类发现科学规律的实践中总结出来的分析问题和解决问题的能力。

其次，要正确认识一般能力的培养和“反思”的关系。重视学生能力的培养是教学工作的一项主要任务。但我们认为，应加强对学生“反思”能力的培养，即要下工夫磨炼出人类最高层次的能力——对自身全面发展问题的“反思”功力。在学生各种各样的能力中主要是分析问题和解决问题的能力，它又可分为分析和解决外界客观事物与人类主观世界这两个方面的能力。相比之下，后一方面的能力更为重要而又容易被忽视。而在分析和解决主观世界的能力中，又以人类对自身全面发展问题的“反思”能力最为重要，这一点至今尚未被人们所重视。这是对学生进行心理素质训练的主要任务，因而在素质教育中要不断去完善心理教育的内容，这也是培养学生自我意识的重要途径。

在现实生活中人们总会遇到种种不尽如人意的事情，这就要求培养与提高自己的适应能力，不断进行反思，主动提高调节和监督自己的能力。在复杂的生活条件和应激状态中，去调整自己的心态，主动适应环境，这是对学生进行心理素质教育的主要内容。

四、教师心理健康水平的提高与学生心理素质的变化

未来的人才不仅要有知识，更重要的是要有完善的健全的人格，要充满对自己事业的忠诚和信心。这就需要教师用自己健全的人格去感染学生，这是任何教材和技术设备都不能代替的。

在应试教育向素质教育转轨的过程中，要正确处理教师自身素质的提高和学生心理素质的关系。在实施素质教育过程中教师素质是一个关键的问题。教师自身素质得不到提高，素质教育的实施就无从谈起。教师素质的提高首先是一个教育观念转变的问题。有学者提出教师应该树立以下新的观念：

（1）现代教育功能观；

（2）创新教育观；

（3）现代学生观；

（4）现代教师观；

(5) 教学过程观；

(6) 教育评价观；

(7) 教育实践观；

(8) 教育合力观；

(9) 终身教育观。

那么，我们究竟需要改变哪些旧的观念呢？首先，解决这一问题的有力措施是组织教师开展教育科学研究。只有去深入研究素质教育的缘由，才能领会素质教育的内涵。否则，就可能形成口头上说素质教育，而在教育教学方法、学生学业成绩的评估、班级管理等方面却仍是应试教育的套路。《国家中长期教育改革和发展规划纲要（2010—2020 年）》中明确指出："树立人人成才观念，面向全体学生，促进学生成长成才。树立多样化人才观念，尊重个人选择，鼓励个性发展，不拘一格培养人才。树立终身学习观念，为持续发展奠定基础。树立系统培养观念，推进小学、中学、大学有机衔接，教学、科研、实践紧密结合，学校、家庭、社会密切配合，加强学校之间、校企之间、学校与科研机构之间的合作以及中外合作等多种联合培养方式，形成体系开放、机制灵活、渠道互通、选择多样的人才培养体制。"实践证明，素质教育中的一切教育思想方法，只有转化成为教师自己的才能，素质教育才能得到实现转变。因而，教师素质提高的有力措施是参与科研工作，力争成为"科研型"教师。其次，教师必须具有良好的心理素质。这关系到教师用什么样的心态去看待教学、教育学生。由于现代化社会生活节奏不断加快，因而思想观念日趋复杂多变和多元化，许多教师和学生都感到困惑、迷茫，心理负担日益加重，甚至出现了某种心理障碍和心理疾病，困扰着他们的正常工作和生活。因此，培养学生健全的人格和良好的心理素质，是现代化教育对教师提出的一个新课题。如果教师自身的心理不健康，心理素质不高，就难以培养出心理素质高的学生。最后，教师必须不断更新自己的知识结构。教师自身的知识结构必须符合和满足未来教育的需要。教师自身的知识水平不能是"几十年一贯制"，必须通过各种途径、形式进修学习，不断充实新知识。可采用走出去、请进来的方式更新教师的知识，更新观念。只有高素质的教师队伍，才能保证素质教育顺利实施。

实践证明，心理健康教育并不仅仅是一套方法和技术，更重要的是体现了一种实践性很强的、先进科学的教育观念。心理健康教育知识的普及将有助于教育工作者观念的更新和教育方法的改善，我们有理由相信，更新了教育观念和改善了教育方法的教育工作者，在心理健康教育工作的开展中必将是一支持续不断实施素质教育的高质量的师资队伍。

第四节　个性心理健康的条件

一、个性的"五大"因素

目前，我国正在轰轰烈烈地进行素质教育。素质教育指的是什么？顾名思义，它是指不是为了应付考试、单纯提高升学率，而是以提高学生"素质"为目的而进行的教育，它是和提高中华民族的人口素质的目标相一致的。

从心理学、教育学专业人员的角度来看，素质或质量、质素（quality），说到底就是指人的个性，或称人格（personality）。素质教育也就是我们一向主张的"个性全面、和谐发展的教育"。如果我们的中小学都不以提高升学率为唯一目的，我们的学校就不会是现在这样，学生会更轻松、更愉快，也会更喜欢学校，喜欢学习生活，而他们的社会适应能力、他们的真才实学也能比现在更高、更强。

20世纪90年代以来的许多跨文化的智力测验证明，中国人的智力在全世界各民族中是较高的，能与中国人智力相提并论的只有犹太人和亚洲的一些民族，其次是欧洲人和欧裔北美人，再次是黑人和西班牙裔美洲人。比如，如果把学校比做人才"加工厂"，那么我们的学校的"原材料"是世界上较好的，但是我们的"产品"，也就是说高中毕业生、大学毕业生的综合能力，却落后于西方发达国家。

从诺贝尔奖设立至今已经进行了97次评选，然而在这97次千余人的获奖名单中，欧美一些国家占了大多数，有的仅一个国家的获奖者就有200多人。而占世界人口五分之一的大国——中国籍公民却无一人获奖。与此形成鲜明对比的是，杨振宁、李政道、丁肇中、李远哲、朱棣文、崔琦六位美籍华人却在别的国土上获此殊荣。

这就给我们提出了一个十分严峻而现实的问题：为什么聪明的中国人只有在国外的环境中才显示出他们更高的创新才能呢？这是一个值得我们认真探讨和深思的问题。但有一点可以肯定，我国在创新人才培养体制中存在着严重的问题，还缺乏适合创新人才培养的土壤，还没有形成系统有效的创新人才培养运行机制。之所以出现这种状况，其原因就在于当我们的学生在为考试的高分而拼命地算题、背书的时候，人家的学生却高高兴兴地干着自己喜欢的事情，发展着他们的创造力、社会技能、语言表达能力、适应能力等，个性得到充分展示。

那么，个性到底是什么？要全面、和谐地发展学生的个性，应从什么地方做起呢？

多年来，谈到智力，人们都知道它包括五个主要因素：观察力、注意力、记忆力、想象力、思维力。个性是否也有这五大因素呢？

最近20年来，国外心理学家经过反复的测查和验证，发现个性的主要因素也恰巧是五个，被称为个性的"五大"因素（包括15个方面的内容）。

第一，外倾性（extraversion）：外向，有活力，热情。正性特征：健谈、果断、积极、精力充沛、活泼、坦率、支配、强有力的；负性特征：安静、缄默、害羞、腼腆、退缩、回避。

它具体表现为社会交往能力、领导能力和果断性以及活动性三个方面。

在现实生活中，我们经常发现，有的人健谈、热情、喜欢交朋友，而有的人则冷漠、沉默寡言、喜欢独处；有的人办事有主见、果断，走到哪里都是"头儿"，而有的人则缺乏主见、人云亦云、谨慎、被动，总是被别人支配；有的人活跃、好动、精力旺盛，有的人不爱动、消极，显得很"文静"。而在社会上的多数职业中，这些品质和特性都发挥着重要的作用。在谈判桌上，在产品推销过程中，在一个共同工作的群体中，在领导工作中，在与上级或下级打交道的过程中，假如少了外倾性的各种品质，其工作成绩将会大打折扣。

第二，宜人性（agreeableness）：随和、利他、情感性。正性特征：同情、友善、感激、亲切、心肠软、热情、宽宏、可信任、乐于助人、谅解、快乐；负性特征：挑剔、冷淡、不友好、爱吵架、硬心肠、冷酷、严厉、忘恩负义。

它具体表现为热心、善良和诚实三个方面。

从热心方面来说，有的人很爱帮助人，爱管闲事，对别人友好，能和大多数人合作；而有的人则很冷淡，别人的事不关心，跟谁都不能合作。在善良方面，有的人心眼儿好，总是为别人着想，善于听取别人的意见，办事总是循规蹈矩，不惹人讨厌；而有的人则对别人敌意，自私自利，固执己见，经常搞恶作剧。在诚实方面，有的人一贯地不说假话，真诚、值得信赖；而有的人则经常说谎骗人，别人很难信任他。

第三，尽责性（conscientiousness）：认真、责任感。正性特征：有条理的、认真的、系统的、有效率、负责、可靠、尽责、严格、讲实际、勤勉、深思熟虑、细心；负性特征：粗心、混乱、轻浮、不负责、散漫、不可靠、爱忘事。

它具体表现为认真、尽责和勤奋三个方面。

在认真方面，有的人从小就显示出做事一丝不苟，抄题、背书、记单词很少出错；有的人则明显地粗心、马虎，经常出错。在尽责方面，有的人责任心非常强，对老师、家长和同学的委托和自己必须做的事情能保证按时做好，不拖延、不忘记；而有的人责任心非常差，经常忘记自己应该做的事情，不把别人的嘱托、委托放在眼里。在勤奋方面，有的人自我控制能力很强，做事能坚持、有毅力，遇到困难和挫折也不退却；有的人则不善于自我控制，做事半途而废或虎头蛇尾，懒惰、散漫、意志薄弱。

第四，情绪稳定性（neuroticism）：神经质、神经过敏、紧张。正性特征：稳定、平静、安心、不爱发火；负性特征：紧张、焦虑、不安、忧郁、担心、暴躁、害怕、高度紧张、自怜、爱发脾气、不稳定、自我惩罚、沮丧、多愁善感。

它具体表现为情绪稳定、自信、适应性三个方面。

在情绪稳定方面，有的人情绪不易大起大落，很少发脾气，不和别人瞪眼、吵架，对别人宽容；有的人则喜怒无常，神经质，说发火就发火，对别人过于敏感。在自信方面，有的人对自己充满信心，遇事总往好的方面想，乐观、积极，办事有把握；有的人则经常怀疑自己，怀疑别人，遇事情总爱往消极方面想。在适应方面，有的人胆子大，见了生人不拘束，到陌生环境也不害怕；而有的人却胆子非常小，上课不敢举手发言，见了生人就脸红、说不出话，在陌生环境里退缩、回避。

第五，开放性（openness）：求新性、独创性。正性特征：兴趣广泛、富于想象、聪明、富于创造、有洞察力、求知欲强、处事老练、讲求艺术性、聪明、善于发明、睿智、头脑灵活、机智、有计谋、明智、有逻辑性、有修养；负性特征：兴趣狭窄、缺乏想象、笨拙、墨守成规、思想肤浅。

它具体表现为求新性、兴趣和聪明三个方面。

在求新性方面，有的人从小好奇心就特别强，什么都想知道“为什么”，富于想象力和创造性；有的人却缺乏好奇心，从来不问“为什么”，创造力也贫乏。在兴趣方面，有的人兴趣十分广泛，古今中外的历史、地理、文化、艺术、音乐、体育、美术等，样样喜欢，而且样样比别人知道得多，做得好；有的人则兴趣狭窄、单一，甚至对什么都不感兴趣。在聪明方面，有的人学习新东西快，包括发现事物快，注意力集中，记忆快，思考快，思维具有深刻性；有的人则学习速度缓慢，注意力不集中，思维简单。

这五大因素就是人的全部个性的具体表现。我们说培养学生全面、和谐的个性，就是要培养具有一定的外倾性、人际关系良好、认真负责而又刻苦努力、情绪稳定而又善于适应环境、求新求异、聪明敏捷的人才。

国外的大量心理学研究证明，当一个人走上社会之后，个性的五个方面在求职、就业中发挥着巨大作用。

现代人格理论在临床心理、健康心理、发展心理、职业心理、管理心理和工业心理等方面都显示了广泛的应用价值。如外倾性、情绪稳定性、宜人性等均与心理健康有关（Marshall，1994）；外倾性和开放性是职业心理与工业心理的两个重要因素（Costa，1994）；尽责性与人事选拔有密切关系（Schm5t，1993）。约翰（John，1994）研究了“五大人格”与青少年心理发展的关系，发现高开放性和高尽责性的青少年具有优秀的学习成绩，而低责性和低宜人性的青少年有较多的违法行为。高外倾性、低宜人性、低尽责性的青少年常发生与外界冲突的行为问题；高神经质、低尽责性的青少年则经常表现出由内心冲突引起的问题。

二、个性心理健康的特征

一个心理健康的人应该是像大多数人那样去想、去说、去做的人。具体来说，他应该具有以下的人格特征。

（1）一个有自知之明的人：自我意识、本体性（独立性）。

（2）一个能控制自己的人：意志、毅力、自律。

（3）一个随和的人：人缘好，有朋友。

（4）一个随遇而安的人：自我满足。

（5）一个做事有目标的人：有动机、有抱负。

（6）一个遇事看得开的人：灵活、变通、适应性强。

（7）一个情绪温和的人：情绪稳定。

（8）一个爱说爱笑的人：心境好、有幽默感。

（9）一个互助合作的人：帮助别人、接受别人的帮助。

（10）一个懂得爱和被爱的人：与别人共情，懂得爱和被爱。

第二章 心理健康教育的内容和发展

在中小学开展心理健康教育已成为衡量现代学校的标志之一。它是一种全面性的教育，即面向全体学生，而不是仅仅针对某一部分学生。那么到底什么是心理健康教育？什么是心理辅导？什么是心理素质教育？这是许多中小学教师困惑的问题。

第一节 心理辅导的内涵

一、心理辅导的含义

心理辅导（counseling psychology），英文counseling从汉字的表义上来说是指“帮助和指导”。我国大陆学者多称为咨询或辅导，台湾学者多翻译为咨商。

《张氏心理学辞典》认为counseling（咨商）可视为辅导的历程。在此历程中，受过专业训练的人员，运用其专业知识与能力，对生活适应困难或心理失常者给予适当的帮助，使之改正不良习惯，重建态度人格，从而恢复其健康的人生。因此，在多半情形下，咨商与心理治疗（或简称治疗）两词相通。

counseling一词对于青少年一般称为辅导，对于其他求助人员可以称为咨询。咨询和辅导两者在本质上区别不大（许友新，1998），所以心理辅导也应该是一种教育的过程。在辅导历程中，经过专业培训的专业人员，运用其专业知识和能力，帮助学生了解自己，正确认识客观世界；根据其自身的条件（如能力、兴趣、经验、需求等），建立其有益于个人和社会的生活目标，并使之在教育、职业及人际关系等方面的发展上，能充分展现自己的个性和能力，从而获得最佳的生活适应。

“心理辅导”这个词是我国港澳地区采用的观念，我国内地过去使用得不是很普遍。目前，在学校里越来越多地使用“心理健康教育”这个名词。

心理辅导，是指在一种新型的建设性的人际关系中，学校辅导教师运用其专业知识和技能，给学生以合乎其需要的协助与服务，帮助学生正确地认识自己，认识环境，依据自身条件，确立有益于社会进步与个人发展的生活目标，克服成长中的障碍，增强与维持学生心理健康，使其在学习、工作与人际关系各个方面能够良好地适应。

心理辅导也作为一种教育思想运用于我们的教育教学活动中，并能够去解决学生普遍的或个别的心理问题。因此，有的学者认为，所谓心理辅导，就是心理治疗和心理咨询的理论在教育实践中的具体应用。心理辅导或心理咨询作为心理援助的一种方式或技术，可以促使学生全面发展和进步，它是心理健康教育的基本途径或方式。

二、心理辅导的特征

心理辅导具有以下四个特征。

第一，心理辅导是一个连续不断的历程。人一生之中的任何一个阶段都需要辅导。

第二，心理辅导是一个平等的合作的协助过程。它是根据受助者的需求而辅导，而非强迫性的指导。

第三，重视个别差异，旨在配合个人的条件，辅其自主，导其自立。

第四，在不违背社会、集体的利益的情况下发展个性。

三、心理辅导的实质

心理辅导的内容一般包括学业、职业、生活三大方面。辅导的目的在于助人和自助，这是辅导的真谛。对学生心理辅导的主要工作就是心理健康教育，使学生形成健康的心理，正常地成长，圆满地完成学业，从而适应社会。

我国近几年学校心理辅导发展速度很快，各地根据实际情况开展了形式多样的心理辅导与教育活动，进行了大量的研究。目前，关于心理辅导的内涵、心理健康的标准及心理辅导的工作模式正在发生变化。心理辅导的重点已从心理问题、心理症状的矫治取向转变为促进个体全面发展的预防取向，心理辅导的工作由心理卫生模式向心理教育模式转变。由此可以看出，心理辅导作为对学生进行心理援助工作的一部分，具有极强的生命力。人们对学校心理咨询和心理辅导的区别点，就在于心理辅导的对象是指一般的正常学生，其目的在于促进个人心理的最优化发展，而心理咨询的对象既可以是正常的学生，也包括有心理问题、心理障碍的学生，其目的是让学生心理健康地发展。但是，两者没有本质上的区别。

四、心理健康教育的层次

学校心理健康教育的目的是对儿童的学习、心理、人格、适应和社会性发展等进行指导、援助。这种指导和援助主要是以心理辅导或咨询的方式来介入，可以划分为三个层次(见表 2—1)。这里所谓的“介入”(intervention)，意思是指一种积极的心理援助，或者对学生的心理问题进行积极的干预，使他们在学校教育的正常轨道上发展。

第一层次，发展性心理辅导。对学生开展心理保健工作，提高全体学生的心理素质，增强学生承受挫折和适应社会环境的能力。主要包括教育性开发、心理辅导，如学校生活指导、适应指导、学习方法的指导、班级中的人际关系处理以及如何成为一个受欢迎的学生等。

第二层次，预防性心理辅导。根据学生心身发展的特点，对部分在学习、心理及生活上有潜在的或可能发生不适应问题以及刚冒出问题苗头的学生进行辅导。辅导的方法主要是通过进行认知疗法、松弛疗法等，培养学习的兴趣。

第三层次，治疗性心理辅导。它面对的是在心理、学习、社会适应方面产生重大问题或不正常状态，或性格出现偏差，因而非常需要心理指导的特定学生。他们的表现多种多样，如学校恐怖症、逃学、缄默症、孤独、自闭、暴力、偷窃、说谎、离家出走等。对这些学生主要采取认知领悟疗法、系统脱敏疗法等矫治方法。

表 2—1　　心理健康教育的内容层次

介入层次	作用	主要内容	心理援助完成人
第一层次	发展性辅导	(1) 教育资源的开发；(2) 研究素质教育，如何在素质教育中进行心理保健；(3) 入学指导：学校生活适应等；(4) 心理卫生知识的传授和教育	全校员工
第二层次	预防性辅导	对学习、生活上可能有问题的学生进行心理适应性分析，进行学习能力基础训练、学习方法指导等，针对可能的情况进行团体辅导	班主任、心理辅导教师
第三层次	治疗性辅导	对在心理、学习等方面已经产生问题的学生进行心理测量，弄清其问题的根源、问题的严重程度等，并对其进行辅导、行为矫治等	心理咨询老师、特定专业人员

资料来源：徐光兴：《临床心理学》，271 页，上海，上海教育出版社，2001。

以上三个层次具有相辅相成的辩证关系。忽视第一层次的辅导，会使第二层次的特殊学生增加；忽视第二、第三层次的辅导，将使得有心理问题或心理障碍的学生范围扩大，从而影响到全体学生的发展。三个层次之间的心理辅导必须有机结合，当然也需要家长的密切配合。目前学校心理辅导或心理健康教育的工作重点表现在第一、第二层次上。

五、心理健康教育和德育教育产生的方式

当代青少年正处于社会变革的历史时期，也处于他们身心发展的关键时期。他们中的大多数人是独生子女，缺乏独立生活能力的锻炼，缺乏坚强意志的培养，吃苦耐劳、团结协作的精神和承受挫折的能力较差。随着生理、心理的发育和发展，竞争压力的增大，社会阅历的扩展及思维方式的变化，中小学生在学习、生活、人际交往和自我意识等方面可能会遇到或产生各种心理问题：有的是成长性问题，有的是病理性问题。这些问题如不及时解决，将会对学生的健康成长产生不良的影响，严重的会使学生产生行为障碍或人格障碍。因此，在我国开展心理健康教育已成为中小学教育工作者的共识。在中小学开展心理健康教育是现代教育的必然结果。它不是权宜之计和辅助手段，而是关系到年轻一代能否茁壮成长的大问题，是培养跨世纪人才的需要。

心理健康教育是以心理学的理论与技术为指导，帮助学生克服成长中的心理问题，开发其自身的潜能，使学生获得良好的社会适应性和健康发展的一种教育活动。德育是教师有目的地培养学生品德的活动。德育和心理健康教育实际上是互不包含、不可相互代替的两个领域。许多教育工作者认为德育思想教育工作就是心理健康教育，其实是一种误解。

天气变了，你的穿着必须跟着变，否则就要患病，这个道理谁都懂。让我们换个角度，如果一个人的心理环境、社会环境变化了，而其认识和行为方式没跟上，那么他的心理也会“生病”。比如说，小孩的父母已离婚，可孩子不懂得如何跟上这种变化，结果整日期盼着父母和好如初。不能如愿，他就忧虑、焦虑、闷闷不乐，严重影响学习。这个孩子此时就属于心理上“生病”了。再比如，一个生来胆小的男孩，总怕考不好，而有一次考试又确实没考好，结果以后每提到考试就极度害怕。听说明天要考试，今天他就失眠、紧张、焦虑，出现腹痛、发烧等症状，还总是担心考试结果，很明显，这个孩子是患了考

试焦虑症。这种例子很多，假若我们的老师把它们当成品德思想问题来教育，就等于用脚气水去治疗感冒发烧，不对症。

学校德育工作内容多是帮助学生认识社会、认识国家、认识榜样；而心理辅导工作主要是帮助学生认识自己、了解自己。学校德育的形式，往往是上级根据形势需要制定统一规划，每学期、每月、每周都有具体的要求和安排，自上而下，层层下达；而心理健康教育则是要根据学生的心理特点，通过帮助互助，自下而上地解决学生自身需要解决的问题。因此，现代学校的德育工作必须和学校的心理健康教育相结合，不实施心理辅导的德育是有缺陷的教育。如果我们能把心理辅导的精神渗透在教育、教学中，将会给我国中小学教育带来一场深刻的革命。

第二节　心理健康教育的发展

一、社会的发展变化给心理健康教育带来生机

在传统社会中，缓慢的社会变化为人们提供了一种稳定的生活模式，使人们获得了一种经常性的安全感。稳定的知识结构、稳定的职业、稳定的经济收入、稳定的家庭关系均使人们生活得很踏实。在现代社会中，随着经济发展中产业结构由劳动密集型为主体向资金密集型和知识、技术密集型为主体的改变，随着生产水平的日益集约化和现代化，随着人类可开发资源的日渐减少，世界范围内经济、贸易的竞争愈加激烈，现代社会变化极快。这种变化速度，打破了人们已适应了的相应稳定的生活模式，也打破了人们业已形成的思维习惯和行为方式，给人们的适应带来了巨大的压力和挑战。而这种压力和挑战也给当代的中小学生带来了心理压力、困惑和矛盾。

20 世纪 70 年代，世界各国都普遍给予学校心理健康教育充分的重视，并成立了国际学校心理学会。1993 年在捷克斯洛伐克召开的国际学校心理学会议上专家们一致认为，教学和心理健康教育是现代学校的两个轮子，缺少任何一个轮子，现代学校都不能启动。世界上教育发达的国家和地区都十分重视学生的心理辅导工作，学校设有辅导室、辅导委员会等机构，聘任辅导主任，配备专职的“辅导教师”，以预防和克服学生在学习、生活以及日后择业方面遇到的问题，提高学生的心理发展水平。一些教育专家认为，“辅导”、“教学”与“管理”是现代学校教育的三大支柱。我国从 20 世纪 80 年代后期在沿海发达城市启动心理健康教育工作，并先后历经了四种模式：心理治疗模式→心理咨询模式→心理讲座模式→心理辅导模式。有学者认为，心理辅导模式是一种最切合我国中小学实际、最好地体现理论和实践结合、一般能在中小学获得发展的模式。

二、心理健康教育实验结果

中小学教育作为基础工程，担负着培养全面发展合格人才的重任。随着社会的发展，学生出现的心理问题和障碍日益增多，影响着学生的身心发展。而素质教育观念的提出，使许多教育工作者意识到，传统教育在心理健康教育领域中显示出空白和薄弱。因此，开

展心理健康教育，是青少年身心发展的客观需要，也是素质教育的重要内容。上海、江苏、辽宁、山东等省市率先在中小学开展了心理健康教育。

（一）对中小学生心理问题的研究

杭州市科委的科研项目《大中学生心理卫生问题及对策研究》由杭州市第七人民医院、杭州市医学情报研究所、杭州市教科所进行了长达三年的研究，结果表明，有16.7%的学生存在严重的心理卫生问题，其中初中生占13.76%，高中生占18.79%，大学生占25.39%。这项成果在1989年7月被鉴定为属国内领先，并达到了国际水平。

据中国科学院心理研究所的报告（2000），我国有心理问题的中小学生中，心理不平衡方面的有33.4%，学习压力方面的有36.7%，人际关系方面的有37.4%，情绪方面的有35%，偏执方面的有24.6%。这些中小学生某些轻微的心理偏常，如不及时疏导和矫治，就有可能酿成日后难以挽回的心理障碍或疾病，会危及家庭和社会。因此加强对中小学生心理健康的教育是十分必要的。

（二）对中学生心理健康的研究

南京市在某高中进行了为期三年的心理健康教育实验。研究者利用教育统计学原理分析后发现（1995），接受心理健康教育的班级（实验班）无论在心理健康水平上，还是学习成绩方面均比未接受心理健康教育的班级（对照班）进步快。

（1）心理健康水平。他们用目前流行的SCL—90症状自评量表测定，结果见表2—2。

表2—2　SCL—90精神卫生自评结果

	1990年高一上学期	入学一月份	1993年高三下学期	预考前一周
班级	SCL—90因子分≥2.5	因子≤3	因子分≥2.5	因子分≥3
实验班	23.4%	6.3%	9%	7%
对照班	29.7%	4.2%	6%	15%

资料来源：《心理科学》，302页，1995（5）。

从表2—2中可以看出，对照组的因子分明显高于实验组。这说明实验组的学生的心理健康水平高于对照组。

（2）学习成绩。研究者用t检验来讨论两班成绩的差异。第一学期实验班均分$X_1=80$，对照组$X_2=79.49$，$p>0.05$，两组无显著性差异；第二学期$X_1=81.19$，$X_2=79.11$，$p<0.05$，有显著性差异；三学年$X_1=90.61$，对照组$X_2=89.73$，$p<0.05$，有显著性差异。

高考因语文、数学有加分，故用总分统计差异也显著。这说明学校心理健康教育有助于学校工作全面提高，有助于学生个体发展。

研究者在实验中认为，学校心理健康教育应强调教育与发展模式；应突出教育对象的积极向上性；应强调自我认识、自我教育、自我控制；应根据学生的心理困惑，及时有效地给予帮助；应教会他们模仿某些策略和新的行为，最大限度地发展他们的心理机能，促进内在潜力的开发，加速实现学生个体的社会化。

浙江大学等单位经过3年针对初中生的《中学生心理素质教育的理论思考与实验探

索》(1998.2) 实验，使各项教育内容、措施得以全面的落实，学生的心理素质得到提高，素质教育在心理领域中得到较为深入的尝试。具体表现在以下三个方面。

(1) 学生心理健康的发展。经SCL—90测评，实验班好于控制班，t检验实验班与控制班学生在敌对、恐怖、精神病性三项因子上无显著性差异，其余各因子差异显著。这说明实验班学生的心理状况较控制班学生更好。用《考试焦虑测验表》、《12种性格因素量表》进行测验，都显示实验班好于对照班。

(2) 家长评定。用《实验班学生家长对子女心理素质评定问卷》让83名家长在家里对子女的心理素质进行逐项评定。有近半数以上的家长对学生在制订学习计划、集中注意、长时间有效学习、想象力、学习兴趣、考试心态、学习目标、自学能力、自信、自我调节、自尊、竞争意识等方面的表现较为满意。而非实验班的家长以抱怨居多，较少有表示满意的。

(3) 任课教师评价。用自编的《任课教师对实验班与控制班学生心理素质评定表》对学生进行随机抽取评定。结果为在每个项目最积极的一个等级(AS)中，实验班明显高于控制班，各项平均高出13.09%。

通过实验，全校90%以上的教师认识到心理素质教育的重要性，有2/3以上的教师认为自己已在平常的教学中开始进行了一些心理素质教育。教师转变了教育观念，认识到教育必须面向全体学生，全面提高学生的素质。

上海南洋中学自1992年起开展心理健康教育的实验，实验以“自信心”情况较差的高一四班为对象，实验结果见表2—3、表2—4。

表2—3　　高一四班学生自信心情况前后对照

	自信心不足	自信心一般	自信心较强
开展活动前	60%	38%	2%
开展活动后	28.9%	62.8%	8.3%

表2—4　　高一年级四个班1994年第一学期成绩统计

	一班	二班	三班	四班	备注(在年级中名次)
第一周摸底	198.48	190.13	189.13	189.01	4
第六周阶段测验	370.31	372.21	365.84	360.00	4
第十一周期中考试	379.31	392.25	378.38	382.27	2
第十六周阶段测验	336.19	340.46	335.83	352.20	1

通过实验，南洋中学的教师认为，心理健康教育要以积极预防、促进发展为主要目标，以建立和谐的师生关系为原则，以教育教学渗透、学生主动参与为开展形式，以提高教师的心理品质和心理健康教育技能为必要前提。

上海市虹口区曲阳四小的教师在多年的实验工作中，取得了巨大的成就。他们的经验是五项原则、六个要点。

五项原则如下。

(1) 辅导目标：防治和发展相结合的原则；

（2）辅导对象：全体和个别相结合的原则；

（3）辅导功能：帮助和自助相结合的原则；

（4）辅导关系：尊重和理解相结合的原则；

（5）辅导方法：聆听和疏导相结合的原则。

六个要点如下。

（1）以了解学生为前提；

（2）以创建良好氛围为基础；

（3）以班级为管理单位；

（4）以小组为基本活动形式；

（5）以帮助、互助、自助为基本原则；

（6）以每个学生参与并获得发展作为目标。

近年来，我国在心理健康教育研究方面取得了大量的研究成果。特别是21世纪以来，我国学者在心理健康理论研究、教材编写、实施办法等方面都取得了重大成就。

三、学校心理健康教育未来发展的趋势

学校心理健康教育从对深化教育改革、提高教育质量、培养面向21世纪的人才、促进我国社会主义现代化建设的高度上来讲，是具有深远战略意义的举措。它不是权宜之计，也不是一种形式，因此要防止出现形式化、个别化、医学化、德育化、课程化的倾向，把握学校心理健康的未来趋向。在未来相当长的时间内，学校心理健康教育要遵循以下发展方向。

（1）心理健康教育将成为每一个学生自身成长的内在需要。

（2）心理健康教育将成为教师的职业能力。

（3）心理健康教育将渗透在教育观、人才观和学生观中，成为教育的内在要求。

（4）心理健康教育的模式将从以补救性为主转变为以发展性为主。

（5）心理健康教育的对象将从以学生为主转变为以学生、教师、管理者、学校环境为主。

（6）心理健康教育的领域将从异常心理辅导扩展到学习辅导、职业辅导、生活辅导。

（7）心理健康教育的内容将从心理的适应性教育转变为对学生潜能的开发。

第三节　中小学心理健康教育的体系和要求

一、心理健康教育的目标体系

（一）心理健康教育的总体目标

中小学心理健康教育是根据中小学生生理心理发展的特点，运用有关心理辅导的方法

和手段，培养学生良好的心理素质，促进学生身心全面和谐发展和素质全面提高的教育活动。教育部《关于加强中小学心理健康教育的若干意见》（见附录）中明确指出，心理健康教育是素质教育的重要组成部分。这个文件可以说是我国对心理健康总体目标的规划和要求。

心理健康教育不仅仅是一种现代教育方法，更重要的是它体现了以人为本的现代化教育思想与观念，反映了当代进步的教育潮流。

在学校开展心理健康教育工作，绝不是增加几节课的问题，也不仅仅是一个方法问题。教师要对心理健康教育的目标有一个深刻的认识，应该从过去那种“领导者”与“权威者”，转变成为学生的“协助者”与“建设者”，成为真正的“辅导者”。同时，教师应该以发展的眼光和成长的观点去看待学生，要把学生看成可开发的资源，指导学生学会生活、学会学习、学会做人。即使学生有这样那样的缺点和错误，也应当把它看成学生成长过程中的暂时障碍，着眼于关心学生心理品质的形成，完善个性的形成以及学习潜能的发挥，从而增强学生的能力。只有我们的教师改变了自己传统的教育观念，才能使学校的心理健康真正达到目标。

（二）心理健康教育中间的目标

根据学校心理健康教育的总目标，确定心理健康工作的中间层目标。它可以分为咨询性谈话目标、发展性辅导的目标、面对家长与教师的咨询目标、升学就业指导的目标等方面。

对学生而言，心理健康教育的目的是要促成学生学会做人、学会学习、学会创造、学会生活、学会生存。

（三）心理健康教育的具体目标

1. 挖掘心智潜能

通过各种形式的心理教育，促使学生的注意力、观察力、想象力、记忆力、思维能力和创造力不断发展，形成较强的求知欲和探索精神。

2. 促进心理健康

防止学生出现各种异常心理及不良行为的发生，促进学生形成初步的完善人格。这是心理健康教育的目的所在。

（1）良好的自知力。客观地了解自己、评价自己，对自己的能力和心理特点有全面的认识；正确对待自己的长处和短处，悦纳自己。

（2）坚强的意志。有较强的自觉性、自制力、坚持性；果断沉着，当机立断；坚毅、刚强，不畏艰难，不怕挫折。

（3）稳定的情绪。自我调节情绪，用理智控制各种环境中的情绪波动，基本做到稳定而乐观。

（4）良好的品格。有健全的社会认识力，兴趣广泛，接受社会规则；遵守行为规范，有自律习惯；合群乐人，心胸开阔，有利他和集体观念。

（5）积极的心态。乐观，有积极的生活态度；自信、自强，树立正确的理想；不断追求，竞争求胜，立志成才。

3. 建立合理的人际关系

让学生懂得交往在今后工作、学习、生活中的重要意义，乐于与人交往；掌握正常的交往准则和技巧，建立相互理解、信任、关心的人际关系；在交往中求得进步，并让对方了解自己或接受自己的影响。

4. 促使高效率的学习

在认识自己的基础上，确立学习目标；认识学习的价值，形成合适的动机水平，掌握学习方法，学会学习；合理竞争，正确对待成功与挫折；科学应试，减轻紧张、焦虑程度。

二、心理辅导的领域和要求

学校心理辅导的主要工作领域可以分为学习问题咨询、适应问题咨询、成长与发展问题咨询三大领域。

1. 学习问题的咨询

寻找产生学习困难问题的根源，比如，可能是由于学生能力差、身体疲劳、记忆力衰退，也可能是由于没有兴趣、恐学症或者是学习习惯不好等等。心理辅导教师要提出解决问题的方案，例如，帮助学生制订合理的学习计划，符合个人条件的学习目标、学习方法，记笔记方法，考试答题方式，对知识的记忆术，利用学习参考书等，并进行相应的心理辅导。

2. 适应问题的咨询

适应问题可分为行为问题和人格问题两大类。严重的行为问题如放火、偷窃、暴力、不良性行为、伤害、恐吓、欺辱、自杀、自杀未遂等。轻度的行为问题如厌食、失眠、夜惊、过度手淫、性好奇、舔指、神经质、说谎等。对这类问题要从发展的角度看，有些是一时性的问题，在适当的教育环境中会逐步消失。严重的人格问题如偏执人格、神经症、心境障碍，应与神经、精神科医生、专家联系治疗。轻度的人格问题，如缺乏自信、自我中心、忌妒、不安感、怠惰、偏执等，可由心理辅导教师给予矫治。

3. 成长与发展问题咨询

主要是关于学生如何做到德、智、体全面发展的问题，其中包括人生观、价值观的确立，自我潜在能力和学习特点的理解和把握，自我社会性的发展和将来人生的设计，进入青春期后青少年的性心理、身体发育等问题。此外，交友、健康、安全、人际关系及亲子关系的处理也很重要，其中特别重要的是毕业升学或求职就业等人生发展问题的咨询。

学校心理辅导教师在进行咨询与辅导时必须注意四点。

第一，不要摆出说教、说理的姿态，要引导学生把心里的话说出来，使他们安定情绪，减轻紧张程度。要充分尊重学生，相信他们通过辅导可以自己去解决问题。

第二，要站在学生的立场上理解学生，理解其苦恼之处，进行共感性的心理辅导。在心理辅导的过程中学生经常会问老师会不会嘲笑他。因此，辅导教师要和学生建立良好的人际关系。

第三，把学生的心理辅导与思想政治教育区分开来，不要一味指责学生的行为，甚至贴标签、扣帽子，要做到认真地倾听，全面地接纳。只有这样，才能更好地引导、促进学生的自我成长。

第四，不要单方面中止咨询，要有计划、有阶段地进行，以情感疏导为中心，使学生达到情绪上的释放，让其体验心理辅导后的愉悦。

学校心理辅导教师可以把一些轻度问题留给班主任解决。但是学校心理辅导和咨询还要面向其他教师和家长，给他们以教育咨询和心理援助。面向教师的咨询，包括组织校内和校外的心理辅导讲座及研讨会，组织教师参加儿童咨询案例讨论，以加深对问题学生的理解，掌握学生心理发展的规律，改进教育、教学方法，制订切实有效的教育方案，帮助有关教师对学生实施心理测量和调查，记录心理辅导的相关资料和数据，对教师自身的情绪压力和心理苦恼进行适当的心理援助和咨询。具体而言包括 10 个方面的内容。

(1) 对学生的不适应要及早发现、及早疏导。

(2) 倾听学生的声音，理解儿童、青少年的心理。

(3) 根除对学生的偏见，杜绝体罚。

(4) 改善教学方法。

(5) 搞活班级和年级活动。

(6) 激发学生的学习兴趣，多做鼓励性的评价。

(7) 通过学校教育要使学生对自己的将来感到有希望。

(8) 对儿童学校恐怖症要掌握充分的资料，进行细致的了解。

(9) 儿童的心理辅导要建立一套打开心灵之窗的教育方法。

(10) 积极协助和建立心理健康教育的网络化工程。

面向家庭教育的咨询活动，包括组织家长委员会、家长学习班或业余学校；帮助家长深入理解儿童心理健康的含义，对家长进行心理健康的启蒙教育；制订相应的电话咨询体系，解答家庭教育中产生的各种问题；帮助家长在家庭教育中建立良好的亲子关系；促进学生所在社区的文明建设，帮助社区建立精神卫生的援助系统等。在家庭心理咨询中，对家长的基本要求是：

(1) 信赖孩子，不把孩子当成玩偶。

(2) 培养孩子的独立生活能力。

(3) 创造和谐的家庭氛围。

(4) 建立共同体验、相互理解的亲子关系。

(5) 对孩子的基本生活习惯进行训练、培养，切忌溺爱孩子。

(6) 尊重孩子的人格。

(7) 引导孩子建立良好的人际关系。

(8) 和学校教师协作，有效地指导孩子学习。

(9) 积极参加社区的文明建设活动。

三、学生心理健康档案建立的意义

学校对学生进行心理健康教育，建立心理档案是必须的工作，也是工作的初端，对于心理健康教育工作具有十分重要的意义。

(1) 有利对学生进行心理咨询和心理治疗，为指导学生日常生活和社会活动提供心理学依据。深入细致地掌握每个学生的心理健康和心理活动的情况，从而有针对性地加以指导咨询，帮助学生解除心理困扰和障碍，走出心理误区，健康愉快地生活。

(2) 正确了解学生的心理潜力和优势，尤其是智能和自我意识水平，从而发掘人才，因材施教，为社会输送可用之才。

(3) 改进学校德育和思想教育工作。人的心理活动丰富而繁杂，要求学校做学生工作时遵循心理规律，运用心理活动多层次多功能的原理，承认个体的心理差异性，采用一把钥匙开一把锁的方法进行有针对性的工作。建档目的就在于科学地掌握学生心理状况，及时发现心理问题，对症下药，解决特殊问题。

(4) 有助于短时间内系统地了解学生。通过心理测定和心理检查，综合分析，可在较短时间内对学生的整个心理进行客观、全面的掌握，并整理成基本资料，一目了然，便于及早了解和解决问题。

(5) 有助于早期发现心理缺陷和心理疾病，及早积极防治，保障学生的心理健康。

(6) 有助于学生的自我发展和自我完善。通过较全面的心理检查测评，掌握每个学生心理的各个层面及其功能状况，通过心理咨询辅导，并让其本人也了解自己的心理潜力和优势，扬长避短，不断地调节自己的心理行为和自我意识，完善自己的人格结构。人贵有自知之明，加强自我认识有助于自我发展、自我完善。

(7) 有利于教育科研工作。有利于教育科研工作人员对当代学生的心理特点、心理需求、心理发展状况的正确了解，使学校能适应这些特点和需求进行教育，以利于学生获得最佳的发展等，这些都是教育科研的重要研究课题。心理档案的建立，可获得客观数据和有价值的指标，这些第一手资料是重要的科研依据。

(8) 有利于学生的管理工作科学化。

(9) 有利于各类学生全面健康观念的更新和科学化，鼓励从心理科学和心理医学对学生身心两方面进行综合性工作。

(10) 为现代各类学生的心理活动规律和心理健康状态积累丰富的第一手资料，并为扎实开展学生心理卫生工作打下基础。①

---

① 余展飞、杨新发、林香玲：《现代心理卫生科学理论与实践》，329页，北京，世界图书出版公司，2000。

第三章

心理疾病产生的理论基础——应激

“应激”这一词语在普通心理学中主要指一种出乎意料的紧急情况下引起的高度紧张的情绪状态。作为学校教育工作者来讲，可能会认为应激应该与老师、学生没有太大的关系。因为学校是一种有规律的生活状态，一般情况下不会遭遇应激事件，更谈不上知道应激和人的心理健康有什么关系。其实，我们现在所说的应激，已经不完全具有我们平常所解释的含义。应激实际上是一个应用极其广泛的概念，通俗地说就是心理压力。加拿大生理学家汉斯·薛利（Hans Selye）认为：“应激，就像相对论一样，是一个广为人知但却很少有人彻底了解的科学概念。”

本章从应激的理论中，去分析研究心理健康、心理疾病及问题形成的过程。这为我们进行心理咨询或心理辅导过程，准确把握心理问题的成因奠定了理论基础。

第一节　应激概述

一、应激的概念及发展

当一个充满气体的气球遇到外力或高压时会发生爆炸，这种外力在物理上我们称之为“压力”或“应力”(stress)。一个人遇到了车祸发生外伤或残疾，同时在心理上产生紧张、恐惧等问题时，一般情况下我们称之为心理负担或压力，专业术语则称为应激(stress)。

应激一词来源于拉丁文 stringere，其最初的含义是困苦和逆境。在物理学上这个词是指对物体施加的外力（即压力）。在现代英语中，应激的通俗含义是“紧张”和“压力”。应激的概念随社会的发展在不断发生变化。

早在 20 世纪 30 年代，由哈佛大学著名生理学家坎农（Walter Cannon）引用于人类社会后，应激概指超过一定临界值后，破坏机体内环境平衡的一切物理、化学和情感刺激。

20 世纪 50 年代，汉斯·薛利认为，应激是由许多有害因素产生的一种综合征。薛利认为，机体暴露于各种不同的刺激之下，如冷、热、缺氧、长期心理矛盾、情绪紊乱、水及电解质平衡失调时，都可以产生同样的应激反应。而引起应激的因素称为应激源(stressor)。薛利的应激理论可以总结为四点。

第一，所有生物有机体都有一种先天的驱动力，以保持体内的平衡状态。这种保持内部平衡的过程就是稳态，一旦有了稳态，那么维持体内平衡就成为一个毕生的任务。

第二，应激源如细菌或过度的工作要求一样，会破坏内部的平衡状态。无论应激源是愉快的还是不愉快的，人体都会用非特异性生理唤醒来对应激做出反应，这种反应是防御性的和自我保护性的。

第三，对应激的适应是按阶段发生的。各阶段的时间进程和进度依赖于抗拒的成功程度，而这种成功程度则与应激源的强度和持续的时间有关。

第四，有机体贮存着有限的适应能量。一旦用尽，有机体则缺乏应付持续应激的能力，接下去的就是死亡。

从薛利提出应激理论之后，不但生理学、医学，而且心理学、社会学、人类学等也都开展了对应激的研究。应激的概念有了较大的差异。

沃尔夫（Wolff）注意到了薛利研究的不足，提出社会生活的刺激，如生活方式或关系的改变、要求不能满足等也能引起应激反应。他认为，某一生活事件是否能引起应激反应，决定于个体对事件的态度，而这种态度又与遗传素质、个人愿望、需要、过去的经验以及社会压力等有关。即相同的刺激并不一定都导致应激反应，这取决于个体对应激源的认知水平和应对能力。沃尔夫的观点进一步丰富了人们对应激的认识。

理查德·拉扎洛斯（Richard Lazarus，1968）是一位强调心理应激的学者。他指出，心理应激是指当环境威胁到一个人的重要需求和其应对时，个体所产生的一类特殊的心理、生理反应（Lazarus，1983）。

二、应激的三种含义

在当今的科学文献中，应激这个概念至少有三种不同的含义。

第一，应激是指那些使人感到紧张的事件或环境刺激。从这个意义上来讲，应激对人来说是外部的刺激或事件。在日常生活中，我们师生经常会遇到各种事件，人们也正是在应对各种生活事件的过程中而生存和发展的。

对于应激的方法，其一被认为是一种巨砾，虽不经常但是巨大而难以处理。其二被认为是些细砾在鞋中，或认为是谚语中的稻草却可折断骆驼的脊梁。

图 3—1 应激模式示意图

过去人们可能较多地认为应激是一些诸如失业、婚姻问题或者是摧毁整个生活的天灾人祸等巨大灾难所引起的现象。国外许多学者将这类应激描述为应激的巨砾模式。但是，另一种观点认为应激也许与一些生活琐事有关。这可以用应激的细砾模式来描述，就像鞋子中有了许多小石子（见图 3—1）。如学生考试失败、师生人际关系有问题、自己最心爱的书被别人拿走了等，都会引发像巨大灾难所引发的应激反应一样。因为这些小的烦恼是可以积累的，这类小的负性情绪的积累，会消耗人的精力及体力，到了一定程度就会导致健康问题。学生的许多心理问题的形成，大多是由许多小事件而引发的心理障碍，正说明了这种模式是客观存在的。日常生活中许多成人心理问题大多也是这样形成的。

第二，应激是一种主观反映。从这个意义上讲，应激是紧张或唤醒的一种内部心理状态，它是人体内部出现的解释性的、情感性的、防御性的应对过程。这些应对过程是发展的，会提高并趋向成熟，它们也能产生心理紧张。

在应激过程中，对同样的刺激情景人们的反映却各不相同。环境中的刺激物作用于人，使人产生了对它的适应和应对的要求，如果满足这种要求对个人是有意义的，而个体满足于这种要求的能力与该要求本身不相协调，就会产生应激。因此，应激是环境要求与个体的适应和应对能力不相平衡的结果。对于心理社会性刺激物而言，这种要求常常被人认识，才能产生出对它们适应和应对的需要，也需要通过个体的认知评价，才能产生“需要—能力”不平衡的推断，从而产生应激反应的体验。环境要求与个体对它的心理反应之间可能是一致的，也可以是不一致的。一方面，如果心理社会刺激物的要求不被个体所认识或看重，就不会产生适应和应对的需要，因而也就不会产生应激；另一方面，有时可能根本不存在相应的社会性刺激，个体也可以产生某种应对需要，进而产生应激。同样，个体关于环境要求与自己应对能力之间是否平衡的评价高低，也直接影响到应激是否出现。因此，对于心理社会刺激物，可以说应激是由认识上的“要求—能力”不平衡引起的。对于可以直接造成机体损害的躯体性或生物刺激物来说，它们所引起的应激后果无须经过个体的认知评价。

第三，应激也可能是人体对需要或伤害侵入的一种生理反应。有证据表明，应激的重复出现可能导致生理障碍，长期的应激状态可能会引发消极状态，包括心力衰竭、疾病和死亡。

从以上的讨论中可清楚地认识到，应激是人对环境的适应性反应。

三、心理应激的认识特点

目前，人们对心理应激的认识有以下几方面的特点。

(1) 应激无好坏之分，引起应激的刺激有的是令人高兴的事情，也有的是令人悲伤的事情。凡是来自于生理、心理、社会方面的要求均可以引起应激。例如，离婚、高考落榜可以引起应激反应；而结婚、金榜题名也同样可以引起应激反应，这被人称为“愉快欢乐的压力”。所以薛利曾指出“完全脱离应激等于死亡”。

(2) 引起应激反应的刺激物，有生物性的，也有心理社会性的。例如，感冒、失血、夫妻吵架、地震、生活目标尚未实现等。

(3) 应激反应可以是生物性反应，也可以是心理行为的反应。例如，体位性低血压、失眠、住院病人的焦虑、抑郁等。

(4) 一些临床调查表明，患者就诊的重要原因基本上是社会适应不良和情绪障碍。因此，在许多情况下，可以将其作为心理应激反应来研究，例如神经症、偏头痛、睡眠障碍等。

(5) 非健康行为，如吸烟、酗酒、药瘾等，常与心理社会压力有关。例如，欧美贫困阶层吸毒者多，我国从事经营销售的人员嗜烟酒者多，从而可以将其作为心理应激的一个侧面进行研究。

(6) 应激过程与个体的认知评价有密切关系，应激反应出现与否，以及反应的强弱，直接受认知因素的制约。同样的刺激或变化，并不都引起同样的应激反应，只有在个体觉察到或者估计到威胁存在的时候，才能出现应激反应。

第二节 应激状态的交互理论

一、认知交互模式

理查德·拉扎洛斯于1968年提出了心理应激的概念（见图3—2）。

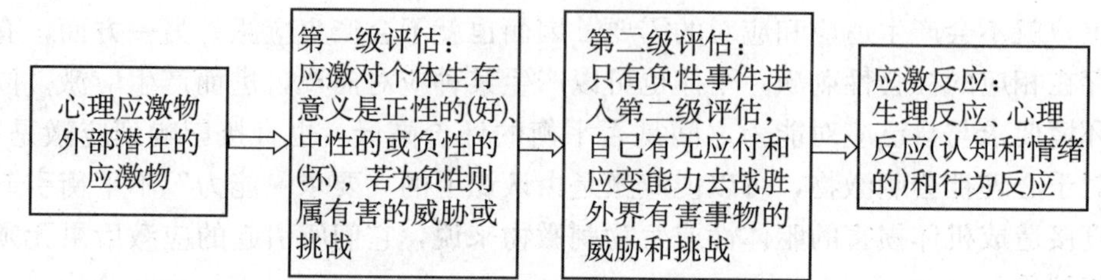

图3—2 应激概念形成示意图

图3—2中的有害事物是指已经发生并对自己造成心理伤害的事物。威胁是指已经发生并对自己的未来产生伤害的外部事物。挑战是指潜在的竞争的事物。拉扎洛斯及其同事对应激进行了研究，构建了新的应激模式即认知交互作用模式（见图3—3）。

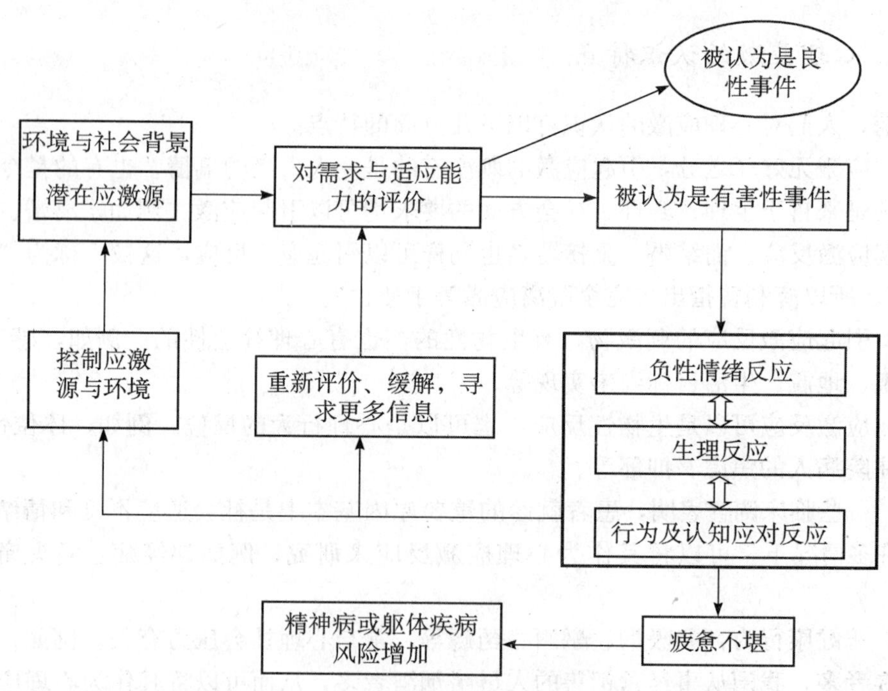

图3—3 应激的认知交互作用模式示意图

注意：（1）评价过程结果也许不是应激源（如无关或良性事件）。在这一模式中生理应激反应只在被认为是有害性事件的评价之后出现，但是这将反过来影响认知与解释过程。（2）精神或躯体疾病发生危险的增加是在做出一些应对努力后出现了心身疲惫才存在（Phillip L. Rice，2000）。

二、认知交互作用模式的意义

这一模式是20世纪70年代早期提出的，虽然在不断地演变着，但它一直是非常有影响的理论。这一模式较准确地把应激描述为“既不是环境刺激，也不是个人的性格，更不仅仅是一种反应，而是在需求与不以疯狂或死亡为代价的处理需求的能力之间的关系”。换言之，应激只有在环境需求超过了个人处理需求的能力时才存在。如果某人应对能力很强，应激便不会产生，即使旁人可能把这种需求看成了应付的极限。反过来讲，如果某人应对能力很弱，即使旁人看来这种需求能轻易解决，应激也会产生。拉扎洛斯认为个体与环境之间的交互作用是基于三种独立的评价：初级评价、次级评价和重新评价。这一观点是目前最具影响力的应激模式。

从以上模式来看，关键的部分是对自身能力和客观要求的比较和理解。也就是说，人们对这两种因素在认识上的估计是关键问题。如果在估计上产生不平衡，就会出现应激状态。那么，是什么东西影响着这一估计过程呢？

首先，如果客观的要求是违反人们已经适应了的生存条件，这时，就生物学角度来看必须重新适应，这种重新适应的要求可能引起人在估计上的不平衡。人在估计自身能否适应新环境时，可能产生心理上的失调。这就是为什么在旅居异国他乡时有人会产生所谓“文化休克”的原因，即由于文化背景的差异而导致生活适应障碍，同时伴随着血压升高、嗜睡、食欲亢进或降低、功能性出血等。

其次，如果一个人从来没有受过某种训练或教育，也就是自知在某方面的能力不足，这时要求他接受某种特定活动任务时，就会使估计失去平衡，应激状态就可能出现。例如，突然让一个教了几十年物理的老师教语文，这位老师可能就会出现应激。

最后，社会活动中的矛盾角色以及由于接受暗示作用而进行过高和过低的自我评价，都可能在估计能力与要求时产生不平衡从而导致应激状态的产生。

拉扎洛斯这一模式的意义在于：

第一，某一事件可能被某人认为是应激性的而对别人来说却并非如此。如同样的中考、高考失利，对不同性格、爱好和生活背景的人来说感受是完全不同的。在生活中，许多学生来咨询谈到引起心理问题的缘由时，我们成人感到不应该成为障碍的缘由，但学生却会感到问题的存在。

第二，同一个体可能在某时认为某一件事是应激性的而在另一时期却不这样认为。如学生一段时间觉得班主任对自己特别不好，一段时间又感觉对自己挺好，生活之中这种情况随处可见。生理上感到疲惫、紧张或患病，也能影响或歪曲个体的认知理解。同样，在心理方面的改变也会影响评价。学生有时会感到父母很好，有时又会怀疑自己是否亲生的。而且不同时期的心境与动机状况的改变也与认知理解过程密切相关。

第三，个人内部构建的现实并不一定可靠，换句话说，它们和某些外部的客观现实并不是完全一致的。事实上许多来咨询的学生或其他人，他们的问题有时并不是客观现实中真正存在的，而是他自己臆想出来的。如一位学生说他从自己戴的眼镜的余光中，可以看到别人都在注视着自己。当你问他是不是真实情况时，他说是事实。而让他亲自去询问别人，事实却并非如此。所以，当代科学的研究表明，大脑会在一定基础上多次产生虚构的想象，部分是温和的，部分并不温和。当想象不温和时，就会产生应激(Phillip L. Rice，2000)。

第三节　应激刺激、应激过程和应激效应

我们把足以引起强烈负性情绪和不良躯体反应的各类内、外刺激统称为应激刺激源，按其性质可以分为生物性的、精神性的和社会性的三大类。由应激刺激最后导致的生理、精神和社会行为方面的改变称为应激效应，而由刺激的发生到效应的出现，其间的历程和各种因素之间发生的相互作用称为应激过程（见图3—4)。

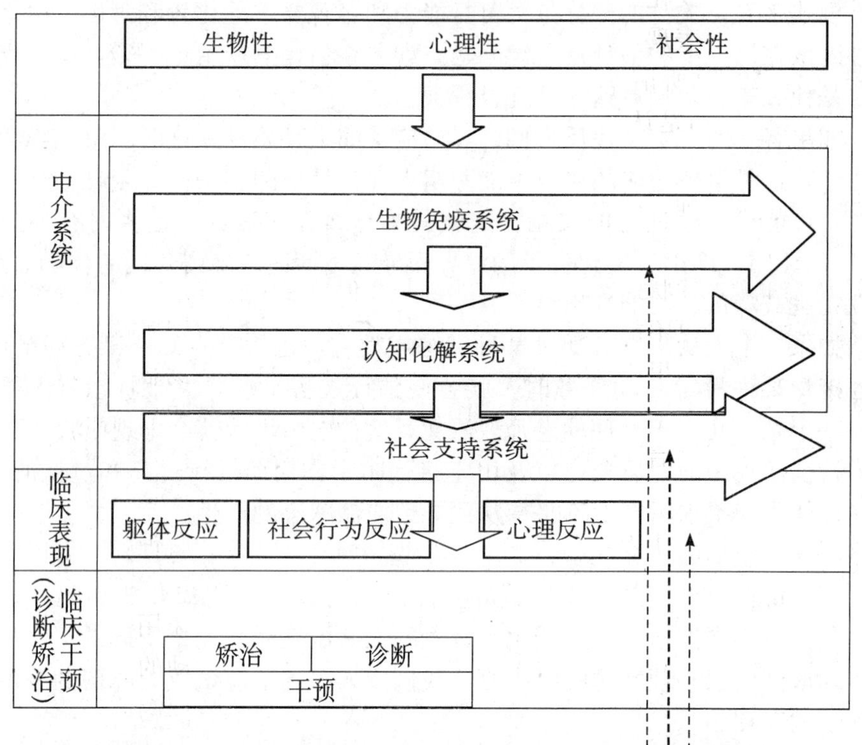

图3—4　外部压力—临床表现—临床诊断—干预措施逻辑表

注：虚线部分是心理咨询师和心理治疗师在观察到临床症状之后，将目光和思维活动瞄准的方向。

资料来源：郭念峰：《心理咨询师》，179页，北京，民族出版社，2002。

对图3—4需要说明的第一个问题是：为什么人对生物的、精神的和社会的三种压力可以发生响应？换句话说，人为什么对这三种刺激可以产生反映？从人性心理学的基本原理来看，是因为在人的本质中包含有三种基本属性，这类似于物理学中的共振或共鸣原理，人性自身有这三类“固有频率”，所以对这三种刺激可以发生“共鸣”。

在图3—4中，压力是指人在现实的社会生活和自然环境中，随时可能遭遇到的不同性质和不同强度的刺激。这些刺激并不是独立的、单一化的呈现，它们往往纠合为一个整

体，对人发生作用。

但是，压力作用并不直接产生临床症状，必须经过各种中介因素，压力的结果才会在人身上体现出来，如图 3—4 中所列，三类相互联系的中介因素是认知化解系统、社会支持系统和生物免疫系统。

认知化解系统的中介作用分为两类：一是正确的科学的合乎逻辑的认知可以降解压力的强度；二是错误的非科学的认知可以膨胀压力的强度。

社会支持系统的中介功能也有两个方面：一是人际关系和谐，好朋友多，彼此能互相关心、互相爱护、互相帮助，这样的社会支持系统可以降低压力的强度；二是社会支持系统不良，则可以膨胀压力的强度。

生物免疫系统的中介功能同样有两种：一是免疫功能强，可以积极地抵制或平衡由压力造成的不正常的躯体变化，使得压力不向躯体化方面发展；二是免疫功能低下，压力便很容易以躯体化的形式表现为心身障碍。

从上述过程来看，所谓外在压力的强度只是一个相对值，它是依照个体中介系统的强弱而变化的。特别是认知系统和社会系统对人的应激作用，在生活中是不容忽视的。

临床症状一旦以生理、心理和社会行为的改变表现出来，下一步就是临床干预，心理咨询师或心理治疗师的工作便由此开始。心理咨询师或心理治疗师在干预临床表现的时候，首先是观察和分析症状的性质和对症状分类。但是仅仅依据对症状的观察和分类，并不能给出准确的诊断，更不能制订出针对病因的治疗方案。这时，必须把眼光投向压力的来源和个体的中介系统。思维活动必须围绕这两个方面展开，借助临床经验、可靠的心理学方法，特别是有针对性的心理测量工具，搞清楚压力的性质和相对强度、主体中介因素中各系统的功能水平，之后才能从全方位获得的临床资料入手，做出病因诊断，而后制订出合理的咨询方案。

生物因素和社会因素作为压力源是直观的、好理解的。唯独精神因素作为压力源较为抽象。对此，笔者在这里详加说明，以帮助读者理解。

精神属性是以脑为物质基础、以客观世界（自然与社会）的作用为条件的。它的内容全部来自外部世界。也就是说，当脑的工作程序正常时，精神活动的真实性和逻辑性全依靠外部世界，即外部世界的现象和内在运动规律性，就是精神活动的内容和逻辑性。这样说，是否剥夺了精神活动自身的相对独立性呢？答案是否定的。精神活动自身的相对独立性是很明显的。如个体长期积累的经验可以积极参与个体的认知，从而形成相对稳定的认知倾向性，依它的特点可对外部事物产生不同的理解，做出不同的行为反应。这种倾向性可以起积极作用，也可以产生消极作用。按自身倾向性得出的认知结果，又变成人的行为反作用于自然与社会，使自然和社会承受人的认知与行为的影响，产生局部改变，这就是所谓“物化的精神”或“精神的物化”的过程。在这种过程中考察精神活动，它就不是消极被动的和僵死的事物，而是有相对独立性和自身本质的特征的事物。正是它的相对独立性质，使它可以通过经验和认知倾向的形成，影响当前的认知，对人的心理健康产生独特的影响。

第四节　应激强度的测量

成人生活事件量表从以下两方面来分析。

(一) 应激的定量分析

应激是一种主观体验，为了弄清应激的强度和性质，美国的两位学者霍尔姆斯(Holmes) 和瑞赫 (Rahe) 于 1967 年开始进行研究，目的是为了验证这样的观点：巨大应激与疾病发生率的升高相关。他们编制了一个量表来量化一个人在最近时期所经受的应激量，这一量表即社会再适应评定量表 (SRRS)。该量表的理论假设是：任何形式的生活变化都需要个体动员机体的应激资源去做新的适应，因而产生紧张。该量表的计算方法是在累加生活事件次数的基础上进行加数计分，即对不同的生活事件给予不同的评分，然后累加得出其总分值。如总分＞300 分则可能确定有重大的生活危机，来年有 70％的可能性会患病或发生意外；总分在 200～299 分的范围内可确定为中等生活危机，来年有 50％的可能性会患病；总分在 150～199 分范围内则有轻度的生活危机，来年有 33％的致病机会；总分低于 150 分则可以认为是正常的，提示来年基本健康。

霍尔姆斯和瑞赫对 5 000 多人进行了社会调查，把人类社会生活中遭受到的社会危机归纳并划分了等级，编制了一份生活事件心理应激评定表，并以生活变化为单位作为指标加以评分，此表共有 43 项。一般是以一年之内的生活事件的变化单位 LCU (life-change units) 为测量的计分单位，较为保守的应激计分应只算 6 个月的 LCU 总分。瑞赫 (1972) 曾在美国海军人员中取得如下研究结果：在 LCU 为 0～100 分、300～400 分、500～600 分的三个组中，6 个月内患病的平均数分别为 1.4、1.9、2.1 (见表 3—1)。

表 3—1　　霍尔姆斯社会再适应评定量表

等级	生活事件	LCU	等级	生活事件	LCU
1	丧偶	100	23	子女离家	29
2	离婚	73	24	与姻亲发生矛盾	29
3	婚姻破裂	65	25	突出的个人成就	28
4	判刑入狱	63	26	妻子开始或停止工作	26
5	亲密的家人死亡	63	27	开始或结束学业	26
6	疾病或外伤	53	28	生活条件改变	25
7	结婚	50	29	改变个人习惯	24
8	被开除	47	30	与老板发生矛盾	23
9	复婚	45	31	工作时间或条件改变	20
10	退休	45			
11	家人患病	44	32	迁居中	20
12	妊娠	40	33	换学校	20
13	性生活困难	39	34	娱乐方式改变	19
14	新添家庭成员	39	35	宗教活动改变	19

续前表

等级	生活事件	LCU	等级	生活事件	LCU
15	公司调整	39	36	社会活动改变	18
16	经济状况改变	38	37	贷款或抵押少于 10 000 美元	17
17	亲密朋友去世	37	38	睡眠习惯改变	16
18	更换工种	36	39	家人团聚次数减少	15
19	夫妻纠纷次数改变	35	40	饮食习惯改变	13
20	抵押超过 10 000 美元	31	41	休假	13
21	取消贷款或抵押权被收回	30	42	圣诞节	12
22	工作职责改变	29	43	轻微违法	11

资料来源：[美] Phillip L. Rice：《健康心理学》，145 页，北京，中国轻工业出版社，2000。

有的学者对此量表提出了批评意见，而最主要的批评是认为这一量表的分值是在多年前确定的，现代人对同样的事件的反应是不相同的。所以，有人说，社会再适应评定量表充其量只是一个粗略的应激指标。但是，尽管生活事件和多种疾病之间的相关率常常较低，大概在＋0.30，人们还是指出 LCU 分值过高仍是一个严重的问题；如果在 300 分以上，就需要采取措施来调整个体的活动和生活方式。

（二）生活事件和疾病的联系

生活事件与疾病、健康方向存在什么关系，我国北京医科大学（现北京大学医学部）的学者对北京市 10 000 多人进行了此类调查；中国科学院心理研究所和原北京医科大学合作，对钢铁工人也进行了调查，调查结果显示：

（1）在较紧张的学习或工作中，伴有不愉快的情绪，容易致病。

（2）工作单位或家庭中人际关系不协调，容易致病。

（3）亲人的意外死亡或突然的意外事故，是导致应激和患病的重要原因。

关于生活事件量表，以下我们介绍几种。

一、我国学者编制的 LES 量表

（一）简述

我国于 20 世纪 80 年代初引进社会再适应评定量表，使用者根据我国的实际情况对生活事件的某些条目进行了修订或增删。有的将百分制改为十分制，有的则沿用霍尔姆斯的计分方法。这些生活事件量表的基本理论、计算方法均与社会再适应评定量表类似，故它们与社会再适应评定量表的一致性较高（r=0.643～0.887）。

社会再适应评定量表及其类似的修订版比较适用于研究生活事件的客观属性和某一群体的价值取向。如果用于对个体精神刺激的评定或对生活事件致病作用的研究，尚有一些没有解决的问题。

问题一，同一生活事件在不同的性别、年龄、文化背景以及同一个体的不同时期可能具有不同的意义。生活事件即便是一种客观存在，但要成为精神压力也须经过个体的主观感受。精神刺激的强度一方面受到生活事件本身的性质、特点的影响，另一方面更受到个体的需要、动机、个性、以往经历以及神经生物学特性的制约。研究结果表明，年龄是一

个重要的影响因素。不同年龄阶段的人对同一生活事件的感受差别很大，对80%的生活事件条目的评估有显著性差异。可以说，不管人们对某一事件的看法与客观实际是否一致，也不管是什么因素影响了他们对事件的认识、判断和评价，唯有个体实际感受到的精神紧张才对健康构成真正的威胁。

问题二，社会再适应评定量表假定生活事件不管属积极性质还是消极性质，都会造成精神紧张。而人们发现，消极性质的生活事件与疾病最为相关，而中性或积极性质的生活事件的致病作用却并不明显。

基于上述两方面的原因，个体的精神刺激评定不宜使用常模的标准化计分，而应分层化、个体化，并应包括定性和定量评估，以分别观察正性（积极性质的）、负性（消极性质的）生活事件的影响作用。按照这种新的构想，我国学者在前人工作的基础上编制了生活事件量表（lefe event scale，LES）。经过五年的实践和研究于1986年定型，并已在国内10多个省市推广应用。

（二）LES的适用范围

LES适用于16岁以上的正常人，神经症、心身疾病、各种躯体疾病患者以及自制力恢复的重性精神病患者。

（三）LES的信度、效度

信度：对153名正常人、107名神经症患者、165名慢性疼痛患者、44名缓解期的精神分裂症患者在间隔2～3周后重测，相关系数在0.611～0.74之间，p值均小于0.01。

效度：

（1）100名离婚诉讼者的精神紧张总值、负性事件值高于按年龄、性别、民族、学历、职业及婚龄配对的五好家庭成员（$p<0.01$），而正性事件评分两组无差异。

（2）十二指肠溃疡者精神紧张总值、负性事件值均高于无症状的乙肝病毒携带者（$p<0.01$），而正性事件差异不显著。

（3）恶性肿瘤患者生活事件的发生频度、强度及总值高于结核病患者，差异具有显著性。

（4）72名癔症患者生活事件总值与反映其社会功能状况的大体评定量表分（Global Assessment Scale）呈负相关（$r=-0.3003$，$p<0.05$）。

（四）LES的使用方法和计算方法

LES是自评量表，含有48条我国较常见的生活事件，包括三个方面的问题：一是家庭生活方面（有28条），二是工作学习方面（有13条），三是社交及其他方面（7条），另设有2条空白项目，供填写当事者已经经历而表中并未列出的某些事件。填写者须仔细阅读和领会指导语，然后逐条一一过目，根据调查者的要求，将某一时间范围内（通常为一年内）的事件记录下来。有的事件虽然发生在该时间范围之前，如果影响深远并延续至今，可作为长期性事件记录。对于表上已列出但并未经历的事件应一一注明“未经历”，不留空白，以防遗漏。然后，由填写者根据自身的实际感受而不是按常理或伦理道德观念去判断那些经历过的事件对人来说是好事或是坏事，影响程度如何，影响持续的时间有多久。一过性的事件如流产、失窃要记录发生次数，长期性事件如住房拥挤、夫妻分居等不到半年记为 1 次，超过半年记为 2 次。影响程度分为 5 级，从毫无影响到影响极重分别记 0、1、2、3、4 分。影响持续时间三月内、半年内、一年内、一年以上共 4 个等级，分别记 1、2、3、4 分。

生活事件刺激量的计算方法：

(1) 某事件刺激量=该事件影响程度分×该事件持续时间分×该事件发生次数

(2) 正性事件刺激量=全部好事刺激量之和

(3) 负性事件刺激量=全部坏事刺激量之和

(4) 生活事件总刺激量=正性事件刺激量+负性事件刺激量

另外，还可以根据研究需要，按家庭问题、工作学习中的问题和社交问题进行分类统计。

(五) LES 结果解释及应用价值

LES 总分越高，反映个体承受的精神压力越大。95%的正常人一年内的 LES 总分不超过 20 分，99%的正常人不超过 32 分。负性事件的分值越高，对心身健康的影响越大；正性事件分值的意义尚待进一步研究。

LES 的应用价值主要表现在以下几个方面。

(1) 用于神经症、心身疾病、各种躯体疾病及重性精神疾病的病因学研究，可确定心理因素在这些疾病发生、发展和转归中的作用分量。

(2) 用于指导心理的治疗、危机干预，使心理治疗和医疗干预更具针对性。

(3) 用于甄别高危人群，预防精神障碍和心身疾病，对 LES 分值较高者加强预防工作。

(4) 指导正常人了解自己的精神负荷，维护心身健康，提高生活质量。

问 卷

LES 调查问卷

杨德森 张亚林 编制

(性别： 年龄： 职业： 婚姻状况： 填表日期： 年 月 日)

指导语：下面是每个人都有可能遇到的一些日常生活事件，究竟是好事还是坏事，可根据个人情况自行判断。这些事件可能对个人有精神上的影响（体验为紧张、压力、兴奋或苦恼等），影响的轻重程度是各不相同的，影响持续的时间也不一样。请您根据自己的情况，实事求是地回答下列问题。填表不记姓名，完全保密，请在最合适的答案上打对勾。

生活事件名称	事件发生时间				性质		精神影响程度					影响持续时间				备注
	未发生	一年前	一年内	长期性	好事	坏事	无影响	轻度	中度	重度	极重	三个月	半年	一年	一年以上	
举例：房屋拆迁			√			√		√					√			

续前表

生活事件名称	事件发生时间				性质		精神影响程度					影响持续时间				备注
	未发生	一年前	一年内	长期性	好事	坏事	无影响	轻度	中度	重度	极重	三个月	半年	一年	一年以上	
家庭有关问题																
1. 恋爱或订婚																
2. 恋爱失败、破裂																
3. 结婚																
4. 自己（爱人）怀孕																
5. 自己（爱人）流产																
6. 家庭增添新成员																
7. 与爱人父母不和																
8. 夫妻感情不好																
9. 夫妻分居（因不和）																
10. 夫妻两地分居（工作需要）																
11. 性生活不满意或独身																
12. 配偶一方有外遇																
13. 夫妻重归于好																
14. 超指标生育																
15. 本人（爱人）做绝育手术																
16. 配偶死亡																
17. 离婚																
18. 子女升学（就业）失败																
19. 子女管教困难																
20. 子女长期离家																
21. 父母不和																
22. 家庭经济困难																
23. 欠债500元以上																
24. 经济情况显著改善																
25. 家庭成员重病、重伤																
26. 家庭成员死亡																
27. 本人重病或重伤																
28. 住房紧张																
工作学习中的问题																
29. 待业、无业																
30. 开始就业																
31. 高考失败																
32. 扣发奖金或罚款																
33. 突出的个人成就																
34. 晋升、提级																
35. 对现职工作不满意																

续前表

生活事件名称	事件发生时间				性质		精神影响程度					影响持续时间				备注
	未发生	一年前	一年内	长期性	好事	坏事	无影响	轻度	中度	重度	极重	三个月	半年	一年	一年以上	
36. 工作学习中压力大（如成绩不好）																
37. 与上级关系紧张																
38. 与同事邻居不和																
39. 第一次远走异国他乡																
40. 生活规律重大变动（饮食睡眠规律改变）																
41. 本人退休、离休或未安排具体工作																
社交与其他问题																
42. 好友重病或重伤																
43. 好友死亡																
44. 被人误会、错怪、诬告、议论																
45. 介入民事法律纠纷																
46. 被拘留、受审																
47. 失窃、财产损失																
48. 意外惊吓、发生事故、自然灾害																
如果您还经历过其他的生活事件，请依次填写																
49.																
50.																
正性事件值：						家庭有关问题：										
负性事件值：						工作学习中的问题：										
总值：						社交及其他问题：										

二、青少年生活事件量表（ASLEC）

（一）编制的目的和背景

自 20 世纪 30 年代薛利提出应激的概念以来，生活事件作为一种心理社会应激源对身心健康的影响引起广泛的关注。1967 年，霍尔姆斯和瑞赫编制了第一份包含 43 个项目的社会再适应评定量表（SRRS），开辟了生活事件量化研究的新途径。由于不同民族、文化背景、年龄、性别及职业群体中生活事件发生的频度及认知评价方式的差异，针对特殊群体的生活事件量表也相继问世。20 世纪 80 年代，杨德森和张明园教授等结合我国国情先后编制了两份生活事件量表，两份量表各有特色，已被多项研究引用。刘贤成在综合国内外文献的基础上，结合青少年的生理心理特点和所扮演的家庭社会角色，于 1987 年编制了青少年自评生活事件量表（Adolescent Self-rating Life Events Check List，ASLEC），经过对 1 473 名中学生的测试，证明该量表有较好的信度和效度，现已用于多项研究。

（二）适用范围

适用于青少年尤其是中学生和大学生生活事件发生频度和应激强度的评定。信度、效度检验结果：作者对 1 365 名中学生（初中生 816 名，高中生 549 名，平均年龄 14.6±3.4 岁，男女生分别是 822 名和 543 名）进行测试，并对其中的 108 名学生 1 周后进行了再测验。

（1）内部一致性。各事件评分与总分间的相关系数从 0.24 到 0.57，平均为 0.45。ASLEC 的 Cronbach α 系数为 0.85。

（2）分半信度。用奇偶分半的方法，将 27 个事件分成两部分，Spearman-Brown 校正分半信度系数为 0.88。

（3）重测信度。两次测试各事件和 ASLEC 总分经 t 检验均无显著性差异，各事件平均相关系数为 0.5，总分两次测验间的相关系数为 0.69。

（4）构想效度：主成分因子分析显示 ASLEC 可用 6 个因子来概括。

1）人际关系因子，包括条目 1、2、4、15、25。

2）学习压力因子，包括条目 3、9、16、18、22。

3）受惩罚因子，包括条目 17、18、19、20、21、23、24。

4）丧失因子，包括条目 12、13、14。

5）健康适应因子，包括条目 5、8、11、27。

6）其他，包括条目 6、7、23、24。

以上 6 个因子可解释全量表 44%的变异。

（5）效标关联效度。ASLEC 总分与应对方式问卷中消极应对分（r=0.31）和心理控制源量表（CNSIE）中外控分（r=0.22）呈显著正相关关系。此外，ASLEC 总分对焦虑自评量表（SAS）评分（β=0.29）和抑郁自评量表（SDS）评分（β=0.2）有显著的预测作用。

（三）使用和统计方法

ASLEC 为自评问卷，由 27 项可能给青少年带来心理反应的负性生活事件构成。评定期限依研究目的而定，可为最近 3 个月、6 个月、9 个月或 12 个月。对每个事件的回答方式应先确定该事件在限定时间内发生与否，若未发生过仅在未发生栏内画“√”，若发生过则根据事件发生时的心理感受分 5 级评定，即无影响（1）、轻度（2）、中度（3）、重度（4）和极重度（5）。完成该量表大约需要 5 分钟。

统计指标包括事件发生的频度和应激量两部分，事件未发生按无影响统计，累积各事件评分为总应激量。若进一步分析，可分 6 个因子进行统计。

（四）应用价值和理论意义

该量表有以下特点：

（1）简单易行，可以自评也可以访谈评定；

（2）评定期限依研究目的而定，可以是 3、6、9 或 12 个月；

（3）应激量根据事件发生后的心理感受进行评定，考虑了应对方式的个体差异；

（4）ASLEC 仅包含青少年时期常见的负性生活事件；

（5）ASLEC 有较好的信度和效度；

（6）统计指标包括发生频度和应激量两部分。

该量表可用于精神科临床、心理卫生咨询和心理卫生研究，对于研究青少年心理应激程度、特点及其与心身发育和心身健康的关系有十分重要的理论意义和应用价值。

问卷

（姓名：　　　性别：　　　年龄：　　　文化程度：　　　编号：　　）

过去 12 个月内，你和你的家庭是否发生过下列事件？请仔细阅读下列每一个项目，如某事件发生过，请根据事件给你造成的苦恼程度在相对方格内打“√”，如果某事件未发生，则在事件未发生栏内打“√”。

生活事件名称	未发生	发生过，对你影响的程度				
		没有	轻度	中度	重度	极重
1. 被人误会或错怪	（ ）	（ ）	（ ）	（ ）	（ ）	（ ）
2. 受人歧视冷遇	（ ）	（ ）	（ ）	（ ）	（ ）	（ ）
3. 考试失败或不理想	（ ）	（ ）	（ ）	（ ）	（ ）	（ ）
4. 与同学或好友发生纠纷	（ ）	（ ）	（ ）	（ ）	（ ）	（ ）
5. 生活习惯（饮食、休息）明显变化	（ ）	（ ）	（ ）	（ ）	（ ）	（ ）
6. 不喜欢上学	（ ）	（ ）	（ ）	（ ）	（ ）	（ ）
7. 恋爱不顺利或失恋	（ ）	（ ）	（ ）	（ ）	（ ）	（ ）
8. 长期远离家人不能团聚	（ ）	（ ）	（ ）	（ ）	（ ）	（ ）
9. 学习负担重	（ ）	（ ）	（ ）	（ ）	（ ）	（ ）
10. 与老师关系紧张	（ ）	（ ）	（ ）	（ ）	（ ）	（ ）
11. 本人患急重病	（ ）	（ ）	（ ）	（ ）	（ ）	（ ）
12. 亲人患急重病	（ ）	（ ）	（ ）	（ ）	（ ）	（ ）
13. 亲友死亡	（ ）	（ ）	（ ）	（ ）	（ ）	（ ）
14. 被盗或丢失东西	（ ）	（ ）	（ ）	（ ）	（ ）	（ ）
15. 当众丢面子	（ ）	（ ）	（ ）	（ ）	（ ）	（ ）
16. 家庭经济困难	（ ）	（ ）	（ ）	（ ）	（ ）	（ ）
17. 家庭内部矛盾	（ ）	（ ）	（ ）	（ ）	（ ）	（ ）
18. 预期的评选（如三好学生）落空	（ ）	（ ）	（ ）	（ ）	（ ）	（ ）
19. 受批评或处分	（ ）	（ ）	（ ）	（ ）	（ ）	（ ）
20. 转学或休学	（ ）	（ ）	（ ）	（ ）	（ ）	（ ）
21. 被罚款	（ ）	（ ）	（ ）	（ ）	（ ）	（ ）
22. 升学压力	（ ）	（ ）	（ ）	（ ）	（ ）	（ ）
23. 与人打架	（ ）	（ ）	（ ）	（ ）	（ ）	（ ）
24. 遭父母打骂	（ ）	（ ）	（ ）	（ ）	（ ）	（ ）
25. 家庭给你施加学习压力	（ ）	（ ）	（ ）	（ ）	（ ）	（ ）
26. 意外惊吓、事故	（ ）	（ ）	（ ）	（ ）	（ ）	（ ）
27. 如有其他事件请说明	（ ）	（ ）	（ ）	（ ）	（ ）	（ ）

三、日常困扰事件评定量表

一般在重大生活事件的短时影响之后，还常伴有持续效应，这种心理冲击的余波常可持续数月，乃至数年。因此除了重大事件外，这种日常轻微而持久的烦恼是否能成为应激源，就成为人们考虑的问题。拉扎洛斯等（1981）认为应激是许多小烦恼的积累，并将这一类应激源称为“微应激源”（microstressor）或“日常困扰”（daily hisseles），指的就是日常生活中的麻烦带来的苦恼，并且编制了困扰量表来测定上一个月中引起困扰的日常事件（见表3—2），诸如“工作超负荷”、“邻居争吵”、“自由支配时间量”。研究结果表明，频繁困扰对日常情绪与躯体健康的预测优于重大生活事件预测；而重大生活事件预测的优点在于可预测1～2年后的健康变化。研究发现，“困扰量表”得分与心理症状的程度有强烈的正相关，困扰越大，心理症状越多。温伯格（Weinberger，1987）发现这种得分与躯体健康也有类似相关。拉扎洛斯等（1985）的研究表明，困扰受个体的自我价值影响，不同人的日常困扰中心不同。说明应激不仅源于环境，也与人格、价值观、社会知觉等因素有关。

表3—2　日常困扰及振奋

这一条给您带来多少烦恼		这一条给您带来多少快乐
0　1　2　3　4	您的孩子	0　1　2　3　4
0　1　2　3　4	在家的时间	0　1　2　3　4
0　1　2　3　4	性生活	0　1　2　3　4
0　1　2　3　4	同事	0　1　2　3　4
0　1　2　3　4	工作超负荷	0　1　2　3　4
0　1　2　3　4	聚会受损	0　1　2　3　4
0　1　2　3　4	经济宽裕程度	0　1　2　3　4
0　1　2　3　4	您的仪表	0　1　2　3　4
0　1　2　3　4	气候	0　1　2　3　4
0　1　2　3　4	邻居争吵	0　1　2　3　4
0　1　2　3　4	烹饪	0　1　2　3　4
0　1　2　3　4	家庭宴会	0　1　2　3　4
0　1　2　3　4	自由支配时间量	0　1　2　3　4

资料来源：陈力主编：《心理障碍与精神卫生》，15页，北京，人民卫生出版社，2000。

四、中学生生活应激事件评定量表

（一）简介

我国学者梁宝勇等（2002）编制了中学生生活应激事件评定量表。该量表根据中国学生的特点制定了57个项目，量表计分参考了杨德森编制的生活事件量表（见表3—3）的计分方法，分为事情性质、心理影响程度、心理影响持续时间三个方面。在性质一栏中，分为好事、坏事、中性事件。心理影响程度分为无影响、轻度、中度、重度、极重五个等级，分别计0、1、2、3、4分；影响持续时间分为3个月、半年、一年、一年以上四个等级，分别计1、2、3、4分。某事件刺激量＝该事件影响程度分×该事件持续时间分。评分时除了生活应激总分外，还分别计算出好事、坏事、中性事件分量表分，学习、生活、家庭、发展、生活事件与琐事分量表分，以备不同研究之需。分量表分数＝该量表项目分数之和/该量表项目数。

表 3—3　　各生活事件项目的常模（LCU 值）

项目	初中		高中		初中（等级）	高中（等级）	合计（等级）
	男	女	男	女			
1. 升入上一级学校	25	25	28	23	25(27)	25(28)	25(29)
2. 边上学边打工	20	20	34	17	20(30)	25(28)	24(30)
3. 高考或中考失败	75	77	49	50	76(2)	49(9)	52(7)
4. 较大地改变饮食习惯	36	19	38	25	28(24)	32(22)	29(26)
5. 较大地改变睡眠习惯	32	33	31	25	33(20)	28(25)	31(24)
6. 修正个人的其他习惯（衣着、交往）	28	36	33	32	33(20)	32(22)	33(22)
7. 个人居住或生活条件改变	28	29	33	27	28(24)	30(24)	29(26)
8. 改选时落选	30	26	31	32	28(24)	31(23)	29(26)
9. 学习时数或条件有较大改变	28	24	37	24	26(26)	30(24)	27(28)
10. 消遣娱乐的类型或数量有较大改变	34	26	31	24	26(26)	30(24)	27(28)
11. 转学	35	25	47	28	31(22)	42(13)	35(21)
12. 旅行或度假	17	26	24	22	22(29)	23(29)	23(31)
13. 失窃	26	36	20	24	32(21)	22(30)	28(27)
14. 自理生活困难	45	50	38	37	47(10)	38(17)	44(12)
15. 操心日常生活学习的开支	39	40	35	30	40(14)	32(22)	36(20)
16. 入党入团	25	28	33	26	27(25)	30(24)	29(26)
17. 个人获得杰出成绩或获奖	30	24	33	25	27(25)	28(25)	27(28)
18. 轻度违纪	26	24	19	17	25(27)	18(32)	23(31)
19. 宿舍内有较大干扰	48	31	31	33	40(14)	32(22)	35(21)
20. 工作责任有较大变化	28	29	23	31	29(23)	27(26)	28(27)
21. 个人受较重的外伤、惊吓或患病	38	29	41	25	34(19)	32(22)	33(22)
22. 较严重地违犯法纪而受处分	37	—	28	20	37(16)	26(27)	33(22)
23. 师生或同学关系紧张	42	42	43	36	42(13)	39(16)	41(15)
24. 学习科目多、内容加深	31	35	46	36	33(20)	40(15)	37(19)
25. 学习困难	46	50	50	50	49(9)	50(8)	49(9)
26. 不满或不安心于所在学校或专业	44	44	56	53	44(11)	54(5)	50(8)
27. 学习或工作负担过重	42	38	52	45	40(14)	48(10)	44(12)
28. 学习内容或专业单调乏味	32	40	46	38	36(17)	42(13)	40(16)
29. 平时的考试失败（如月考）	30	33	30	24	32(21)	27(26)	30(25)
30. 期末考试失败	43	44	39	33	44(11)	36(19)	40(16)
31. 没有知心朋友和孤独	77	66	52	57	71(3)	54(5)	63(3)
32. 社交活动有较大变化	26	25	37	37	25(27)	37(18)	32(23)
33. 班、系或校活动参与程度上有较大改变	30	27	31	36	28(24)	34(20)	31(24)
34. 不得不参加高标准的聚会	31	35	21	28	33(20)	25(28)	29(26)
35. 与好友决裂或分离	51	60	60	51	56(7)	55(4)	56(6)
36. 被人误会或错怪	37	34	30	36	36(17)	33(21)	35(21)
37. 外界压力过大	45	53	49	52	49(9)	50(8)	50(8)
38. 个人小量借贷	14	17	12	10	15(31)	11(33)	13(33)

续前表

项目	初中		高中		初中	高中	合计
	男	女	男	女	(等级)	(等级)	(等级)
39. 个人中等借贷	20	33	13	55	26(26)	37(18)	31(24)
40. 想家、思念亲人	40	36	38	30	38(15)	34(20)	36(20)
41. 同父母、家人有代沟或冲突	40	44	36	40	42(13)	38(17)	40(16)
42. 亲密的家庭成员死亡	76	77	85	78	76(2)	81(1)	78(2)
43. 亲戚或好友死亡	70	56	52	56	63(5)	54(5)	59(5)
44. 家庭成员健康状况	36	55	40	50	47(10)	45(11)	46(11)
45. 家庭经济困难或遭灾	56	71	61	41	61(6)	50(8)	56(6)
46. 父/母下岗待业	49	45	42	36	47(10)	39(16)	43(13)
47. 家庭不和睦	67	63	43	62	64(4)	53(6)	59(5)
48. 父母离婚	90	81	60	125	85(1)	80(2)	84(1)
49. 家庭卷入法律纠纷	36	22	50	30	29(23)	36(19)	32(23)
50. 自我评价或自我意识	36	30	45	43	32(21)	44(12)	38(18)
51. 价值观发生较大冲突	29	40	48	43	35(18)	45(11)	41(15)
52. 开始恋爱或收到异性约会信	36	32	35	50	35(18)	41(14)	39(17)
53. 月经初潮或首次遗精	28	22	21	19	24(28)	20(31)	22(32)
54. 为体形变化或外貌操心	44	42	44	39	43(12)	41(14)	42(14)
55. 性的困扰(频繁手淫或遗精)	6	80	52	—	40(14)	52(7)	48(10)
56. 失恋	39	97	71	54	52(8)	67(3)	62(4)
57. 与男(女)友发生争执	25	36	33	28	31(22)	31(23)	31(24)

资料来源:《心理科学》,2002(6)。

(二) 中学生生活应激源的排列情况

从对中学生应激强度等级研究的情况来看，居前10位的应激源是父母离婚、亲密的家庭成员死亡、没有知心朋友和孤独、失恋、亲戚或好友死亡、家庭不和睦、与好友决裂或分离、家庭经济困难或遭灾、高考或中考失败、外界压力过大。居后10位的应激源是个人小量借贷、性的困扰、轻度违纪、旅行或度假、边上学边打工、升入上一级学校、学习时数或条件有较大改变、个人获得杰出成绩或获奖、消遣娱乐的类型或数量有较大改变、失窃。这些结果较符合我国中学生的实际情况。其中居前10位的应激源中，家庭和生活与社交方面的事较多；居后10位的应激源中生活与社交、学习方面的事较多。研究中将好事和中性事件也列入应激之中，是因为好事、中性事件也会对人们提出适应的要求，从而引起人们生理、心理上的应激。

第五节　应激的机制

一、应激反应的生理变化研究

大量试验与观察已证实，机体处于应激状态时，可以通过一系列神经系统、神经生化、神经内分泌及免疫系统等变化，影响机体的内环境平衡，出现器官功能障碍，进而产生结构上的改变。目前有关应激对健康影响的生理机制包括以下几个方面。

1. 神经系统的直接作用

已知情绪状态和行为与大脑的边缘系统（情绪脑）关系密切，额叶是与情绪有关的新皮质；在应激状态时，产生的情绪变化反过来通过神经系统影响机体各系统、各器官的功能状态。紧张的情绪可导致神经功能失调。交感神经系统功能亢进，致使心率加快、血压升高、肝糖原转换为葡萄糖而使血糖升高、胃肠功能紊乱，有的出现头痛、腰背痛、唾液分泌减少、呼吸加快、尿频等现象。视丘下部和垂体在应激时功能状态的变化直接影响到神经内分泌、中枢神经介质及免疫系统的功能变化。

2. 神经内分泌系统

内分泌系统是由人体内分泌腺及某些脏器中内分泌组织所形成的一个体液调节系统，在不同外界条件下，维持个体内环境的相对稳定。目前比较肯定的下丘脑—垂体—靶腺轴调节系统有三类，即下丘脑—垂体—肾上腺轴、下丘脑—垂体—甲状腺轴和下丘脑—垂体—性腺轴。这三类下丘脑—垂体—靶腺轴不仅存在着靶腺之间的复杂关系，相互影响、相互调节，而且通过腺体分泌与中枢神经系统的正反馈和负反馈的机制，调节释放激素及促激素的抑制或兴奋作用；靶腺激素不仅能抑制相应的促激素分泌，还可抑制垂体的其他激素，以维持体内平衡。当处于应激状态时，丘脑下部促肾上腺皮质激素释放因子（CRF）的分泌增加，随之垂体前叶的促肾上腺皮质激素（ACTH）分泌增多，进而造成肾上腺皮质醇分泌亢进，生长激素有时分泌也增加。但是这些内分泌活动的变化与应激源种类及强度有关。

急性应激可促使实验动物排卵，慢性应激可抑制月经。在寒冷刺激时，促甲状腺激素释放激素（TSH）的分泌增加；疼痛刺激时，抗利尿激素（ADH）则急剧上升。人体在精神刺激下，可促使性腺激素异常、垂体的泌乳素分泌增加。幼儿的情感剥夺会使生长激素分泌减少；相反，若使幼儿处于紧张环境下，则生长激素分泌增加。

对应激的内分泌变化，有人提出是分解—合成或异化—同化过程，即属于蛋白分解效应的内分泌激素有可的松、生长激素、肾上腺素、去甲肾上腺素；属于蛋白合成效应的内分泌激素有性激素、胰岛素。当机体处于应激状态时，各种不同激素相互作用，通过激素的分解合成效应而获得能量来源和保证内分泌系统平衡。这些内分泌激素除受下丘脑—垂体—内分泌轴和自主神经调节外，也受大脑皮质功能的调节。

3. 中枢神经递质系统

神经生化的进展，提示了人类和动物的警觉、情绪和行为与某些中枢神经递质的功能有关。目前公认的中枢神经递质有：

（1）胆碱类；

（2）单胺类；

（3）氨基酸类；

（4）神经肽类。

如去甲肾上腺素（NE）能和多巴胺（DA）能神经元与交感神经兴奋有关。这类神经元兴奋时，对保持全脑的兴奋性和警觉状态起主要作用，并能使机体活动增加，机体行为明显。5-羟色胺（5-HT）能神经元兴奋时，其功能与肾上腺素（NE）能神经元相拮抗，使机体呈现安静。在一般情况下，这两个功能相拮抗的系统是平衡的。但在应激状态下，中枢神经递质即会产生变化而出现不平衡。

应激引起的中枢神经递质的改变，同样也与应激因素的种类和强度有关。在中等程度应激状态下，可见脑中肾上腺素开始升高，短时期后，降到比原来更低的水平。同样，肾上腺素合成与分解都能加速。在严重应激状态下，则出现肾上腺素的耗竭。

在弱刺激下，血液中5-羟色胺水平增高，其代谢物5-羟色胺（5-HT）酸的排出增加；在强刺激下，整个大脑的5-羟色胺有轻度耗竭，如中央隆起、杏仁核、海马、扣带回、背中缝核等的5-羟色胺耗竭，以丘脑下部最为明显。但与甲状腺素能神经元比较，5-羟色胺能神经元不那么敏感。在从事不同紧张程度的工种对儿茶酚胺分泌功能影响的研究中发现，工作后儿茶酚胺的分泌均有增加，但增加的程度不同，情绪影响越大，儿茶酚胺（NE和DA）增加越明显。此外，让志愿者看不同情节的电影，儿茶酚胺的水平亦受到影响。轻松喜剧性电影或带有攻击性的电影只会引起肾上腺素分泌增多，极端恐怖的电影除使肾上腺分泌增多外，肾上腺素的排出亦增多。可见，心理社会因素能引起交感——肾上腺髓质活动及肾上腺素的分泌，分泌的程度与情绪紧张的程度呈正相关。

应激反应除与刺激强度有关外，还因应激的急性或慢性而不同。在急性应激时，多出现双向反应。而慢性应激，则多出现多向反应。如在急性应激时，先是交感神经系统警觉反应，随之产生副交感神经系统的回跳反应；在慢性应激状态时，可先出现交感系统的警觉反应，也可以先出现副交感系统反应，以后交感或副交感系统的反应交替反复出现。哪种反应先产生，除取决于刺激强度外，还与机体的基本状态有关。动物实验支持了前述的看法。观察老鼠在震动环境中胃黏膜的变化，在实验开始时交感神经系统警觉，胃黏膜血管痉挛、血流减少、胃酸分泌下降；随后副交感神经系统回跳，胃黏膜血管扩张、血流增多、胃酸分泌亦增多，最后形成胃溃疡。

4. 免疫系统

人类免疫功能分为非特异性与特异性免疫两类。非特异性免疫是指先天性或天然免疫，受遗传因素的控制，具有相对稳定性；特异性免疫又分为体液免疫和细胞介导免疫。

实验研究已证实应激对免疫功能确有影响。小鼠在实验性逃避——学习应激状态下，对病毒的敏感性增高，对急性过敏性反应的易感性亦增高，提示其免疫功能下降。另外，动物在不良环境下，如噪声、强光照射、过度运动、拥挤环境下喂养等，也会出现原发与继发性抗体反应抑制。但若将动物暴露于低电压重复性刺激下，则可见抗体反应增强。由此可见，应激对免疫功能的影响是双向的，既可降低免疫功能，也可增强免疫功能。这种双向反应与刺激的性质、持续时间、强度及机体的生物学等特点有关。

丧偶是严重的生活实践，应激强度亦很高。对妻子患乳腺癌的一组丈夫进行前瞻性观察发现，妻子死亡后丈夫的T、B淋巴细胞反应均降低；但1年后随访，大多数鳏夫的淋巴细胞刺激反应均已回复到之前的水平。类似的研究还有，丈夫患肺癌的妻子在丧偶半年后，其自然杀伤细胞活性（NKCA）降低，辅助性T细胞与抑制性T细胞之比值亦降低。

考试可以列为紧张性生活事件，它对免疫功能亦可产生影响。在考试后检查考生的唾液，可见免疫球蛋白（lgA）下降及肾上腺素增高。医学专业学生在期终考试结束当天，淋巴细胞转化（淋转）下降值显著高于考试前5周的水平，且淋转下降值与生活事件总分呈正相关；生活事件评分高者，淋转下降值比评分低者更明显。淋转下降值还与心理痛苦水平呈正相关，心理痛苦评分高者，淋转下降值更明显。良好的应对方式可缓解应激的不良反应。若采取积极的应对方式，可减轻淋转的下降程度，而消极的应对方式则加重淋转下降。

近年来，中枢神经系统、内分泌系统、中枢神经递质与免疫系统间已被证明存在着复杂的反馈调节关系，因此学者们提出了心理或神经免疫学的概念。如视丘下部损伤可使原先对PHA敏感的动物淋巴细胞刺激反应抑制。相反，杏仁核和海马受损，则可增强有丝分裂原的反应。视丘下部损害可影响小鼠脾脏自然杀伤细胞的活性。另一方面，淋巴细胞膜表面存在着神经递质的受体，表明神经递质可能的免疫功能起着重要的调节作用。节后交感神经纤维所支配的淋巴组织，已证实可调节免疫功能。

二、应激的心理机制

（一）应激过程的模式

近几年来，人们研究应激发现，个体对心理应激的认知评价是形成应激的中介因素。有学者归纳出应激过程的模式（见图3—5）。

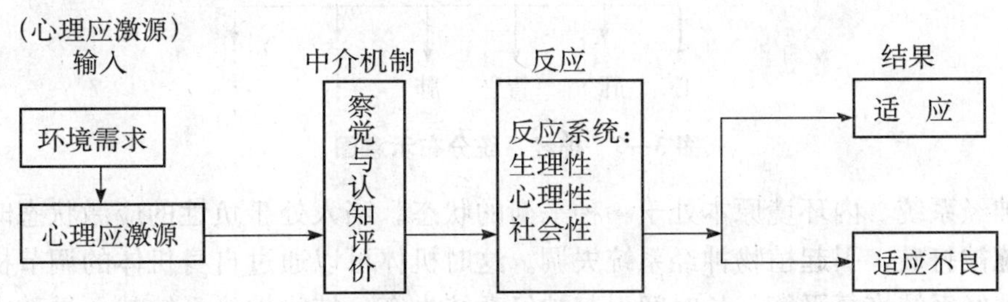

图3—5　应激处理过程的心理模式（根据Clans改画）

认知评价决定个体是否对心理应激引起心理、生活、行为反应，是发生疾病与否的关键。而个体的认知评价受其性格、价值观、道德、世界观、经验、智力的影响。如离婚生活事件对一些人打击很大，而对另一些人则无所谓。而个体的适应、应对能力都成为改变应激状态的要件。

（二）应激导致疾病的环路

这里主要介绍直接环路：

应激时一般会出现担忧、害怕或焦虑，尽管这是身体的某些感觉的正常的反应，但是当这种反应常常被曲解或反应过度强烈时，就会导致更严重的紧张状态。临床上经常可以看到许多神经症病人，他们所叙述的病情和疾病本身所具有的体征并不相符，他们的应激反应形成了一个恶性循环（见图3—6）。

长期应激的出现必然引起神经系统的变化，从而影响人的各种脏器、腺体和内生化物质（见图3—7）。

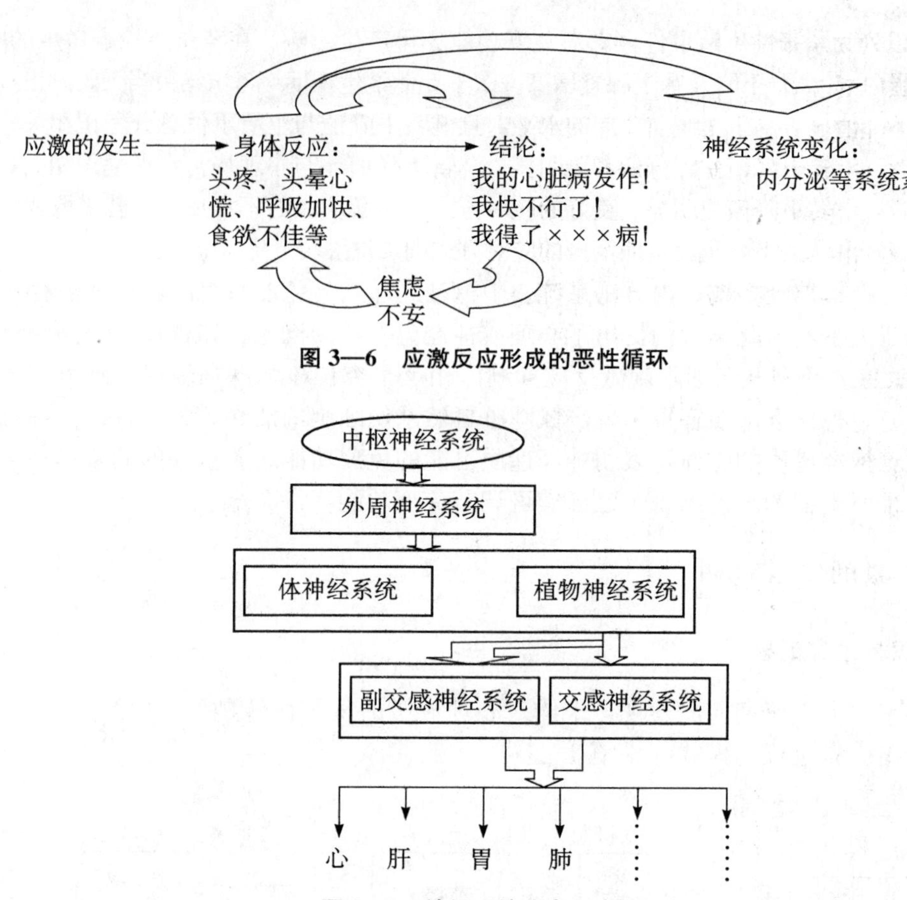

图 3—6　应激反应形成的恶性循环

图 3—7　神经系统分布示意图

人的神经系统、内环境原本处于一种平衡的状态。当人处于负性的应激状态时，原来的平衡系统被打破，引起植物神经系统失调。这时机体可以通过自身机体的调节机制来促使失衡的神经系统恢复平衡。长时间引起神经系统失衡，植物神经系统就会导致人体内脏的功能改变。而长期的器官功能改变，必然会导致器官发生器质性变化——疾病发生（如心身疾病）。

薛利的研究结果能说明这个过程。他将应激这一动态过程的反应称为“全身适应性综合征”(general adaptation syndrome，GAS)，这一动态过程包括三个阶段（见图 3—8)。

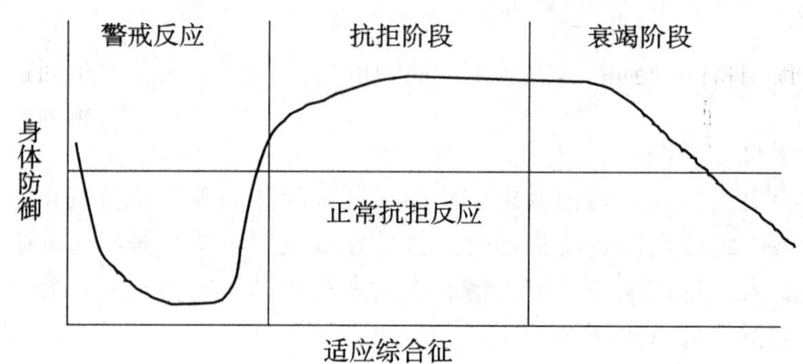

图 3—8　应激源的持续时间与其相应的应激反应曲线图

资料来源：Selye (1956).

第一，警戒反应阶段。第一次出现应激源时，警戒反应就会发生。在一个很短的时间内，人体会产生一个低于正常水平的抗拒，这个短时的阻抗会引起人体肠胃失调、血压升高，然后人体会迅速做出自我保护的调节。如果防御性反应有效，警戒就会消退，人体回复到正常活动水平。大多数短期的应激都会在这个阶段得到解决，这种短时应激也可以被称为急性应激反应。

第二，抗拒阶段。如果由于有机体不能控制外界因素的作用，或者由于第一阶段的反应没能排除危机，而使应激仍然持续，那么人体需要全身性的动员。问题是人体必须使用很多资源才能赢得这场战争。但是一般情况下都是以抗拒的减少而告终的。除此之外，还会出现更多严重的躯体症状，如溃疡、动脉粥样硬化，而这些躯体症状也可以减少抗拒。

第三，衰竭阶段。如果应激源非常严重，那么人体便会进一步耗尽已经贮存的能量，同时抗拒也会一起衰弱，不久以后可能就面临死亡。心身疾病是躯体在企图适应各种应激时所带来的后果，大多数属于全身性适应综合征中衰竭阶段的表现。

第六节　心理应激反应的结果

人的心理应激反应总是以整体的方式发生的，既有生理的、也有心理和外显的行为表现。这些反应总是相互影响，交织在一起。在学习方面表现出记忆力、注意力下降，学习无兴趣，成绩不佳，有的表现出行为异常，在治疗过程中，常常向医生叙述身体上到处不适。许多人所诉的症状与医生诊断的结论不一致，表现的是一组“综合征”。

有人认为，应激要么是生理性的，要么是心理社会性的，两者截然分开，互不相关。这是不对的，因为在应激时机体是以整体方式做出反应的。如临床上患感染性疾病的病人，除了有体温升高、脉搏和呼吸增快的生理反应外，同时还体验到心理社会应激。如体验到患病的感觉、身体活动受限、失去学习和工作时间。如果需要住院，还要和家庭分离等。反过来也一样，恐惧时除有心理性反应外，身体也会产生一定的生理变化。因此，应激既有生理成分，又有心理成分，两者是不可分割的。只是为了叙述方便起见，本节将两者分开讲述。

一、心理应激的情绪反应

1. 恐惧

恐惧是一种预期将要受到的伤害或极不愉快的情绪反应，通常产生回避行为，即避免进入恐惧的情境或从威胁性环境中逃走。当人们觉得恐惧的时候，交感神经兴奋，全身动员准备逃避伤害性刺激。引起恐惧的原因通常是面临真实危险的事物，感到恐惧的人常常意识到危险的存在，知道自己恐惧似乎是理想的，但是如果真的没有恐惧感，生命也许将变得不完整。有时有了恐惧，反使生活质量提高。例如，驾驶汽车的人，由于害怕发生意外，会更加注意行车安全。大多数有恐惧情绪的病人在医务人员适当地作了解释后，其恐惧就可消除，但有时病人虽有恐惧，却不大愿意讲出来，因为他们怕被别人嘲笑。如一个住院病人在早餐时未得到早餐，却有护士来给他抽血，他可能就会产生恐惧反应，以为自己病情恶化或即将开始某种治疗。如及时给予解释，他的这种恐惧就可避免或减轻。

2. 焦虑

人们对环境中一些即将来临的、可能会造成危险和灾祸的事件，或者要做出重大决定时，主观上引起紧张和一种愉快的期待情绪，这就是焦虑。与恐惧不同的是，恐惧在面临危机时发生，而焦虑发生在危险或不利情况来临之前。焦虑程度严重时，则变为惊恐(panic)。焦虑是一种普遍现象，如人们在考试前或接受医生检查前等，均可出现期待性焦虑反应。但焦虑过度、不适当或无明显原因时，就成了一个医学或心理问题。焦虑的典型表现是紧张不安的期待情绪，甚至惊恐、面容绷紧、愁眉苦脸、无法安静、两手做无意义的小动作（如握紧双拳、拨弄手指或动作刻板重复）。焦虑的生理反应是交感神经系统的激活。由于焦虑的人对其焦虑原因缺乏内省力，常集中注意焦虑的生理性症状，如疲乏、失眠、腹泻、恶心、呕吐、厌食、多汗，以及心悸、胸闷、“气透不过来”、“心脏像要跳出来”等。如果焦虑变得慢性而持续，则有必要进行心理治疗。焦虑的病人为了缓解内心的紧张不安，常常沉默不语。有的病人反复向医务人员询问某一问题，或对自身健康状况表现出过分关切，也常常是焦虑的一种行为反应。

3. 过度依赖和失助感

过度依赖是以超出正常程度的失助感为特征的情绪反应，失助感指不可避免地要发生不愉快体验的感觉。患病的人，依赖性和失助感增强，对他人过度依赖的病人甚至会出现恐惧。例如，处于心肌梗死康复期的病人，会害怕体力活动增加时诱发另一次心脏病发作。另外一种过度依赖性病人可能是怀有愤怒，如因疾病外伤使其成了伤残人，可能会因此而指责健康人，对抗那些可帮助其发挥身体潜能的努力。过度依赖和失助感有时达到造成伤害的程度，因此需要注意观察病人，并研究这种现象产生的动机，以帮助病人克服它。

4. 抑郁

抑郁指情绪低落、心境悲观、愉快感丧失、自身感觉不良、对日常生活兴趣缺乏（包括性欲抑制），常有自责、自我评价降低、睡眠与食欲障碍。研究表明，灾害性生活事件（如因亲人丧亡）而产生抑郁反应者较多，而抑郁反应发生的倾向增大、病程较为持续，尤其是一个勤奋的人，若到中年以后仍未取得其所期望的成就时，就很有可能会发生抑郁。抑郁病人常萌生消极自杀念头，故对有抑郁情绪的病人应当深入了解其有无消极厌世的念头，严密观察其与抑郁有关的心理症状，防止自杀意外。对于患久治不愈的躯体疾病、慢性疼痛、预后不良疾病（如癌症等）的病人，尤应警惕其并发抑郁的可能。

5. 愤怒

愤怒是与挫折和威胁斗争有关的情绪反应。由于有目的的活动受到阻止，自尊心受到伤害，为了排除这种阻碍和恢复自尊，常可激起愤怒。当愤怒发生时，生理反应可表现出心跳加快、血液重新分布、细支气管扩张、肝糖原分解、肾上腺分泌活动增强。愤怒时运动反应多具攻击性，以排除面临的阻碍。如经常适当疏导，愤怒被成功表达出来之后，病人的情绪常会好转；同时，焦虑、不愉快的体验亦会相应减少。愤怒也可能被掩盖而以其他方式表达出来，如咳嗽、咽痛的孩子可能会把玩具摔坏，因为他患病后不能上学，从而对母亲或自己生气。有些病人因为疼痛找不出原因，从而对陪护他的人生气、不耐烦。对于愤怒的病人，医务人员应当向其说明这种情绪是不正常的，然后和他一起寻找引起愤怒的原因并加以处理。

6. **敌意**

敌意是指不友好和憎恨的情绪，有时与攻击性的欲望有关。敌意常与愤怒及想伤害或想羞辱别人的欲望一同出现。敌意的强弱不能由外表行为做出可靠判断，而且由于存在把敌意转变为其他行为的倾向，所以认识敌意的原因也不容易。例如，一个表面安静、不与人交往的病人，其内心极可能是极端敌对的。他之所以这样表现，是因为公开说明他的敌意可能使他觉得难堪、不适。因此他可能向医务人员表现出格外的安静、“老实”。另外，提出不合理或过分要求的病人，或具有攻击性、争论性的病人也常常显示有敌意存在。

7. **自怜**

自怜是对自己感到惋惜、怜悯的情绪。病人往往感到悲哀，认为自己被人愚弄，缺乏安全感和自尊心，常独自哀叹，并有很多申诉。自怜包含对自身的焦虑和对自己愤怒的两种成分，持续时间长短不一。一般来说，独居、对外界环境缺乏兴趣的人，其自怜感也常会持续较长时间。单纯教育病人不要自怜是无效的，较好的做法是听取病人的申诉，并提供适当的支持，特别是当这些申诉看来是合理的时候。

二、行为的应激反应

“察言观色”是有经验的晤谈者考察来访者常用的技巧。可以根据个体的言谈举止等行为反应察觉其躯体性及情绪应激反应的线索。因为如果应激引起的唤醒超过最适水平，那么躯体协调、行为技能及其他方面都会受到损害（Baumeister，1984）。一个人在应激状态下，说话、走路、签字、点烟等动作都会走样，有人甚至为了回避应激源而辞去工作，严重者甚至会厌世自杀。一般来说，争吵是最常见的行为应激反应之一。

三、综合性应激反应

总体来说，应激反应都是综合反应。下列的综合反应是近年来研究的结果。

1. **崩溃**

这是一种心身耗竭状态。过度负荷是最常见的原因，过度的工作需求使人感到心力疲惫，因而出现体力耗竭、情绪耗竭、精神耗竭甚至变态、自暴自弃等表现。有时对人、对己、对周围一切均保持消极态度。研究表明，从事“助人职业”者（如教师、医生、护士、社会工作者、心理学家及咨询师）要比其他行业的从业人员更易体验崩溃。

2. **延缓性应激反应**

延缓性应激反应是指在高度应激状态下不出现反应而在事后一段时间才体验到应激反应。这类反应多见于强烈应激，如地震、空难、洪水、火灾等灾难事件，所以又被称为“创伤后应激障碍”（posttraumatic stress disorder），属于焦虑障碍。

上述情绪反应增加患病体验的严重性依其反应的强度和持续时间而定。这些反应也可导致情绪和生理的危机，增加其应对的困难。

四、心理应激与疾病

近年来，心理与医学有了一些新的证据，表明紧张的情绪与许多躯体性或器质性疾病的发生发展关系密切，扩大了人们对某些疾病的病因学理解。这类由于心理紧张而产生的躯体性疾病被称为心身疾病。下列疾病与紧张有着密切的关系。

（1）循环系统的疾病：高血压、冠心病。

（2）消化系统的疾病：消化性溃疡——胃、十二指肠溃疡。

（3）皮肤病：荨麻疹、牛皮癣、红色粟粒疹、接触性皮炎、湿疹、痤疮、白癜风、硬化性苔藓、血管神经性水肿。

（4）口腔疾病：龋齿、溃疡性牙龈炎、慢性牙周炎加重。

（5）妇科疾病：月经失调、经期不准、痛经、乳汁分泌量下降或停止。

（6）其他疾病：糖尿病、过敏反应、肿瘤、支气管哮喘、类风湿性关节炎、甲状腺机能亢进、全身性红斑狼疮、枯草热、结核病等。

第七节　应对应激常用的方法

一、国外的研究结果

应激源的存在是人类社会中不可否认的客观事实。正确应激，减少或免除不良应激因素对健康的影响，既是直接涉及个人的问题，又是关系整个社会的问题。对应激处境采取的对策不同，效果亦不同。国外已有许多专家提出了处理应激的技术，如 Meleam 提出了三个步骤：（1）降低应激源的强度；（2）维护健康的技巧；（3）缓冲应激对健康的危害。

Flannery 提出了四种应对策略：（1）有自信心，能控制应激源；（2）掌握所从事的任务，为了长远的利益敢于牺牲当前的利益；（3）注意饮食营养，定期体育锻炼与放松；（4）利用社会支持。

马塞尼（Matheny）小组在对应对文献进行深入综述并进行元分析之后提出，应对首先可以根据其斗争或预防的本质来看待。斗争应对产生于应激源引起反应时，它企图减轻或打败存在的应激源。而预防应对则是通过对要求感知的认知结构或通过对应激后果的不断抵抗来防止应激出现的努力。资源的增加也增加了对应激的抵抗。在这一模式中，斗争应对是逃跑学习，预防应对是逃避学习。马塞尼的模式见表 3—4。

表 3—4　预防和斗争应对方法

预防策略	斗争策略
1. 通过调整生活，躲避应激源	1. 监视应激源和症状
2. 调整要求水平	2. 集中资源
3. 改变引起应激的行为方式	3. 攻击应激源
4. 扩展应对资源	a. 解决问题
a. 身体优势	b. 坚定
b. 心理优势	c. 脱敏
自信	4. 容忍应激源
控制感	a. 认知重组
自尊	b. 否认

续前表

预防策略	斗争策略
c. 认知优势	c. 感觉集中
功能促进信念	5. 降低唤起
时间处理技巧	a. 放松
专业能力	b. 倾诉
d. 社会优势	c. 宣泄
社会支持	d. 服药
友谊技巧	
e. 经济优势	

资料来源：改编自 Matheny et al.（1986）。

斯莱比（Slaby）在《应激为你所用 60 法》中，提出了 60 种可供人们选择的方法，可归纳为以下六个方面。①

（1）基本观点。主要是认识应激的客观存在不可避免，并争取为自己所用，要善于组织，在危机中寻找机遇。

（2）了解自己躯体的状况，如注意饮食，早期发现病症，及时治疗，注意休息，锻炼身体等。

（3）了解和掌握自己的情绪。做较为现实的选择，制订好计划和努力的目标，认清自我价值，发现自己的优点与不足，并学会面对现实。

（4）社会和人际关系。如懂一点为人处世之道，待人以仁，为人有礼，保持幽默感，灵活一些，不传闲话等。

（5）处理工作的一些方法。如凡事要有一些准备，多与周围人交流，力争把事情办好；对可预见性的应激设置一些缓冲区，使用提高效率的现代技术等。

（6）学会放松和静思。

二、应对应激的基本原则

结合我国的文化传统、道德观念、社会风尚，国内有学者提出以下几条应对应激的原则。

1. 树立应激的社会观念

从历史上看，人类的发展离不开自然的和社会的环境应激。人类正是在不断克服应激、战胜应激的过程中得到发展的。因此，对应激源的处理应抱积极适应与干预的态度。追求所谓“无刺激的平静社会”是不切合实际的幻想。虽然应激是不可避免的，但做好思想准备，在应激面前提出适当可行的对策，主动去应对或处理还是可行的。对无法预计或无法控制的应激事件（如自然灾害），只要平时有过应对应激处境的实践锻炼，就容易镇静下来，主动采取应急措施，将损失减到最低程度。

2. 主动参加社会锻炼

主动参加社会锻炼，不断提高自己对应激的反应阈值水平。同一应激事件，不同的人

① 参见［美］斯莱比：《应激为你所用 60 法》，载《中国心理卫生杂志》，1989（5）（6）。

反应不同，其区别之一就是个人素质与经验不同，而素质与经验通过锻炼是可以加强的。久经锻炼的人临危不惧，常能急中生智；相反，极少社会实际锻炼的人，娇生惯养、以自我为中心，遇事则惊慌失措或呆若木鸡。

3. 建立正确的价值观

价值观反映了一个人的世界观。应激系统中很重要的一个调节因素是主观上对应激源的认识评价，不同的价值观就有不同的评价，并会引起不同的反应。在社会支持网络中，存在着个体与群体或社会的关系。要真正发挥社会支持网络的作用，就必须摆正个体与群体或社会的关系，而这取决于一个人的价值观。个人需要有应对应激的技巧，但离开群体、离开社会，就不可能真正应对社会应激处境，特别是应对重大的应激处境。

三、压力防卫

应激所造成的影响大小，视个体对应激源的承受程度而定。人们常通过三道防线抵抗压力来保护自己。

（一）第一道防线——生理与心理防卫

（1）生理防卫：指遗传因素、营养状况、免疫功能等。如完好的皮肤和健全的免疫系统能抵抗病毒、细菌等压力源的进攻。一个营养不良者即使受轻伤也很容易引起感染。

（2）心理防卫：指心理对压力做出适当反应的能力。这也是一种自我保护行为，如一个人突然知道自己患了不治之症时，就会产生否认防卫，或以愤怒、烦躁表现出来，以掩饰恐惧之情等。

（二）第二道防线——自我救助

个体使用自我救助的方法来对抗或控制压力反应，以减少急、慢性疾病的演变。

1. 正确对待问题

首先是识别压力的来源，进行自我评估。比如，可自设以下问题，从中找到压力源并在早期进行处理。

（1）工作或学习对你的要求是否过高？

（2）家庭、亲戚、朋友或同事的交往是否矛盾？

（3）是否担心患严重的疾病？

（4）是否得不到信息和精神的松弛？

（5）近来是否发生了麻烦事而未得到解决？

2. 正确对待情感

当人们感到自己有压力时可表现为焦虑、沮丧、生气。对付这种情感的方法首先是自我评估，然后承认事实，如当别人对你无理挑剔、惹你生气时，你应先控制自己的情感（可先做深呼吸，进行自我放松，或同其他可依赖的人交谈自我感觉），待愤怒的心情减弱后再去处理不愉快的事情。

精神愉快是心理健康所追求的首要目标，它的核心是保证人的心理稳定、幸福、精力充沛、富有效率的工作、学习和生活。保持精神愉快的方法有很多，而以下几点对学生来说是十分必要的。

(1) 一个人不能总是轻视自己，要懂得自爱。大部分人尚未发掘自身争取快乐的潜力，好像在等待别人让自己过充实的生活。其实我们寻求快乐的源泉不在身外，而在自身。能否过愉快的生活，责任全在自己。自己要想方设法寻找令人愉快的、正确的生活方式。

(2) 虽然没有神奇的使精神愉快的开关，但是我们能争取一种正确的态度。如果我们对生活采取负责的态度，应付一切事物就会有彻底的改变。尽力回避责任是错误的。通常我们宁愿把自己不快乐的原因归咎于某人、某物，而不采取积极的步骤使自己开心，从而使自己成为情绪的俘虏。

(3) 不应该对不愉快抱着无所谓的态度，要想方设法为自己找办法。

(4) 消除自怨自艾的不良习惯，我们不应该在做事前总担心办不成，而是应该尽心尽力设法积极完成。必须自己鼓励自己，相信自己。

(5) 按照自己的期望去做。假如有事要做而心里又想拖延，就应该问自己拖延不做会觉得怎样。如果觉得难过，就该赶快把事办好，让自己享受事情完成后的满足感。做自己开心的事，并非纵容自己。

(6) 要学会欣赏自己，爱自己。每个人心里都有一股勃勃生气，爱就是这股力量的明证。

(7) 戒除恶习需要耐心。学会自问，千万不要苛求自己。人不可能十全十美，用超人的标准衡量自己，是一种自虐式的不良习惯。

3. 利用现有的支持力量

社会支持是解除压力的缓和剂。一个坚强有力的社会支持系统是十分重要的，它可以帮助一个人度过困境。在日常生活中，每个人要了解和确认自己生活中的重要关系(父母、配偶、好友、领导、至亲)，要鼓励信任自己的亲人、朋友，走出孤独找到新朋友。

4. 减少压力的生理影响

良好的身体状况是不受压力源侵犯的基础。锻炼如气功、坐禅等不仅可使身体健壮，还能解除压力。个人休闲方式如阅读、散步、听音乐等，能使压力减少或消散。此外，改变饮食结构也有助于身心健康。

(三) 第三道防线——专业辅助

患病后除采取第一、第二道防线外，还必须求助于专业心理医生或医护人员，请其提供针对疾病的心理治疗、药物治疗等，并在专业心理医生或医护人员的帮助下学习在患病状况下和疾病控制后的生活方式及生活技能。

第四章

人格形成的理论基础

第一节 人格的一般概念

人是一个生物实体，也是一个社会人。在人的社会化过程中，个体由生物实体逐渐成长为有意识的社会实体。人的心理有共性的一面。英语中人格 personality 一词最初源于古希腊语 persona，此词的原意是指希腊戏剧中演员戴的面具。面具随人物角色的不同而变换，体现了角色的特点和人物性格，就如同我国戏剧中的脸谱一样。心理学沿用面具的含义，转意为人格，其中包含了两个意思：一是指一个人在人生舞台上所表现出来的种种言行，为了遵从社会文化习俗的要求而做出的反应。即人格所具有的"外壳"，像舞台上根据角色要求所戴的面具，表现出一个人外在的人格品质。二是指一个人由于某种原因不愿展现的人格成分，即面具后的真实自我，这是人格的内在特征。"人格"是我们日常生活中经常使用的词汇。例如，"他具有健全的人格"、"他的人格高尚"、"他出卖了自己的人格"等，这些描述包含了人格的多重含义，有法律意义上的人格，有道德意义上的人格，有文学意义上的人格，也有社会学意义上的人格。那么在心理学中，人格的准确含义是什么呢？

一、什么是人格

在心理学中，人格主要刻画个人外显的特征，是探讨完整个体与个体差异的领域。到目前为止，由于心理学家各自的研究取向不同，因而对人格的看法有很大差异。国内外心理学家对人格所做的定义已有几十种，在这些定义中所概括的内容不仅指个人的外貌、体格、品质、特征、智能、风格、志趣，还包括个人的一般行为模式和社会功能等等。

下面列举一些著名的心理学家对人格所下的定义。

阿尔波特（Albert）认为，人格是个体内部决定其独特地顺应环境的那些心理生理系统的动力组织。它决定人对环境顺应的独特性。

艾森克（Eysenck）认为，人格是个体由遗传和环境所决定的实际的和潜在的行为模式的总和。

卡特尔（Cattell）认为，人格是一种倾向，可借以预测一个人在给定环境中的所作所为，它是与个体外显和内隐行为相联系的。

吉尔福德（Guilford）认为，人格是一个人品质的独特模式。

莱尔德（Laird）认为，人格是一个人的生活方式。

综合各家的看法，可以将人格概念界定为：人格是构成一个人的思想、情感及行为的特有统合模式，这个独特模式包含了一个人区别于他人的稳定而统一的心理品质。

二、人格的特征

人格是一个具有丰富内涵的概念，它反映了人格的多种本质特征。

1. 独特性

一个人的人格是在遗传、成熟和环境、教育等先天和后天因素的交互作用下形成的。不同的遗传、生存及教育环境，形成了各自独特的心理特点。人与人没有完全一样的人格特点。如“固执”在不同的环境下有不同的含义，在不同的人身上也有不同的含义。在娇生惯养、过度溺爱的环境中，“固执”带有“撒娇”的意思；而在冷淡疏离、艰难困苦的环境中，“固执”又带有“反抗”的意思。所谓“人心不同，各如其面”，正说明了人格是千差万别的，这就是人格的独特性。另一方面，生活在同一社会群体中的人也有一些相同的人格特征，如中华民族是一个勤劳的民族，这里的“勤劳”品质，就是各民族子女共同的人格特征。

2. 稳定性

人格具有稳定性。在行为中偶然发生的、一时性的心理特性，不能称为人格。例如，一位性格内向的大学生，在各种不同的场合都会表现出沉默寡言的特点，这种特点从其入学到毕业不会有很大的变化，这就是人格的稳定性。俗话说，“江山易改，禀性难移”，这里的“秉性”就是指的人格。当然，强调人格的稳定性并不意味着它在人的一生中是一成不变的，随着生理的成熟和环境的改变，人格也可能产生或多或少的变化。

3. 统合性

人格是由多种成分构成的一个有机整体，具有内在的一致性，受自我意识的调控。人格的统合性是心理健康的重要指标。当一个人的人格结构在各方面彼此和谐一致时，他的人格就是健康的。否则，就会出现适应困难，甚至出现“人格分裂”。

4. 功能性

人格决定一个人的生活方式，甚至决定一个人的命运，因而是人生成败的根源之一。当面对挫折与失败时，坚强者能发奋拼搏，懦弱者却一蹶不振，这就是人格功能性的表现。

三、人格特征的具体表现

人格的特征可表现为：

（1）孤独或合群；

（2）智慧的高低；

（3）情绪的稳定性；

（4）顺从或好胜；

（5）严肃认真或随便放任；

（6）随和或挑剔，腼腆或胆大；

（7）严厉或体贴；

(8) 信任或多疑；

(9) 务实或爱空想；

(10) 直率或精明；

(11) 平静或焦虑；

(12) 保守或激进；

(13) 依赖集体或独立行动；

(14) 马虎或严格；

(15) 松弛或紧张。

这些表现往往在日常生活和处理人际关系时反映出来。

第二节　人格的成因

一、影响人格形成的因素

人格是怎样形成的？这又使我们想到一个古老而又争论不休的问题：先天遗传与后天环境的关系及相互作用。人格的形成仍离不开这一问题。心理学家们认为，人格是在遗传与环境的交互作用下逐渐形成的。

（一）生物遗传因素

心理学家对“生物遗传因素对人格具有何种影响”的探讨已经持续很久了。由于人格具有较强的稳定性特征，因此人格研究者更注重遗传因素的作用。许多心理学家认为，双生子研究（twin studies）是研究人格遗传因素的最好方法。高特斯曼（Gbttesman，1963）提出了研究双生子的原则：同卵双生子具有相同的基因，他们之间的任何差异都可归结为环境因素的作用。异卵双生子的基因虽然不同，但在环境上有许多相似性，如出生顺序、母亲年龄等，因此也提供了环境控制的可能性。完整研究这两种双生子，就可以看出不同环境对相同基因的影响，或者是相同环境下不同基因的表现。

艾森克（Eysenck，1985）指出，在同一环境中成长的同卵双生子，其外向性相关系数为 0.61。而分开在不同环境下成长的同卵双生子，其外向性相关系数为 0.42；异卵双生子的外向性相关系数为−0.17。在神经质方面也有同样的发现，在相同环境中成长的同卵双生子其相关系数为 0.38，在不同环境中成长的同卵双生子的相关系数为 0.53，而异卵双生子的相关系数为 0.11 。由于同卵双生子在外向性和神经质方面的相关显著高于异卵双生子，说明遗传因素在人格形成中有重要作用；同样，由于在不同环境下成长的同卵双生子，其外向性和神经质的相关均高于在同一环境中成长的同卵双生子，说明环境在人格的形成中也起重要的作用。

弗洛德鲁斯等（Floderus et al.，1980）对瑞典的 12 000 名双生子进行了人格问卷的施测，结果表明，同卵双生子在外向性和神经质上的相关系数是 0.50，而异卵双生子的相关系数只有 0.21 和 0.23。同卵双生子在外向性和神经质上的相似性要明显高于异卵双生子，这说明遗传在这两种人格特质中显示了较大的作用。

美国学者采用《加州心理调查表》(CPI) 对高中生进行的一项双生子研究也表明，在一些与社会相关较大的人格成分中，如支配性、社会性、社交性、责任心等，同卵双生子比异卵双生子具有较高的相关。

20 世纪 80 年代，美国明尼苏达大学对成年双生子的人格进行了比较研究 (1984，1988)，有些双生子是一起长大的，有些双生子则是分开抚养的，分开的时间平均是 30 年。结果是，同卵双生子的相关系数比异卵双生子高很多，分开抚养的与未分开抚养的同卵双生子具有同样高的相关系数。

我国的一项双生子研究经历了近 20 年的时间 (1964—1982 年)，研究者于 1964 年通过各种生理指标确定了 22 对同卵双生子和 18 对异卵双生子，并对其进行了追踪研究。1982 年又对这些双生子进行了明尼苏达多项人格测验，并计算了每项人格分量表的遗传率 (heritablity，H)。结果显示，人格的许多特性都有遗传的可能性。

表 4—1　　双生子在 MMPI 中 10 个量表得分的相关系数和遗传率

		r_{M2}	r_{D2}	H
Hy	癔病	0.50	0.49	0.02
Ma	轻躁狂	0.24	0.01	0.02
N	病态人格	0.02	0.08	0.07
Sc	精神分裂症	0.69	0.01	0.20
Pa	偏执狂	0.39	0.13	0.30
Pt	精神衰弱	0.49	0.09	0.44
D	抑郁症	0.49	0.07	0.45
HS	疑病症	0.56	0.17	0.50
Si	社会内向	0.60	0.04	0.50
Mf	性变态	0.74	0.04	0.73

注：r_{M2}为同卵双生子的相关系数，r_{D2}为异卵双生子的相关系数。

资料来源：中国心理学会等编：《医学心理学文集》，54 页，北京，中国心理学会，1979。

遗传对人格的作用，是一个有重要理论意义和实践意义的复杂问题，目前还难以得出明确的结论。根据现有的研究，我们对遗传的作用有以下一些看法。

第一，遗传是人格不可缺少的影响因素。

第二，遗传因素对人格的作用程度随人格特质的不同而异。通常在智力、气质这些与生物因素相关较大的特质上，遗传因素的作用较重要；而在价值观、信念、性格等与社会因素关系紧密的特质上，后天环境的作用可能更重要。

第三，人格的发展是遗传与环境两种因素交互作用的结果。人既是一个生物个体，又是一个社会个体。人在胚胎状态时，环境因素的影响就已经开始了，这种影响会在人的一生中持续下去。后天环境的因素是多种多样的，小到家庭因素，大到社会文化因素。这些因素对人格的形成和发展都有重要的影响。

(二) 社会文化因素

每个人都处在特定的社会文化环境中，文化对人格的影响极为重要。社会文化塑造了社会成员的人格特征，使其成员的人格结构朝着相似性的方向发展，这种相似性具有维系社会稳定的功能，又使得每个人能稳固地“嵌入”在整个文化形态里。社会文化对人格的影响力因文化而异，这要看社会对顺应的要求是否严格，越严格，其影响力越大。影响力的强弱也要看行为的社会意义，对于社会意义不大的行为，社会允许较大的变异；而对于社会意义十分重要的行为，就不允许有太大的变异。如果一个人极端偏离其社会文化所要求的人格特质，不能融入社会文化环境中，就可能被视为有行为偏差或患有心理疾病。社会文化对人格具有塑造功能，表现在不同文化的民族有其固有的民族性格。例如，米德等（Mead et al.）研究了新几内亚的三个民族的人格特征，这三个民族居住在不同的自然环境中，有着不同的社会文化背景。他们在民族性格上的差异，显示了社会文化环境和自然环境对人格的影响。研究显示，居住在山丘地带的阿拉比修族，崇尚男女平等的生活原则，成员之间互助友爱、团结协作，没有恃强凌弱和争强好胜，人与人之间呈现出一派亲和景象。居住在河川地带的孟都古姆族，生活以狩猎为主，男女间有权力与地位之争，对孩子处罚严厉。这个民族的成员表现出攻击性强、冷酷无情、嫉妒心强、妄自尊大、争强好胜等人格特征。居住在湖泊地带的张布里族，男女角色差异明显。女性是这个社会的主体，她们每天劳动，掌握着经济实权；而男性则处于从属地位，其主要活动是艺术、工艺与祭祀等活动，并承担孩子的养育责任。这种社会分工使女人表现出刚毅、支配、自主与快活的性格，而男人则有明显的自卑感。

（三）家庭环境因素

家庭是社会的细胞，家庭成员间不仅有其自然的遗传因素，也有其社会的“遗传”因素。这种社会遗传因素主要表现为家庭对子女的教育作用，俗话说：“有其父必有其子”，是有一定道理的。父母按照自己的意愿和方式教育孩子，使他们逐渐形成某些人格特质。

研究人格的家庭成因，重点在于探讨家庭的差异和不同的教养方式对人格发展和人格差异的影响。一般研究者把家庭的教养方式分成三类，不同的教养方式对孩子的人格特征具有不同的影响。

第一类是权威型教养方式。采用这种方式的父母在子女教育中，表现得过于支配，孩子的一切都由父母来控制。在这种环境下长大的孩子容易形成消极、被动、依赖、服从、懦弱，做事缺乏主动性，甚至会形成不诚实的人格特征。

第二类是放纵型教养方式。采用这种方式的父母，对孩子过于溺爱，让孩子随心所欲，父母对孩子的教育有时达到失控的状态。在这种家庭环境中成长的孩子多表现为任性、幼稚、自私、野蛮、无礼、独立性差、唯我独尊、蛮横无理、胡闹等。

第三类是民主型教养方式。父母与孩子在家庭中处于一种平等和谐的氛围中，父母尊重孩子，给孩子一定的自主权和积极正确的指导。父母的这种教育方式使孩子能形成一些积极的人格品质，如活泼、快乐、直爽、自立、彬彬有礼、善于交往、富于合作、思想活跃等。由此可见，家庭确实是“人类性格的加工厂”，它塑造了人们不同的人格特质。

（四）早期童年经验

“早期的亲子关系定出了行为模式，塑造出一切日后的行为”，这是麦肯依（Mackinnon，1950）有关早期童年经验对人格影响力的一个总结。中国也有句俗话：“三岁看大，七岁看老。”人生早期所发生的事情对人格的影响，历来为人格心理学家所重视。为什么人格心理学家们会如此看重早期经验对人格的影响呢?

斯毕兹(Spitz, 1945, 1946)对孤儿院里的儿童进行了研究,发现这些早期被剥夺母亲照顾的孩子,长大以后在各方面的发展均受到影响。许多孩子患了“失怙性忧郁症”,其症状表现为哭泣、僵直、退缩、表情木然。彼得森等(Peterson, 1979; Yates 1981)的研究也指出,在儿童早期,父母的忽视和虐待对子女的心理有明显不良的影响。伯恩斯坦(Burnstein, 1981)提出,弃子会使儿童产生心理疾病,孩子会形成攻击、反叛的人格。鲍尔毕(Bowlby, 1951)受世界卫生组织(WHO)的委托,对在非正常家庭成长的儿童和流浪儿做了大量的调查,在提交的《母性照看与心理健康》的报告中,他得出的结论是,儿童心理健康的关键在于婴儿和年幼儿童与母亲建立的一种和谐而稳定的亲子关系。西方一些国家的调查发现,“母爱丧失”的儿童(包括受父母虐待的儿童),在婴儿早期会出现神经性呕吐、厌食、慢性腹泻、阵发性绞痛、不明原因的消瘦和反复感染等症状。这些儿童还表现出胆小、呆板、迟钝、不与人交往、敌对、攻击、破坏等人格特点,这些人格特点会影响他们一生的顺利发展,出现情绪障碍、社会适应不良等问题。

总之,人格发展的确受到童年经验的影响,幸福的童年有利于儿童发展健康的人格,不幸的童年也会使儿童形成不良的人格。但二者不存在一一对应的关系,溺爱也可能使孩子形成不良的人格特点,逆境也可能磨炼出孩子坚强的性格。早期经验不能单独对人格起决定作用,它与其他因素共同决定着人格的形成与发展。

(五)自然物理因素

生态环境、气候条件、空间拥挤程度等这些物理因素都会影响到人格的形成和发展。一个著名的研究实例是,巴理(Bbrry, 1966)关于阿拉斯加州的爱斯基摩人(Eskimos)和非洲的特姆尼人(Temne)的比较研究。这个研究说明了生态环境对人格的影响。

爱斯基摩人以渔猎为生,夏天在船上打鱼,冬天在冰上打猎,主食为肉,没有蔬菜。他们过着流浪生活,以帐篷遮风避雨。这个民族是以家庭为单元,男女平等,社会结构比较松散,除了家庭约束外,很少有持久、集中的政治与宗教权威。在这种生存环境下,父母对孩子的教养原则能够适应成人的独立生存能力。男孩由父亲在外面教打猎,女孩由母亲在家里教家务。家庭教育比较宽松、自由,不打骂孩子,鼓励孩子自立,使孩子逐渐形成了坚定、独立、冒险的人格特征。而特姆尼人生活在灌木丛生的地带,以农业为主,种田为生,居住环境固定,形成300～500人的村落,社会结构紧固,有比较分化的社会阶层,建立了比较完整的部落规则。在哺乳期内,父母对孩子很疼爱,断奶后孩子就要接受严格的管教。这种生活环境使孩子形成了依赖、服从、保守的人格特点。

另外,气温也会提高人的某些人格特征的出现频率。如热天会使人烦躁不安,对他人采取负面的反应,发生反社会行为。世界上炎热的地方,也是攻击行为较多的地方(Griffitt, 1971)。

总之,自然环境对人格不起决定性的作用。在不同的物理环境中,人可以表现出不同的行为特点。

二、人格异常的成因过程

在《CCMD—3中国精神障碍分类与诊断标准》中,人格障碍是指人格特征明显偏离正常，使病人形成了一贯的反映个人生活风格和人际关系的异常行为模式。这种模式显著偏离特定的文化背景和一般认知方式（尤其在待人接物方面），明显影响其社会功能与职业功能，造成对社会环境的适应不良，病人为此感到痛苦，并已具有临床意义。病人虽然无智能障碍，但适应不良的行为难以矫正，仅少数病人在成年后可有改善。

人格障碍形成的原因是多因素的。对不同对象应做不同的具体分析。不管是先天的还是后天的，是原发的还是继发的，是生物学因素的还是社会文化因素的，都应该做全面的分析，才能剖析出形成人格障碍的原因。形成人格障碍的原因概括起来有如下几种。

（一）遗传因素

不管是家族史调查还是双生子和寄养子的研究，或是对染色体的分析，都证明了人格障碍者有其遗传学背景。在临床上，往往在了解家族史时，发现其家族中的成员有过患精神病、癫痫、自杀和犯罪的记录，特别是精神分裂症的影响更为多见。如一个中年农民犯杀人罪，在监狱中出现精神分裂症症状，20 年后，其子又行凶杀人，被监禁。虽然人格障碍不是精神病人，甚至一生中也不曾出现过精神病的表现，但其人格的特殊表现，与环境的格格不入，人际关系的不协调，缺乏自知之明，却不得不使人想到人格障碍者的遗传背景。在心理门诊中，我们可以看到许多神经症患者有遗传的迹象。

（二）衰老因素

人随着衰老，生理和心理过程都会出现老化。加之离退休后，社会角色和生活方式的改变，都会促使老年人的人格改变。民间常说“老还小”，即指老年人的人格因衰老又退化到幼儿的人格表现。如情绪不稳定、小气、固执、自私、不关心别人等，有些老人还有收集没有实用价值物品的习惯。年岁愈高，幼稚表现愈明显。中老年夫妻关系的不协调，就是与中老年人人格的变化有关。

（三）脑器质性疾病

脑器质性疾病，如脑外伤、脑感染性疾病、慢性酒精中毒、脑动脉硬化症以及慢性脑变性疾病，多引起继发性人格障碍。这类人除了有人格改变症状外，尚有智能障碍、记忆不良、颅脑损害的局灶性定位体征或软体征。脑电图及 CT 检查可能有异常变化，如车祸引起脑损伤后出现欣快、注意力不集中、情绪易波动及记忆力不良。

（四）弱智

智力低下、判断力差、社会化受阻碍，会导致原始本能性欲望成为行为的动力。因此行为富于冲动性，可出现愚昧和残忍行为，易受人教唆做坏事、不遵守纪律、破坏公物、恶作剧，还可能出现纵火、偷窃、卖淫、强奸等犯罪行为。

（五）社会文化因素

人格的形成，多受后天文化教育和社会风气的影响。良好的社会文化影响可以培养人朴实、敦厚、文明、礼貌、守法、进取、向上的人格。如果个体在儿童时期就经历了生离死别的精神打击，处于不和谐的家庭，父母不和、争吵、离婚，或父母有酗酒、赌博行为时，儿童从小即容易发生焦虑、压抑、不安全感、易激惹和敌对的人格。有些家庭不能正确教育孩子，不是娇纵，就是虐待，故使儿童心理被扭曲。这种家庭的小孩多粗野、易激惹、自卑、冷漠；他们进入社会后，受团伙不良行为的潜移默化，更易失足成为违法、犯罪分子。当前一些消极的价值观念和不健康的生活方式，腐蚀着人们的精神。人际关系不正常，尔虞我诈，对人冷漠，盲目追求金钱和享受，道德和法制观念低下，犯罪率增加等，都腐蚀着人们的灵魂，使人们的心态变异，尤其对青少年人格的形成十分不利，易使其形成人格障碍。

第三节　人格异常的临床表现

对社会适应良好的人格，心理学称为正常人格，适应不良的人格称为不良人格，有社会功能障碍或与社会发生冲突的人格称为人格障碍。正常人格与异常人格的区别是相对的，两者并没有明显的界限。器质性疾病或精神疾病之后可以发生人格改变，称为继发性人格障碍或变态人格。

一、偏执型人格障碍

偏执型人格障碍以猜疑和偏执为特点。它始于成年早期，男性多于女性。其表现为对周围的人或事物敏感、多疑、不信任，易把别人的好意当恶意；经常无端怀疑别人要伤害、欺骗或利用自己，或认为有针对自己的阴谋，因此过分警惕与抱有敌意；遇挫折或失败时，则埋怨、怪罪他人，强调自己有理，夸大对方的缺点或失误，易与他人发生争辩、对抗；常有病理性嫉妒观念，怀疑恋人有新欢或伴侣不忠；易记恨，对自认为受到轻视、侮辱、不公平待遇等耿耿于怀，引起强烈的敌意，常有回击、报复之心；易感委屈，评价自己过高，自命不凡，总感自己怀才不遇、不被重视、受压制、被迫害，甚至上告、上访，不达目的不肯罢休；对他人的过错更不能宽容，固执地追求不合理的利益或权力；忽视或不相信与其想法不符的客观证据，因而很难以说理或事实来改变病人的想法。

二、分裂型人格障碍

分裂型人格障碍以观念、行为、外貌装饰的奇特、情感冷漠、人际关系明显缺陷为特点。男性略多于女性。

这类人格障碍多表现为性格明显内向或孤独、被动、退缩，与家庭和社会疏远，独来独往，除生活或工作中必须接触的人外，基本不与他人主动交往，缺少知心朋友；面部表情呆板，对人冷漠，对批评和表扬无动于衷，缺乏情感体验，甚至不通人情；常不修边幅，服饰奇特，行为古怪，不能顺应世俗，行为不合事宜或目的不明确；言语结构松散、离题，用词不妥，模棱两可，繁简失当，但非智能障碍，系由文化程度所致；爱幻想，独出心裁，脱离现实，有奇异信念（如相信心灵感应、特异功能、第六感觉等）；有牵连、猜疑、偏执观念及奇异感知体验，因此，常被人称为“怪人”。

三、反社会型人格障碍

反社会型人格障碍具有行为不符合社会规范、经常违法乱纪、对人冷酷无情等特点。男性多于女性。病人往往在少儿期就出现品行问题，如经常说谎、逃学、吸烟、酗酒、外宿不归、欺侮弱小，经常偷窃、斗殴、赌博、故意破坏他人或公共财物，无视家教、校规、社会道德礼仪，甚至出现性犯罪行为，或曾被学校除名或被公安机关管教等。成年后（指 18 岁后）性情不改，主要表现为行为不符合社会规范，甚至违法乱纪，如经常旷课、旷工，不能维持持久工作或学习，频繁变换工作；对家庭和亲属缺乏爱和责任心，不抚养子女或不赡养父母，待人冷酷无情；经常撒谎、欺骗，以获私利或取乐；缺乏自我控制，易激惹、冲动，并有攻击行为，如斗殴；无道德观念，对善恶是非缺乏正确判断，且不吸取教训，无内疚感；极端自私与自我中心，往往是损人利己或损人不利己，以恶作剧为乐、无羞耻感，故使其家属、亲友、同事、邻居感到痛苦或憎恨。

四、冲动型人格障碍

冲动型人格障碍是以阵发性情感爆发，伴明显冲动性行为为特征，又称攻击型人格障碍。男性明显高于女性。

冲动型人格障碍常表现为情感不稳，易激惹，易与他人发生冲突，可因点滴小事爆发强烈的愤怒情绪和攻击行为，难以自控，事前难以预测，发作后对自己的行为虽懊悔，但不能防止再发；人际关系强烈而不稳定，时好时坏，几乎没有持久的朋友；激情发作时，对他人可做出攻击行为，也可自杀、自伤；在日常生活和工作中同样表现出冲动性，缺乏目的性，缺乏计划和安排，做事虎头蛇尾。

五、表演型人格障碍（癔症型人格障碍）

表演型人格障碍以过分感情用事或夸张言行吸引他人注意为特点。患病率在两性中无明显差异。

这一类型的人格障碍表现为情感体验较肤浅，情感反应强烈易变，常感情用事，按自己的喜好判断事物好坏；爱表现自己，行为夸张、做作，犹如演戏，经常需要别人注意，为此常哗众取宠、危言耸听，或在外貌和行为方面表现过分；常渴望得到表扬和同情，经不起批评，爱撒娇，任性、急躁，胸襟较狭隘；以自我为中心，主观性强，强求别人符合其需要或意愿，不如意时则强烈不满，甚至立即使对方难堪；暗示性强，意志较薄弱，容易受他人影响或诱惑；爱幻想，不切合实际，夸大其词，喜欢寻求刺激及过分地参加各种社交活动。

六、强迫型人格障碍

强迫型人格障碍以过分要求严格与完美无缺为特征，男性患病率是女性的两倍。在强迫症中，约 72%的病人在病前具有强迫型人格。

强迫型人格障碍常表现为对任何事物都要求过严、过高，十全十美，循规蹈矩，按部就班，不容改变，否则会感到焦虑不安，并影响其工作效率；拘泥于细节，甚至对生活小节也要程序化，有的好洁成癖，若不按照要求做就感到不安，甚至重做；常有不安全感，往往穷思竭虑或反复考虑，对计划实施反复检查、核对，唯恐有疏忽或差错；主观、固执，比较专制，要求别人也要按照他的方式办事，否则即感不愉快，往往对他人做事不放心；遇到需要解决问题时常犹豫不决，推迟或避免做出决定；常过分节俭，甚至吝啬；过分沉溺于职责义务与道德规范，责任感过强，过分投入工作，业余爱好较少，缺少社交友谊往来。工作后常缺乏愉快和满足内心体验，相反常怀有悔恨和内疚。

七、其他类型

如焦虑型人格障碍、依赖型人格障碍等。焦虑型人格障碍特征是一贯感到紧张、提心吊胆、不安全和自卑，总是需要被人喜欢和接纳，对拒绝和批评过分敏感，因习惯性地夸大日常处境中的潜在危险，所以有回避某些活动的倾向。依赖型人格障碍特征是依赖、不能独立解决问题，怕被人遗弃，常感到自己无助、无能和缺乏精力。

第四节　人格异常的矫治原则

俗话说，“江山易改，禀性难移。”正常人的性格是如此，异常人格更是如此。在心理门诊和对学生的咨询中，经常会有人问：性格如何改变？能不能改变？回答是肯定的：能！我们可以先从性格的定义上看，性格是指一个人对他人及对客观现实所持有的态度和习惯化了的行为方式。因而，矫治人格异常的方法首先是要改变他的行为习惯，更要改变他对人生的态度。这需要较长的矫治时间。

我们在这里所说的是对人格的矫治，而没有说是治疗，是因为人格异常的矫治工作是一项长期的、艰巨的工作。它涉及医学、社会学、心理学和法学等学科，不是一个短期能够解决的问题。因此，防止人格异常出现的根本，还是要及早进行心理健康教育。

一、人格异常的矫治原则

第一，以心理治疗为主。可以针对具体情况使用支持性心理治疗、行为疗法、集体心理治疗、认知疗法。

第二，以行为训练、指导为主线。对于人格异常的人来说，制订的教育、训练和安排应是长期的，需要社会各方面的密切配合。

第三，矫治的目标要适当。当制订人格异常的矫治计划时，制订的目标不能太高，不要急于求成，要做长期的打算。

二、人格异常的药物治疗

在临床上对有冲动激情的人格障碍的患者，可以用卡马西平或苯妥英钠；对有偏执和分裂人格者，可用小剂量舒必利；对情感型人格兴奋者，用卡马西平及碳酸锂。但是要注意，药物治疗只有临时的对症效果，不能期望用药物来解决人格问题，因为人格矫治问题不是一个生化问题，而是一个心理学问题。

第五章

挫折和冲突理论

第一节　挫折的实质

一、什么是挫折

挫折通俗地说就是“碰钉子”。人们在日常生活和工作中，并不总是一帆风顺的。需要产生动机，在人的动机引发下产生的行为，在达到某种目标的过程中，常常要遇到各种障碍，出现许多困难，因而挫折的情境是经常发生的。心理学上将挫折（frustration）定义为当个体从事有目的的活动时遇到不可克服的障碍而产生的紧张状态与情绪反应。挫折与非挫折情境可以用图 5—1 表示。

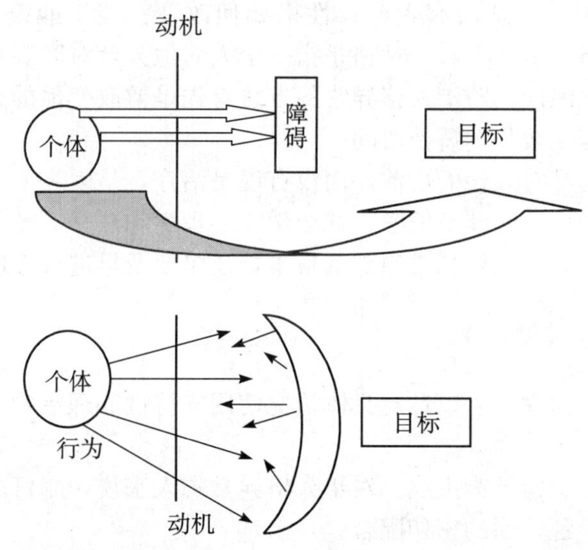

图 5—1　挫折和挫折情境示意图（上图为非挫折情境，下图为挫折情境）

因此，产生挫折的条件必须包括：

（1）具有必要的动机和目标。

（2）要有满足动机和达到目标的手段或行动。

（3）必须有挫折的情境发生。如果动机和目标能顺利获得满足和实现，则无所谓挫折；但在实际生活中，在通向目标的道路上常常会遇到阻碍，如果能改变行为，绕过阻碍而达到目标，或阻碍虽不能克服但能改变目标与行为方向时，则不会产生挫折情境。如果有阻碍而不能克服或超越，则构成挫折情境。

（4）当个体在实现目标的行为受到阻碍而产生挫折时，必须有知觉意识到。如果客观有阻碍在，但主观上并无知觉（认识），就不会构成挫折情境。

（5）必须有对挫折的知觉与体验而产生的紧张状态与情绪反应。动机一旦产生，便会引发人们去实现目标，满足需要。但是这种行为过程不是一帆风顺的，常常会受阻碍或干扰。这时，人们就会体验到内心的不快和苦闷。这样的情绪状态，一般被称为挫折。

挫折是一种常见的心理现象，一个人的行为可能经常遭受不同程度的挫折。挫折可以使人的行为发生不同变化，有时可能引起人的攻击性行为，有时可能引起人的焦虑不安、冷漠或退缩。所以挫折的后果有利也有弊。一般来说，挫折的压力若尚未超出个体的承受力或负荷能力，则在某种程度上具有积极作用，可以引导个体的认知产生创造性的发挥，提高解决问题的能力，以更好的方法和途径实现动机，达到目标，满足需要。失败是成功之母就是这个含义。所以说，在积极方面，它可以引导个体提高解决问题的能力，磨炼个体的意志，从失败中吸取教训，增强适应能力，采用更好的方法去实现目标。实践证明，学校在教育学生的过程中，结合学生的情况进行适当的挫折教育是非常必要的。但另一方面，挫折如果太大、太频繁或者超出个体的承受能力且不能正确对待，就会引起紧张状态，情绪紊乱，心理失衡，适应不良，以致行为出现偏差，发生躯体及精神疾病（学生甚至可能会轻生）。

二、挫折产生的原因

产生挫折的原因很多，总的说来，可以分为两类：一类是客观因素，另一类是主观因素。

1. 客观因素

产生挫折的客观因素主要指自然环境和社会环境对个体所造成的困难和限制，使个体的动机不能实现。比如，自然环境中的灾害、亲人的生离死别、衰老病痛、环境的污染，社会环境中的政治动荡、某种委屈、物价的波动、子女的学业及工作不顺心、人际关系紧张、才能不能发挥，以及婚姻、恋爱、家庭矛盾等等，都会导致挫折的产生。

2. 主观因素

产生挫折的主观因素主要是个体条件的限制。这种主观因素包括躯体方面的和心理方面的，比如，个人的容貌、躯体的某种缺陷、身材的高低等都属于躯体方面的因素，而个人的能力、人格特点、情绪和欲望等是心理方面的因素。这些因素常常限制个体的动机实现，都可以造成挫折。一个人在心理上能否体验到挫折，与他的期望有很大的关系。如果一个人的期望水平超过他的实际条件，必然会造成挫折的产生。

3. 冲突

冲突是产生挫折的主要因素。由于在意志行动中人们常常具有两个以上的目标，而这些目标不可能同时实现，因而促使了意志行动中的目标冲突或动机斗争。例如，填报大学志愿时报了理科就不能报文科，如果一个人既喜爱文科又想报理科，冲突就出现了。冲突可能由理智的原因引起，也可能由情绪的原因引起。但是，一旦冲突出现，就伴随着某种情绪状态，如紧张、焦躁、烦恼、心神不定等。当问题特别重要，而可供选择的各种方案又都具有充分的理由时，这种特殊的冲突状态就会更深刻、更持久。

冲突的种类按人的意志行动表现为接近或回避某一目标。根据这一特点可以把冲突分成以下四种类型。

（1）接近—接近型冲突，又称双趋冲突。当两种或两种以上的目标同时吸引着人们，但只能选择其中一种目标时，通常出现接近—接近型冲突。《孟子》中有句话："鱼与熊掌不可得兼。"中学毕业生选择高考志愿、顾客选择不同的商品时出现的冲突都属于这种类型。

但在实际生活中，两种目标的吸引不可能完全相同。鱼和熊掌虽然好吃，但熊掌属于奇珍佳肴，因而更有吸引力；桂林和杭州虽然都是旅游胜地，但杭州去过几次了，而桂林从未去过，因而桂林更有吸引力。在这种情况下，解决冲突是比较容易的。而当两种目标的吸引力比较接近时，解决冲突就比较困难了。

（2）回避—回避型冲突，又称双避冲突。当两种或两种以上的目标都是人们力图回避的事物，而他们又只能回避其中一种目标时，就产生了回避—回避型冲突，即所谓"前有悬崖，后有追兵"的处境。再如，某人患了牙病，疼痛难忍，但他迟迟不肯就医，因为他知道让牙科大夫治疗牙病是一件痛苦的事情。在这种情况下，他或者接受由牙病带来的苦痛，或者接受牙医的治疗。由此引起的冲突就属于回避—回避型冲突。

回避—回避型冲突常常由于人们接受了其中一种目标而解决问题。例如，牙病患者想到，如不及时就医，牙病就会进一步恶化，而且会影响周围健康的牙齿；请牙医补牙，虽然要忍受痛苦，但这种痛苦是一时性的，而且忍受这种痛苦对自己的身体健康有益，这样，当牙痛多次发作之后，他就会毅然就医了。在这里，人们具有的较高层次的目标（如保证身体健康）对解决回避—回避型冲突发挥了调节和支配的作用。

（3）接近—回避型冲突，又称趋避冲突。这种冲突是在同一物体对人们既有吸引力，又有排斥的情况下产生的。在某种情况下，人们在接近的同时又故意回避它，从而引起内心的冲突。例如，孩子想跟随爸爸、妈妈外出，但同时又怕受到约束；一个妇女爱吃甜食，但是又怕自己发胖；学生愿意选修一些新的难度较大的课程，但又担心考试失败；外出旅游是件有吸引力的事情，但因耗费时间太多而不愿意去等等。这些情况下引起的冲突都是接近—回避型冲突。

（4）多重接近—回避型冲突，又称双重趋避式冲突。在实际生活中，人们的接近—回避型冲突，常常出现一种更复杂的形式，即人们面对着两个或两个以上的目标，而每个目标又分别具有吸引和排斥两方面的作用。人们无法简单地选择一个目标，而回避或拒绝另一个目标，必须进行多重的选择，由此引起的冲突被称为多重接近—回避型冲突。比如，单身汉有自由之乐，但又有寂寞之苦；结婚有安全之乐，但也有家务之劳。再如，现在各用人单位都提倡人员流动，当一个人看到某经济特区招聘职工时，可能引起接近—回避型冲突。他想到去特区工作的许多好处，如工资收入高、住房条件好等，但又担心去一个新的城市生活不习惯，子女教育问题难以解决；如果留在原单位工作，工资和住房条件差些，但工作和生活环境早已习惯，也比较安定，子女升学的条件也较好等。由于对各种利弊、得失的考虑，因而产生了多重接近—回避型冲突。解决这种冲突要求人们对各种可能性进行深入的思考，因而要花费较长的时间。

三、影响挫折的因素

当个体的某些重要动机受到阻碍时，其所感受的挫折就会较大。而当次要的动机受到阻碍时，由于其易被克服或被其他的动机满足所代替，因而只构成一种丧失的心理感受，对个体的打击并不大。然而，重要动机、次要动机，不仅因为个人的心理发展层次变化不一，还会由于个人的认知水平的不同而有所差异。所以，挫折是一种主观感受，是一种情绪状态，对某个人造成挫折的情境，对另一个人并不一定也造成挫折。影响挫折的因素，除了主、客观因素外，还应有抱负水平和个人的容忍力。

（一）抱负水平

一个人对挫折感觉与否和他对成功所规定的标准之间有着密切的关系。抱负水平是指一个人对自己所要达到的目标而规定的标准。一般说来，规定的标准高，抱负水平就高；反之，则抱负水平低。比如，两个参加高考的学生，一个决心考上重点大学，而另一个对考上专科都没信心。结果两个人都被普通院校录取，后者会因为成功而高兴，而前者则会认为是失败而感到挫折。这就是两个考生不同抱负水平的表现。

（二）个人容忍力

在人们的日常生活中，挫折总是不可避免的。由于每个人忍受力的不同，所以对挫折的感受程度也有很大差异。个人容忍力是指人们遭遇挫折时适应能力的差别。个人容忍力不同，人们对挫折感受的程度也不同。有的人能忍受严重的挫折而不灰心丧气，而有的人遇到轻微的挫折就会意志消沉。有的人能够忍受别人的侮辱，但面对环境的障碍却表现出焦虑不安、垂头丧气。一个人是否形成持久的心理冲突，是否被挫折和心理冲突引起的烦恼和痛苦体验所压倒，除了前面讲的欲望强烈程度和个人道德观念之间的力量对比以及社会现实条件因素以外，还取决于个人对这些负性体验的应对能力。这种能力往往在个性特点中体现出来。

第一，要看个人对冲突体验感受的程度。有的人对一般的心理冲突引起的烦恼体验感受不强，淡然处之；而另一些人则感受强，印象深，一点点的烦恼、委屈都不能承受。

第二，要看冲突体验在心里保留的时间。有的人遇到挫折或冲突时，虽然感到非常烦恼和痛苦，但持续时间不长即自然消失；而另一些人则久久不忘，纠缠在心，“耿耿于怀”。大多数儿童都是体验感受强、印象深而保留时间短。一个小孩在欲望受到挫折时，可以哭闹，看来很痛苦，但环境一变或设法引开他的注意，虽然原来的欲望没有得到满足，却可能转哭为笑。这对成年人来说则是少见的。

第三，要看人对冲突体验的改造能力。大多数成年人在遇到挫折或心理冲突时，都能用自己惯用的方式对冲突关系加以改造和缓冲，使冲突体验减轻或消失。

第四，要看人对冲突引起的烦恼和痛苦的表达、宣泄能力。有人习惯于把烦恼、冲突体验“压”下去，“闷在心里”，不抒发出来；而另一些人则能用各种方式抒发愁苦、郁闷的情绪。

上述四个方面在每个人身上表现不同，这是由个性决定的。个性的形成有先天素质的因素，也有后天环境影响的因素。个性一旦形成，就不因别人的劝告或建议而轻易地改变。总的说来，成年人最重要的适应手段是对心理冲突体验的改造能力。心理学对挫折的研究证明，人对挫折的容忍受人的生理条件、健康状况、个性特征、既往体验、个体对挫折的主观判断及对挫折质量的思想准备等因素影响。

第二节　挫折反应——应对

一个人体验到挫折后，不管其原因是属于外在因素还是内在因素，都会产生焦虑不安的心情，而为了对抗或摆脱这种心情就会出现一些行为上或情感上的反应。有人称之为挫折反应，而目前更多地称为应对。应对是指个体对困难情况做出的尽可能合适的反应。应对的手段常见的是行为应对，有以下几种。

一、盘算问题解决

这是一种理智性的应对手段，是根据个体的知识、经验，思考摆脱挫折情境的方法。如调整目标、降低目标或重新制订目标，培养良好的意志品质；也可以改变认知观念，对学生进行挫折教育。

二、寻求支持与宣泄

研究表明，社会支持系统和化解系统有助于个性发展及心理健康，也有益于抵御生活事件的冲击；宣泄有助于对内心郁积的倾吐，从而缓解愤懑烦恼之情。

三、情绪性反应

1. 焦虑

由于挫折，可能使人们的自信心受到伤害。失去自信心，就会出现丧失感或内疚感，会形成一种紧张、不安、焦虑、忧虑、恐惧等复杂的情绪状态。这种情绪状态，就被称为焦虑。焦虑产生后，常产生各种生理方面的反应，主要表现是由于交感神经系统的机能亢进，引起心跳加快、血压增高、面色发白或潮红、肢体战抖、腹肌紧张、四肢发冷、出汗、咬指甲、坐立不安等。有时副交感神经系统的活动也会增强而引起胃肠蠕动增加，导致腹泻。焦虑在心理方面的表现是很复杂的，常使人出现失眠、头痛、注意力不能集中、犹豫不决、言语急而呈口吃，甚至感到各种不适而使主诉增多。焦虑常是各种病人所表现的情绪反应。

2. 攻击

攻击有直接攻击和转向攻击两种方式。

（1）直接攻击。直接攻击是个体受到挫折后，将愤怒的情绪直接导向造成其挫折的人或物上，表现为对人的嘲笑、谩骂或拳脚相加及损坏物品等。这是青少年或胆汁质气质的成年人受挫后的主要反应方式。直接攻击的情绪反应方式不仅在人与人之间常见，在动物身上也能看到，只不过动物攻击的方式十分单纯，而人类的攻击方式却甚为复杂。即便都是直接的攻击，有的可能表现为打斗，有的则可能是嘲笑、谩骂，有的可能是用文字、漫画相互攻击，有的也可能仅用面部表情（怒目而视）或手势动作表示自己的不满或不快。

青年人由于处于生理、心理机制发育的旺盛期，自我意识强烈，争强好胜，自控能力又比较差，因而受到挫折后很容易出现攻击行为。那些对自己的容貌、才能、权力等方面充满自信的人，也较易在受挫后采取直接攻击方式；部分缺乏理智、一帆风顺的人，也易产生愤怒的直接攻击方式。

（2）转向攻击。有的人在受挫后，如果不能直接攻击阻碍自己达到目标的对象，就会采取变相的攻击方式，把攻击行为转向其他替代物，寻找“替罪羊”，这种情况被称为转向攻击。转向攻击可以分为以下几种方式。

其一，寻找“替罪羊”。当挫折的来源不明，产生莫名的烦恼，而又没有明显的对象可以攻击时，就将此闷闷不乐的情绪发泄到毫不相干的人或物上，这个被攻击对象便成为“替罪羊”。

在一个具体场合选择什么样的人当“替罪羊”，是由许多因素决定的。在通常情况下，一是选择较软弱的、没有反抗能力的人做“替罪羊”，没有哪个傻瓜会选择比他强的人作为挑衅对象。二是选择与众不同的“特别人”，如在众人面前受孤立的爱打小报告的人。还有就是一个群体中的新成员，常会莫名其妙地受到攻击，原因就在于他是“新”来的。

其二，迁怒他人。当个人发现引起挫折的真正对象不能直接攻击，或碍于自己的身份不便攻击时，便将情绪发泄到其他人或物品上去。例如，有的学生考试成绩不好，回到宿舍找同学撒气；有的人在单位受到上司的批评，不敢反抗，回到家便把闷气撒到妻子或儿女身上；还有的夫妻吵架砸家具、摔器皿等。一般来说，当个人受挫而无法予以回击时，如果发现有人像使他产生挫折的那个人，则此人越像就越容易成为他的攻击对象。还有“指桑骂槐”、“拉他人后腿”等，都属于迁怒他人的间接攻击方式。

例如，刘某，20 岁，某大学二年级学生，常与同学、老师发生顶撞，出现人际危机。经询问，该学生从小缺乏父爱和母爱，缺少同情心。在技校读书时，他结识一个女孩，两人感情很深，但毕业时被女孩抛弃。他发誓要考上大学，让她觉得后悔。他考上了大学，学习也还努力，可经常莫名其妙地与同学发生口角，随意批评老师，行为怪僻。他自述常有一种寻衅的冲动和攻击的欲望。他觉得别人不理解他，内心很痛苦，情绪不稳定。这就是他在见不到他要攻击的对象（原女朋友）的情况下，迁怒于他人的表现。

其三，迁怒自身。有的人遭受重大挫折后，不切实际地将攻击冲动指向自身，采取自我惩罚的方式。例如，一个身体健康的人突然患了一场大病，或是由于意外事故变成了残疾人，而造成这种挫折的真正原因又无法攻击，于是在悲观失望之际，往往自我折磨，自我虐待。又如，一祖父因故怒责其孙，其子心痛，愤而自打耳光。问其何故自责，答曰：“尔责我子，我责尔子，何足怪哉。”当迁怒自身的惩罚倾向十分强烈时，也有可能导致自杀行为发生。

转向攻击一般在下列几种情况中表现出来：一是对自己缺乏信心而悲观，把攻击对象转向自己，产生自责；二是当个人察觉到其不可能对引起挫折的对象直接攻击，否则将承担更为严重的后果时，便往往把愤怒的情绪发泄到次要的人或物品上去；三是挫折的来源不很明显，可能为日常生活中许多小挫折的积累，也可能为个体的内在因素（如疾病、疲劳等)，个体找不到明显的攻击对象，于是便把闷闷不乐的情绪发泄到与真正的挫折起因没有关系的人或物品上。

转向攻击的对象本来是无辜的，在这里却“代人受过”，成为“受气筒”、“替罪羊”，这种心理现象被称为“迁怒”。迁怒也是一种挫折的心理防卫机制，它是把对某一事物的强烈情感不自觉地转移到另一事物之上，以缓解、减轻自身心理上的负担。国外许多公司和专业机构设有“宣泄室”，里面设有经理、老板等的模拟橡皮人，以供人们发泄对上司的不满，从而缓解内心的压抑，保持心理平衡。

美国的一项调查表明，父母不和的家庭比夫妻和谐的家庭，打骂孩子的情况要多 2.5 倍，而孩子在家受到打骂后，又会把攻击的矛头指向学校和社会，成为青少年犯罪的原因之一。

3. 冷漠

个体如果长期遭受挫折而又对引起挫折的对象无法攻击，无对象发泄，而且看不到改变境遇的希望，只能将其愤怒情绪压抑下去，表现出冷淡、遇事无动于衷的态度，甚至失去了喜、怒、哀、乐的表情。这对心身健康将产生极大的损害。

冷漠是个复杂的行为表现方式，与个体的学习经验有着密切的关系。如果一个人在过去的经验是以攻击取胜而获得满足的，以后遇挫折时就运用攻击的方式。反之，如果过去的经验证明，攻击越激烈，招致的挫折越大，就会选择逃避了；逃避不了的话，就用冷漠的方式适应痛苦的情境。1943 年，贝特海姆（Bettelheim）发现，第二次世界大战期间，被纳粹关在集中营里的俘虏们，最初多表现为愤怒的攻击、反抗，并企图逃走。但等到发现一切都变成绝望时，他们的情绪不再激动了，反而以冷漠的方式应付鞭打、饥寒、疾病、奴役，甚至死亡的严重威胁，对虐待似乎“无动于衷”，也不间接反击，甚至在表面上也不再表现出愤怒的情绪了。

一般说来，冷漠反应多在如下情境中发生。

（1）长期遭受挫折而不能摆脱；

（2）处境艰险，无助无望；

（3）心理上恐惧不安和生理上痛苦难忍；

（4）进退两难，攻击和退缩间冲突激烈。

4. 固执

固执是指由于挫折使一个人一再重复同样的行为，尽管反复多次毫无结果，但他仍要继续这种行为。它的特点是行为呆板无弹性，具有某种强制性。它往往是没有能被更适当的行为反应来取代所致。一旦有了取代方式，例如，一个具有对付意外情况的丰富经验的人，就不会在遇到突发事件时不知所措。由于这种行为具有强制性的特点，它们往往不能用更适当的反应所取代，如心理疾病中强迫症患者就是病态固执的典型例子。又如，当发生火灾时，人们往往拼命地推拉上锁的大门，越重复这种动作就越可能丧失逃生的时机，但人们往往还要继续这种动作，这是因为挫折降低了人们学习解决问题的能力所致。常见的固执行为有：

（1）惊慌失措。个体突然受挫后产生惊慌失措行为的现象，在日常生活中随处可见。例如，有的人见自家房子失火，在那里干着急，而不知去叫人救火。这就是正常人以固执反应应付挫折的方式之一。

（2）破罐破摔。一个人若屡遭挫折，便可能会产生破罐破摔的态度，且固执己见。这是因为，人们在社会生活环境中一而再、再而三地遇到同样的挫折，又一时难以克服，就可能慢慢失去信心，而形成刻板的应对方式，一再重复同样而无效的行为。

（3）强迫症。患有强迫症的病人则会有一种病态的固执，没完没了地重复一些单调、机械的动作。例如，患有某种强迫洗手症的精神病患者，没完没了地洗手，就是病态固执的典型实例。一个情绪反应固执的人外表平静并不意味着他内心也平静。在反复受挫后，会产生茫然的感觉，生理上会出现头昏、心悸等反应，甚至失去信心，悲观失望，盲目服从或畏缩不前。因此，应该看到，固执实质上是顽而不固，并不是真正不可改变。

5. 妥协

人们受到挫折时会产生心理或情绪紧张状态。这种状态在心理学中就是“应激”。人们长期处于应激状态会导致心身平衡的紊乱而产生各种疾病，因此需要有妥协性的措施降低应激水平。妥协是指为了利益考虑勉强接受别人建议的心态。

6. 退化

个体的行为规范是随着人的发展过程有一定的递进模式的。但当一个人遇到持久或重大的挫折时，他的行为表现往往比他的年龄所应有的表现显得幼稚。在极端情况下，成人会从心理上倒退到婴儿阶段，如疑病症就被认为是倒退的表现形式，患者坚持自己有病，以寻求别人的帮助和同情，像儿童依赖父母那样依赖别人。另一些成人在遇到严重挫折不能承受时，便会像小孩子一样哭闹、激动等。

四、个性的变化

一个人对挫折的消极反应如果得不到及时纠正，并在心理和行为上固定下来，就会形成对挫折的不良个性和适应方式，对受挫者的身心发展带来不利的影响。日本心理学家成田胜郎等人对此研究后，归纳出 14 种由于对挫折的不适应而导致的不良的心理行为表现。

（1）抑郁性：感情消沉，且持续时间长，对一切都感到无聊，孤独、厌世。

（2）无力性：无精打采，易陷入挫折感之中，学习、工作常干不下去，容易疲劳、失眠、头痛。

（3）过敏性：多疑、嫉妒，硬把周围的动静与自己联系起来。

（4）强迫性：把思想或感情强加于己而无法摆脱，常有各种强迫性的奇特行为。

（5）自我否定性：对自己所做的一切都没有信心，反反复复，一事无成，有很深的自卑感。

（6）内向封闭性：失去与他人交流的热情，十分孤独，时常处于封闭状态。

（7）黏着性：不愿改变自己的意向，很固执，着迷于某件事便纠缠不休，对任何事情总爱钻牛角尖。

（8）意志薄弱性：做事没有主见和一贯性，怠惰，不求有功、但求无过。

（9）盲目性：不假思索地行动，极其草率，行为鲁莽。

（10）不安定性：身心不安宁，注意力分散，学习、工作效率很差，做事有头无尾，变化频繁。

(11) 情绪易变性：情绪极不稳定，一再出现意外行为，刻薄、自伤、喜怒无常。

(12) 自我表现性：自以为是，支配欲强，夸大吹牛，强词夺理。一旦受到轻度压抑，就放肆地进行反击。

(13) 爆发性：常出现过激的态度和行为，动辄要脾气，激烈地发泄情绪，控制不住自己。

(14) 浮躁性：言行轻浮、浅薄，随意恶作剧，对自己的过失没有羞耻感。

以上心理和行为特征，都是对挫折的不良适应而形成的个性特征，它对人们身心的正常发展和适应社会、适应环境都是不利的，任其发展可能成为犯罪或心理变态的重要诱因。

第三节　防御反应

防御反应，又称心理防御机制（defense mechanism），是精神分析理论的概念。心理防御机制是指人们为了应付心理压力或挫折、适应环境而使用的一种策略。这种心理上的策略实际上是一种自我保护机制，大多数人是在不知不觉中运用的。它能使人心安理得，可以减轻人们由于心理压力或挫折而引起的紧张不安、焦虑和痛苦。心理动力学派认为，各种防御机制都是在潜意识中进行的：尽管每一个人都在有意无意地使用，但这种运用是继发的，是个人在其生活经历中学会的。因此，个人所使用的主要防御机制一般通过成为该人的人格的一部分表现出来。

一、心理防御机制的分类

（一）根据心理防御机制在个体心理发展中出现的早晚，可将其分为四类

(1) 爱的防御机制。在婴儿早期个性发展中常被使用，具有不能区分自我与客观现实间的界限的特点。正常人偶尔使用，精神病人则常极端地使用，又称为“精神病性”防御机制，包括否认、曲解、投射、同一化等。

(2) 幼稚的防御机制。又称不成熟的防御机制。幼儿期以后开始使用，包括退化、幻想、摄入等。

(3) 神经症性防御机制。在少年以后使用。成人中神经症患者应用较多，包括转移、隔离、合理化、反向、抵消、理想化、补偿、潜抑等。

(4) 成熟的防御机制。在个性成熟之后使用，包括升华 、幽默等。

（二）根据心理防御机制的作用和意义，可将其分为五类

(1) 建设性防御机制，这是一种积极的心理防御机制。它是指个体在遭到挫折以后不是沉浸在受挫的痛苦之中，而是将痛苦化为一种具有建设性的动力，把情感和精力投入有利于社会和他人的活动之中，如升华。

(2) 替代性防御机制，它是指个体受挫以后，以新的目标或活动取代原来的目标或活动，进而获得心理平衡，如补偿作用、认同作用、幽默作用和抵消作用。

（3）掩饰性防御机制，它是指个体在遭受挫折之后，为了保护自尊，减少痛苦和焦虑，以某种借口、态度、理论或行为来掩饰自己，如文饰作用、反向作用、深思熟虑。

（4）逃避性防御机制，它是指个体在遭遇挫折以后，通过某种途径或方式回避所面临的挫折情景，以解除内心的不安与焦虑，如潜抑作用、退化作用、否认作用、幻想作用、脱离作用。

（5）攻击性防御机制，它是指个体在遭遇挫折以后，将焦虑或愤怒的情绪转移到其他人或事物上，以维护自身的心理平衡，如攻击作用、移位作用、投射作用。

二、常用的心理防御机制

1. 否认作用

否认作用（denial）是一种比较原始的简单的心理防御机制，是指对某些客观现实的不承认，特别是对已经发生的悲痛或者不愉快和令人难堪的经历加以否定，以减轻心理上所承受的压力，从而避免心理上的不安与痛苦，可以暂时起到缓解焦虑的作用。在病人中，有时也会采用否认的办法，拒不承认自己所不愿接受的现实。作为医生，对这种否认机制应该有充分的认识，以免使诊断和治疗受到干扰。例如，小孩打坏了东西，往往用手把眼睛蒙起来，这与鸵鸟在敌害迫近时，把头埋在沙堆里的举动一样，即把心理上或情感上不愿接受的事物，当做没有这回事，以减轻心理上的负担。“掩耳盗铃”、“眼不见为净”就形象地说明了否认作用。否认作用是在潜意识中进行的，人们不但否认了事实，而且真正相信没有这个事实。这样有时会产生病态妄想。极端的否认作用也是精神病人常有的表现之一。

例如，有一位家庭妇女，自幼父母双亡，生活孤苦伶仃。婚后生有一女，视之如命，极为疼爱。但很不幸，有一天女儿因车祸身亡。当得到这个悲惨的消息时，她拒绝承认这一事实，认为根本不可能，说女儿等一会儿就回来。当天，她照常准备晚饭，做女儿最爱吃的菜，等女儿回来吃饭。晚上仍照日常习惯为女儿铺好床，好让女儿回来就寝。以后天天如此，似乎女儿仍健在，并且不让其丈夫或别人提起女儿已死的事。显然，她把女儿已死这件事加以“否认”。运用“否认作用”这种防御机制来避免这一不幸事件带给她的打击和痛苦。

应当注意的是，我们在日常生活中常常会有意去否定许多事实。例如，问某一年轻姑娘：“你有没有男朋友呀？”该姑娘会不好意思，脸色很红地否定：“我才没有男朋友！”其实她已有男朋友，而且快订婚了，只是不好意思而有意否定。这种连自己也能意识到的自我否定的现象，并非潜意识中的否定，所以不算是心理防御机制所指的“否定作用”。真正的否定作用是在潜意识情况下进行的，个体不但否定了事实，而且真的相信没有发生，如果达到妄想状态，便成为“精神病”症状了。

2. 合理化作用

合理化作用（rationalization）又称文饰作用、酸葡萄机制。这是指一个人遭受挫折，或者无法达到自己追求的目标，或者做错了事，举止不符合社会道德规范时，往往找一些原谅自己的理由来进行解释，尽管有些所谓的理由是不适当的，甚至在别人看来十分荒谬可笑，但本人却强调这些理由去说服自己，从而免除精神上的苦恼。

合理化作用有许多形式，酸葡萄心理、甜柠檬心理是其中最典型的两种。

(1) 酸葡萄心理，是指当个体所追求的目标受到阻碍而无法实现时，便贬低原来的目标，说“不值得追求”，以此冲淡内心欲望，减轻不安情绪。所谓“吃不到葡萄就说葡萄是酸的”，就是这个意思。如有的人求爱不成，虽内心苦恼、失望，但是却说对方相貌平平，非己所求等。又如自己的孩子天资差，则说“傻有傻福”；钱被人偷去了，又说“破财免灾”等等。另外一种情形则是在追求某一项事物而得不到时，为了冲淡自己内心的不安，就非得为自己的失败找一个言之成理的“理由”不可，这时常常会将对方贬低，认为并非我追求不力，条件不够，而是“不值得”太卖力，用以安慰自己。

(2) 甜柠檬心理，是指当个体所追求的目标不能实现时，便淡化原来的目标与结果，而对自己的既得利益大加肯定、万般强调，以此来减轻内心的失望与痛苦。就像《伊索寓言》中那只聪明的狐狸一样，本想找些可口的食物，却只找到一只酸柠檬，于是便自我安慰：“这柠檬是甜的，正是我想吃的！”在现实生活中，这样的事例经常可见。比如，有的学生考研失利，便说经济上划不来，还不如早工作早挣钱。有人娶的妻子姿色平平，嫁的丈夫木讷寡言，他（她）会说“这样才可靠啊”。某人很想参加舞会，但自己却不会跳舞，又不好意思让别人知道，便对人说自己喜欢安静等等。所谓甜柠檬心理，即凡是自己有的东西都是好的，以此减轻或平息内心的欲望和不安，达到自我安慰的目的。这种“知足者长乐”的心理防御机制，不失为一个帮助人们接受现实的好办法。只是用得过度时，会妨碍人们去追求他们真正需要的东西。

此外，“找借口”也是文饰作用，是指个人将受挫的原因归咎于自身以外的客观因素或可以原谅的主观因素，以避免别人的指责、嘲笑，摆脱内疚而使自己心安理得。

3. 升华作用

升华作用（sublimation）是把不容易实现的欲望，经过改头换面，指向比较高尚的目标和方向。人原有的行为或欲望，如果直接表现出来，可能会受到惩罚或产生不良后果，所以就不能直接表现出来。如一位有强烈妒忌心理的人，看不得别人的成就，但理智又不允许他将这种心理表现出来，于是他可能通过发奋学习，努力工作来试图超过对手。这就是升华。这是最有积极意义和建设性的防御机制。

4. 幽默作用

幽默作用（humor）也是一种积极的心理防御形式。当一个人遭到挫折，处于尴尬境地时，常使用幽默等办法进行自我解嘲，化解困境，以维持心理平衡。如大哲学家苏格拉底有位脾气暴躁的夫人，有一天，苏格拉底正在和一群学生谈论挫折的防卫术问题，夫人突然跑来，大骂苏格拉底，接着又提了桶水过来，从他头上浇下来，使他像只落汤鸡，在场的人和他自己都十分难堪。可是他却轻轻一笑说：“我早知道，打雷之后一定会下雨。”苏格拉底用幽默的行为和语言，就把情况给转化了，大家也摆脱了尴尬，心理上都感到安宁。一些有修养的人，在一定的场合，常常会利用这样的方法，将困难或窘迫转化成轻松和自然。

由此可见，幽默也是一种高尚的心理防御机制。人格较成熟的人，常懂得在适当的场合，使用合适的幽默，这样就可以把一些原来的困难的情况转变一下，大事变小事，渡过难关，可以说是较成功的适应方法之一。

5. 潜抑作用

潜抑作用（repression）是指把不能被意识所接受的欲望、情感和行动在不知不觉中抑制到潜意识中去的作用，这是心理防御机制最根本的方式。

通常来说，心理活动能把一些人们所不堪忍受的内心矛盾、冲动念头、情绪或行动，在被意识到之前，便抑制、存放到潜意识中去，不至于干扰人们的心境。这些潜意识中的欲望、情绪和行为虽不被意识，却可能不知不觉地影响我们的日常行为。弗洛伊德认为，日常生活中的失言、笔误、记忆错误或对某些应该熟悉的事物的遗忘等，都是潜意识中被抑制的内容干扰意识领域而引起的。从心理治疗的角度看，应该帮助病人把它挖掘和宣泄出来，才有益于心身健康。换句说话，所谓潜抑作用是把不愉快的心情，在不知不觉中"有目的地忘却"（purposeful forgetting），以免心情不愉快。它与通常所谓的"自然遗忘"（natural forgetting），即因时间长久而自然忘掉的情形性质不同。至于"压制作用"（suppression），则指有意识地抑制自己认为不该有的冲动与欲望，与潜意识状态下产生的"潜抑作用"有所不同。

例如，有个女孩常常在傍晚时突然惊叫，接着在地上打滚，大吵大闹，有时还做出一些怪动作，像跳舞一样在地板上跑来跑去。她在白天都是好好的，但每当傍晚就如此发作，每次发作一两个小时，夜夜如此，持续了好几个月。家里人莫名其妙，束手无策，就把她带去就诊。当精神科医师问病人最初是如何发生的，为什么发生时，病人一概回答"不知道"，"忘掉了"，"我也不知道是怎么回事，只是每晚到时候就自然发作"。后来，医师给她注射了少量安眠药，让她保持浅眠状态，然后与之谈话，再问同样的问题，结果，病人在朦胧状态中，慢慢地说出她第一次生病的情形。原来这个女孩的父亲非常疼爱她，因此管束得特别严格，不让她随便外出或与男朋友往来。当她生病的那一天，她事先与一位朋友约好出去跳舞，准备到傍晚趁父亲不在时，偷偷地溜出去与朋友会面。不巧，当天晚上吃过晚饭之后，父亲一直坐在门口看报纸，寸步不离，所以她就无法出去赴约。她一方面很害怕父亲，不敢开口向父亲请求外出；另一方面又担心朋友会一直站在外面等她，心里非常着急。在这种越等越急的情况之下，她忽然发作起来：大声叫，大声闹，在地上打滚，四处乱跳。自此之后，每到傍晚时，便自然感到焦灼不安，然后就发作起来，不过对于原来导致发作的情况倒是"忘"得一干二净。

从这位女孩的例子不难了解，她把当时那种痛苦、不愉快的事情，潜意识地、有目的地忘却，不让自己因回想到那天晚上的着急情景而感到痛苦。换句话说，她把那件事情完全"潜抑"下来，让自己也不知道到底是怎么一回事。虽然她把那件不愉快的事情潜意识地忘却了，免得心理上受痛苦，但其所引起的焦灼不安感却仍然部分存在，而且常常以症状的姿态出现。人在睡眠状态时，意识的控制较弱，所以原来被抑制到潜意识的资料，常常会再度出现。

这种"潜抑作用"在我们日常生活中常可见到，只是不被人所注意罢了。比如说，如果我们接到一封信，信的内容使我们觉得不愉快而不愿意回信时，往往会把回信这件事"忘"得一干二净。

在心理治疗过程中，也常常可以发展这种潜抑现象。例如，有位病人很仔细地向医师述说他小时候的事情，从四五岁上幼儿园开始，到他如何进小学、念中学……结婚、成家等，叙述得非常详细。尽管他每次与医师会谈时，总努力试着把过去的生活史详细地告诉医师，但直到几个月之后，才说出自从小时他的父母分居以后，他一直与母亲同床而眠，到15岁才分开。当医生问他为何把这件非常重要的事情一直保留着没告诉医师时，他却大为惊讶地回答说："哦！我没告诉你吗？我以为我已经讲过了……""也许我认为没什么特别的，所以没告诉你……"从表面上看来，也许有人会觉得这个病人是故意隐瞒不讲，也许有人会觉得他就是忘了，没有任何理由。不过，从心理学的观点看来，他并非忘了，也非故意隐瞒，而是因为他对这件事特别敏感，认为自己的毛病是缺乏男子气，而其成因是由于与母亲同床而睡的缘故。心里觉得羞愧、难过，所以，借着心理自卫机制，把有关这件事的记忆，特别是连带而来的不愉快的感觉，一起潜抑到"意识"中去，所以他也会忘了，想不起来。

一般说来，潜抑现象在各种精神疾患中都可以观察到。潜抑的内容进入潜意识后，并非从此偃旗息鼓，而是形成一个"情结"，一有机会便可能会在潜意识中兴风作浪，干扰人的正常情绪，甚至因此表现为无名的焦虑。比如，有一位女大学生，非常讨厌追求她的一个男生。可是这个男生并未感觉到，仍不时纠缠她。一次在饭厅相遇，该男生目不转睛地看着她，这使她非常厌恶，一阵恶心就把吃的饭吐了。事隔两年，待她去向一个研究生表示好感时，遭到了拒绝，使她又发生呕吐，这以后便经常呕吐……原来，呕吐是被压抑下去的反抗和不满情绪所酿成的。那位研究生没有接受她的爱，使她一下子转为厌恶，随即发生呕吐，过去的那件不愉快的事情在其潜意识中依然存在，并不时通过其他方式表现出来。

某些妄想病患者常把自己无法接受的欲望，如对他人的怨恨潜抑下来，不让自己意识到，然后"外射"到众人身上，反而相信别人对他有敌对心，产生被害妄想。以使用潜抑作用为其特征的，要算解离症或转化症（合称为癔症）了。这种病人常把内心难以接受的冲动与欲望潜抑下来，甚至人格解体（depersonalization），不觉得是自己，或者变成另外的人（多重人格症），产生心因性的记忆丧失，把某个时间所发生的事情选择性地遗忘。上面所描述的间歇性发生惊叫、乱闹的女孩子，便是癔症的例子。

6. 反向作用

"反向作用"（reaction）是以"矫枉过正"的形式处理一些不能被接受的欲望与行为。因为人的许多原始的行动及欲望，是自己和社会规范所不能容忍、不能许可的，所以常被压抑而潜伏到潜意识中去，不为自己所觉察。但这些潜意识仍随时在伺机蠢动。人们为了防止它们可能会突然冒出来，不得不加以特别防范。例如，有些人对自己憎恨的对象反而特别温和或过分热情，这正是他在无意识中用反向的做法去掩盖自己的本意，以免失控而产生不良后果。举一个例子：有一个2岁多的小女孩，很喜欢吮大拇指，每当被妈妈发现时，妈妈就会责骂她，甚至于打一下屁股。所以这个小姑娘很快就知道啃手指头是不被妈妈所接受的，如被发现，会受处罚。以后她每次见到了妈妈，就把两手放在背后，抢先向妈妈声明道："妈妈，我没吃手指头。"其实，如果她没有吃手指头，手放下来就可以，为什么要藏到背后去呢？这表示她内心有很强的冲动要吮手指头，唯恐手太接近嘴边，会控制不住而将手指头放到嘴里去，为了对抗这种冲动，只好把手放得离嘴越远越好。这个例子显示出，人的某些行为如果过分的话，可能正表示他潜意识中有刚好相反的欲望，反而使人怀疑他在这一方面是否有问题。

虽然内心有一种欲望或冲动，但是因为表现出来会引起不良后果或受到处罚，所以拼命去控制，结果不但不敢表现，反而特别由相反方向去表现，在心理学上这被称为“反向作用”。由于以相反的情感表现，以便掩饰原有的情感，故也称为“反感形成”。这种矫枉过正的反向作用，在日常生活中常常可以观察到。这种作用如使用得适当，则不仅无害，反而可能有助于人的社会适应。不幸的是往往被过分使用，使人不仅不能做他们应做的事，而且耗费许多精力，做他们不想做的事情。举例来说，继母因为不像（也不可能像）亲生母亲一样疼爱子女，所以当孩子做错事、惹麻烦时难免会产生一种厌恶之感。其实，即使亲生父亲有时也会产生这种感觉，否则不会听到有父亲打骂孩子的事。不过亲生父亲打孩子是应该的，可以公开表现他的怒意；而继母则不然，怕打骂孩子或表示讨厌孩子会引起别人批评，所以即使孩子行为确实需要管教——处罚是管教的一部分——也不敢管教，有时反而过分溺爱放纵，以表示我并不是“不爱”他。这样一来，做继母的不但需要消耗很多的精力来抑制自己的怒气和不快，而且要费更多的精力去表现自己“喜爱”孩子。不过，这样矫枉过正的结果，对孩子不但无益，反而有害，孩子娇生惯养，有一天可能变成有问题的少年。更严重的是，孩子会体会到继母的内心是如何地恨他，而一点都不感谢她的“爱”。

这种反向机制内容会在某些神经症病人中表现出来，有的病人怕自己会杀人，因此见到刀剪之类的锐器就会紧张不安，唯恐自己失控而致人于死地。一些自信心很差的病人，常有这种反向机制。

7. 转移作用

转移作用（displacement）是指人们对某一对象的情绪、欲望和态度，限于理智和社会的制约时，便在潜意识之中把它转移到另一个可以替代的对象身上。例如，“迁怒”就是其中的一种。有的丈夫在外受气，回家打妻子，妻子打孩子，孩子踢小花猫，因为被转换，心境也就得到了平复。如精神病中的恐惧症、强迫症都可见到转移作用。此外，发泄作用，即将个人的消极情绪发泄出来，以达到调整心身平衡或治疗的目的，也是转移作用的一种。借题发挥，大哭大喊一通，向他人进行详细倾诉，是发泄的常见形式。

8. 退化作用

退化作用（regression）是指人们遭受挫折时，有时会放弃已经习得的成人方式，而恢复早期幼稚的方式去回避令人烦恼的现实，摆脱痛苦，或满足自己的欲望。例如，成年人在疼痛难忍时叫“妈呀”，就是运用小孩的方式对付疼痛，是一种退行现象。

从心理的观点看，退化主要是为争取别人的同情、帮助和照顾，以减轻心理上的压力和痛苦。有些病人在经过死里逃生的周折之后，从医学观点看身体已经复原，但病人不愿出院，这是因为在经受重大挫折之后，害怕再负起成人的责任以及随之而来的恐惧与不安，而退化成孩子般的依赖。所谓退行现象，乃是日常生活里常见的事情。比如，夫妻恩爱，互相撒撒娇，寻求彼此安慰；父亲与孩子捉迷藏，像个小孩似的在地上爬。这种短时间、一时性的退行，不但是正常的，而且是极其需要的。

假如一个人遇到困难时，常常“退行”，使用较原始而幼稚的方法应付困难，或利用自己的退行来获得他人的同情和照顾，用以避免面对的现实问题或痛苦，则其退行现象属于一种心理防御机制，被称为“退行作用”。如果在小时候遇到困难时，常发生头痛、肚子痛、手脚麻木等现象，而一头痛就可以不去上学，肚子一痛就不用考试，手脚一麻就会得到父母的特别照顾；结果长大以后，遇到不能应付的困难时，就容易“退行”，采用同样的方法处理，“产生”头痛、肚子痛等现象，借以避免处理现实的困难。这种退行作用在癔症（歇斯底里，hysteria）或疑病症（hypochondriasis）的病例中可以特别清楚地观察到。

9. 投射作用

投射作用（projection）是指将自己不喜欢的，或不能接受的性格、态度、意念或欲望，转移到别人身上或外部世界去。广义的投射泛指各种内在心理的外在化，而所投射的心理活动并不限于意识所排斥者。有些人自己有某种恶念及不良欲望，坚信别人也有些欲望，以此保持心境的安宁。“以小人之心度君子之腹”即可说明这种投射。比如，有的人自私自利，却认为人人都是自私的；有的人爱说谎话，却断言别人也不诚实；另有新欢的男人常常怀疑自己的妻子有外遇。这样，他把自己的缺点转移到别人身上，在无意识中也减轻了自己的内疚感，并且维护了自己的尊严和安全感。很明显，这是一种自欺欺人的挫折防御机制，是有害的。在心理测验的投射性检查（如 TAT 或罗夏墨迹测验）中，病人常可通过投射暴露自己的真实的心理状态和欲望，这种检查可帮助医生找出病人心理的症结所在。

10. 幻想作用

幻想作用（fantasy）是指人们遇到挫折时，因无力处理这些问题，在幻想中来处理心理上的纷扰，让欲望得到满足，使自己脱离现实，如“灰姑娘”型幻想。青少年常以“白日梦”的形式在幻想中满足某种欲望，但如果一个成人经常采用这种方法来应付实际问题，就是人格不成熟甚至是精神疾病的表现。

幻想作用与退化作用较为相似。一个在现实里备受欺凌的女孩，可以想象她自己有一天会碰到一位英俊的王子，后者会拯救她脱离苦境……这是西方童话“灰姑娘”的幻想。如果一个男孩觉得处处受大人限制和委曲，往往会沉醉在“孙悟空式”的白日梦里，认为自己有七十二变的能力，谁也管不了。对能力弱小的孩子来说，以幻想方式处理其心理问题，是正常的现象。但如果一个成人仍然常常采用这种方式应付实际问题，就是毛病了。特别是当他对现实与幻想分不清楚，把二者混在一起时，很显然就是病态了。

幻想作用多为儿童期经常采用的受挫心理防御机制。当儿童遇到难以解决的问题时，常常用幻想的方式来达到内心的满足，有时还把幻想的内容和情景低声唠叨出来。如受到孩子欺侮后，就幻想自己变成了大力士、拳击手，正在用拳头狠狠地揍着欺侮他的人。有时又幻想自己变成孙大圣，谁也不怕。受到父母的责骂，就幻想自己如何离家出走，父母由于找不到自己如何焦急，甚至后悔万分。显然这种心理防御机制很幼稚，若成人遭受挫折也常用这种方法来自我解脱，轻者可谓精神胜利法，重者就应该求助于心理医生了。也有不少少男少女因不满自己的家庭，看不惯自己的父母，常常幻想自己实际出生于某一富贵家庭，因某种原因被寄养在养父母家，将来终有一日会回到那富贵的亲生父母家里去。特别是亲生的父母去世或离婚，而被继父母冷落的孩子，往往会幻想他失去的父母是多么好、多么慈爱等等，把失去的父母想象为很理想的父母。这种把失去的东西想象成完美理想的东西，而把其想象出来的好印象留在脑子里的现象，叫做“理想化作用”（idealization），常见于幻想作用之中。

11. 曲解作用

曲解作用（distortion）是指对客观事实进行歪曲，以达到符合自己的心理需要的目的。曲解是许多防御机制的共有成分，因此是一种根本的防御反应方式。采用这种机制者不仅歪曲事实而且相信实际就像曲解的那样。因曲解作用而呈现的精神现象，以妄想最为常见。妄想是把事实曲解，并且坚信不疑。如相信有人危害他，配偶对自己不忠，夸大性地相信自己是神、是皇帝等。精神病人中常见的夸大妄想或幻觉可被视为曲解作用的极端应用。

12. 摄入作用

摄入作用（intrjection）又称内射作用，是和投射作用相反的一种防御机制。摄入作用是指广泛地、毫不选择地吸收外界的事物，而将它们变成自己内在的东西，如“近朱者赤，近墨者黑”。如当人失去他所喜爱的人时，常会模仿所失去的人的举动或喜好，以慰藉内心因丧失所爱而产生的痛苦。相反，对外界社会或他人的不满，在极端情况下会变成对自己的自责，因而产生抑郁症和自杀行为。内射机制的特点是广泛而无选择地吸取所有外界的东西。一些有心理疾病的患者把自己生病的原因归咎于“前世作孽”，是上帝对自己的惩罚。有些心理学家认为，抑郁者的自伤、自杀行为正是由于其对自身的过分自责，把对外界的厌恨转向自己的缘故。

13. 理想化作用

理想化（idealization）是指将个人所崇敬的人或事物完美化，而忽视其实际存在的缺陷或问题。经常因为承认崇拜者不足或问题而引起内心的不安，故以虚假的想象来粉饰现实，对领袖的神化就是一例。

正在结交异性朋友的青年人，在看到对方有自己所欣赏和重视的方面的同时，也发现对方有不少缺点或问题，这就容易引起心理冲突。是继续发展下去还是到此为止呢？处理这种心理冲突的常见防御机制是，极力将对方美化，以致缺点成为无关紧要的甚至等于不存在，这样，刚刚萌芽的爱情便迅速向深度发展。所谓“情人眼里出西施”，便是理想化机制的生动写照。

例如，一位女孩写信给弗洛伊德说，我与他约会时应该如何表现呢？严肃还是活泼？表现聪明伶俐，还是故意装傻？哪种表现更能使他喜欢我？见面时老是谈论关于他的事，还是一个劲儿谈论我自己，哪一种表现更好？弗洛伊德未作书面答复而约女孩面谈。晤谈时，弗洛伊德告诉她，在见面前制订计划也许根本没有必要，与男友见面时，最好是把自己自然地表露出来，本来是个什么样的人，就表现出什么样。那女孩听了，立即断言“那不行”。接着便对弗洛伊德发表长篇议论，论证和说明使自己适合别人的爱好和期望之必要性。她认为，只有那样，“才能保证达到他爱我，而要是他不爱我，我就无法再活下去了”。弗洛伊德认为，这是理想主义的典型表现，既把男友理想化了，也力图将自己理想化（A. Freud，1936）。

理想化的表现之一是，把感官享乐视为邪恶，这种禁欲主义蕴涵的道德观常能使克制自己的人感到高人一等。当然，优越感的满足并不能使人在道德上真正高尚起来。物极必反，理想化防御一旦失败，就可能导致对自己或别人的过分贬低。

14. 补偿作用

补偿作用（compensation）是指人们因为生理或心理上有缺陷而感到不适时，企图用各种方法弥补这些缺陷，以减轻不适感，从而获得心理平衡。引起这种心理不适的因素，可能是生理上的或客观现实中的缺陷及不足，也可能是自我主观认识上或想象中的。如患小儿麻痹的人心灵手巧，盲人的触觉、听觉极其敏锐等。补偿是一种潜意识的表现，如生活在多姐妹而无兄弟家庭中的男孩子，由于其举止像女孩子，而遭到同学嘲笑后，他会突然想表现自己是个男子汉，想以此证明自己是真正的男人，从而产生补偿。

补偿作用使用得当，对维护自身形象及心理健康极为有利。运用不当或过度，则会产生负效应。有报道说，一位母亲，在朋友的劝告下到心理门诊求治，她有三个孩子，老大、老二念中学品学兼优，做母亲的对他们的教育得心应手，效果较好。唯有老三已 7 岁，顽皮异常，经常惹祸，母亲对他束手无策，无计可施。这位母亲说：“我最疼爱这个孩子，有好穿的让他先穿，有好吃的让给他吃，打他下不了手。”经过数次会谈，才发现做母亲的曾因身体虚弱，生了两个孩子后便不想生了，但又意外怀了孕，自己吃了些药想打胎，却没有成功，只好作罢。结果孩子生下以后，体重不足，长大了些又常常生病，做母亲的总感到有愧于他，认为自己没有资格做他的母亲，所以为了补偿自己的罪恶感，便对这个孩子格外溺爱，要什么给什么，要怎么样就怎么样，孩子受娇纵，就产生了行为问题。经过心理医生的分析，母亲认清了自己因过分溺爱儿子反而害了他，便一改往日作风，对此子严加管教，不久孩子的问题就消失了。

20 世纪 80 年代，被誉为保尔·柯察金式英雄的山东姑娘张海迪，也是一个在挫折面前不屈不挠、积极补偿而获得成功的典范。

补偿作用对于缓解受挫的损失感，防止心理压力过大，具有一定的积极意义。但是，并非所有的补偿都具有积极的价值，关键在于新的目标和活动是否符合社会规范，是否有利于社会、他人和自身。比如，有的人丢失钱物后，却以偷取别人的钱物来补偿。受挫者必须以新的符合社会规范的目标替代原来的目标，这样才能获得积极的补偿。否则，即使获得了暂时的心理平衡和满足，也无助于自身的健康发展，甚至还会导致犯罪，危害社会和他人。

可见，补偿作用能形成一种强有力的成就动机和有效能的力量，以适应人们改正自己的缺陷。补偿作用还可以增进安全感、提高自尊心以及维护心理健康水平。但是过分的补偿则并不利于心理健康，有时甚至会导致精神变态。

15. 同一化

同一化（identification）又称自居作用，是指人们在潜意识状态下力图把自己变得跟他人相似，甚至以他人自居。

例如，在不知不觉中，男孩模仿父亲，女孩模仿母亲，这可以促使儿童的性格逐步成熟，特别有助于男女性别的发展。有时候，人们会潜意识地模仿自己所羡慕的人，“东施效颦”就是例子。这种防御机制在青年学生中表现极为突出。据调查，大、中学生常常把一些历史名人、学术权威、英雄模范作为自己的认同对象，尤其在遭遇挫折时，常以此为榜样来鼓励自己奋发进取。这是应该积极鼓励的。

但如果像日本心理学教授多湖辉所讲，自己对某些所羡慕的人存在发自内心的自卑感，于是就试图模仿该对象的职业、身份、才能、态度、言词、服装等，而心底又隐藏着嫉妒，这种认同是不健康的。在现实生活中，还有另一种认同或自居现象，即有的人在自己处境难堪时，常常借父母、兄弟、夫婿、子女等之贵，以我是“某某长之子”、“某某主任的亲属”等而自居，在别人面前炫耀、显威，以势压人。这是令人鄙视和不以为然的。

需要强调的是，我们这里所说的认同或模仿，是人们受到挫折后无意识产生的，它和有意识地学习明显不同。例如，有这样两姐妹，姐姐说话时常用一个手指推一下鼻梁上的眼镜，妹妹并不戴眼镜，但妹妹谈话时，也常用一个手指点一下鼻梁。这就是仿同作用。弗洛伊德讲过一个有趣的例子：一个女校读书的女生看到一个男孩写给她的情书而晕倒，其他的女孩也一个个晕过去了，她们无意识的动作表明：“我也愿意得到类似的情书。”模仿也常可满足人们内心的某些欲望及适应某些情境。不恰当的同一化会导致病态，如精神病人自称是伟人或电影明星等。

16. 隔离作用

隔离作用（isolation）是把部分事实从意识境界中加以隔离，不让自己意识到，以免引起精神上的不愉快。最常被隔离的是整个事情中与事实相关的感觉部分。如人不说死而说“仙逝”、“归天”、“长眠”等，从感觉上来讲就不是那么直接与悲哀、不祥相联系。女孩子在谈恋爱时，不好说“我爱你”，改说英文“I love you”，其实意思一样，却减少了许多肉麻的感觉，但都不外是利用“隔离作用”来传达意思与情感。在心理治疗中，医生如果注意发现病人使用隔离作用的现象，可帮助找到病人的重大心理问题。因为病人在潜意识中所要掩饰的，正是心理治疗可能针对的问题。

17. 抵消作用

抵消作用（neutrulisation）是指以某种象征性的活动或事情，来抵消已经发生了的不愉快的事情，补救心理上的不适与不安。例如，我们无意识中做了对别人不礼貌的举动，赶快说一句“对不起”或“请原谅”，于是心理上就得到了安慰，以抵消对不起别人的举动。过年的时候，我国的习俗是最好不要打破东西，不要讲不吉利的话，否则这一年运气都不好。万一打破了碗，则家里的老人们会忙不迭地说“岁岁平安”，取“碎”与“岁”的同音来象征岁岁都平安。

有时候，这种象征的动作，不是用来弥补已经发生的事实，而是用来抵消自己内心的罪恶感，或自己以为邪恶的念头。如妈妈照顾小孩时，不小心让小孩碰到了门或撞了桌子而哭起来，做妈妈的常常会打门、打桌子来哄小孩。其实并不是做大人的相信门或桌子真会撞人，而是打门或桌子会帮助小孩，这种举动只不过是因为内心不安，觉得自己对孩子照顾不周，故总得做一些事情来象征“我也尽力了”，以抵消其内疚。古时的草莽英雄，如果做了自己认为不该做的，如杀了无辜的人，往往会“洗手”以象征自己的清白。据说古时候有一个人，听了不道德的言语，便去洗耳朵，以象征未被玷污，这些都是抵消作用的例子。

第四节　挫折、冲突、压力的应对方法

心理防御机制有时能帮助我们解除日常生活中的一些烦恼和痛苦。但是在严重的焦虑、抑郁或烦恼时，由于它存在某种程度上不自觉地欺骗自己的性质以及对现实的歪曲的性质，因而难以成为真正有效的适应、解决问题和解除痛苦的方法。所以学会一些常用的心理调节方法，特别是在对学生的心理辅导中，教学生一些常用的心理应对的方法是完全可行的。

一、宣泄法

宣泄法又称疏泄法，是常用的心理调节方法之一。它主要是让心态失衡者把心中的苦闷或思想矛盾以科学的方法倾诉出来，以减轻或消除个体的心理压力，避免引起个体的精神崩溃，使之更好地适应社会环境。

这种方法不但对神经症、心因性精神障碍、情绪反应性精神疾病有较好的疗效，而且对心身疾病的治疗亦有好处。当个体受到精神创伤、挫折、打击之后，应该采取积极的措施，排除负面情绪的干扰。生活中凡是能够得到及时的、科学的精神疏泄，达到"心理净化"、心态平衡平静的人，能自然而然地医治、防止、截断、减少心身疾病的发生与发展，对心身健康有很好的保健作用。

一般而言，宣泄法包括以下几方面。

1. 写作宣泄法

不论是文学创作还是诗歌创作，都是作者心灵的外化。有人说生活中没有痛苦，没有愤怒，没有不安，没有喜、怒、哀、乐……就不会有文字，也不会有诗。

当人的内心充满着矛盾，矛盾酝酿到内部载体超负荷时，就一定要排解，排解的方式即所谓外化。"疯"是外化，"哭"是外化，而作家、诗人的外化途径就是写作；于是就创作出小说与诗歌，可以说，诗人的不安与不安的诗情是疏泄作家心绪的一种途径。

2. 言语宣泄法

言语宣泄法是指运用哭、笑、骂、喊、谈、聊等语言以宣泄心中不快的方法。

关于哭，古人曰："有声有泪谓之哭，有泪无声谓之泣，有声无泪谓之号。"① 不论何种形式，哭是人体对不愉快情绪的正常反应和表现，是个体内心痛苦的外露，也是一种精神发泄。郁闷和痛苦可以伴随哭倾泻出来，哭后人们顿觉心理畅快，有"如释重负"之感。特别是痛哭一场之后，这种心理效应会更明显。

从生理上讲，哭可以改善呼吸和循环，伴随全身肌肉的战抖，大哭之后，机体可获得一种快感，特别是心胸憋闷、不适等症状会随着哭的宣泄而缓解。

哭的同时伴有流泪，流泪可以促使应激状态下的机体产生一些化学物质，这些化学物

① 施耐庵：《水浒传》第二十四回。

质有利于体内化学物质的平衡，同时通过泪水将体内的毒素排泄出来，也有利于健康。因此，在真正悲痛时，可以哭，有感必发时，一定要哭，而且要哭出声来。千万不要强制不哭，因为哭既是一种生理调节，也是心理发泄的需要，是一种心身自我保护的措施。而俗话说的“男儿有泪不轻弹”是不利于健康的，不论是男人还是女人，成人还是小孩，该哭则哭，绝不要强忍悲愤。当然，一个人若是经常哭泣，一方面说明他（她）有尚未排解的内心痛苦，另一方面对健康亦没好处。因此，在遇到难以忍受的悲愤时，要选择自己的疏泄方式，不要一味地哭。也就是说，哭虽然是一种宣泄痛苦的方法，但并不是唯一的方法。

谈与聊疏泄法是指通过谈话聊天的方式进行宣泄。“人有悲欢离合，月有阴晴圆缺，此事古难全。”如何对待人生的不测风云、旦夕祸福，答案是畅所欲言，理智地倾诉。当你遇到不顺心和烦恼的事情时，不要把痛苦埋藏在心底，而要将这些烦恼倾诉给你所信赖的人、头脑冷静的人，包括你的父母、领导、爱人、挚友、老师、同事等。作为一名亲友、同学、老师或医生，在同患者谈心聊天时，要以同情心、耐心、不失人情地以情胜情，使患者达到理明心治。

自言自语疏泄法，亦称自我谈话法，也是一种消除紧张的有效方法。当一个人坐在某处旁若无人地自言自语或是大喊数声时，人们总觉得这个人可能发“神经”了，由于这种错误的认识而误导了很多人不用这种健康的调节方法。其实，自我交谈也可宣泄心中的不满、郁闷、愤怒、悲伤等不良情绪，它有助于消除紧张，恢复心理平衡。当你思虑重重时，可以找个僻静的地方听听自己的谈话，把自我担心和忧虑的事情讲出来，把压在心头上的痛苦讲出来，从而达到内心的平衡。

德国的心理学研究认为，自言自语有以下作用：一是自己的音调有一种使人镇静的作用，有一种安全感和人际接触的感受；二是可以终止思虑，终止混乱的、苦思冥想的内心对话；三是可以冷静地澄清一些矛盾和冲突，避免矛盾激化。在生活中，面对各种不良心境的困扰，而又没有合适的倾诉对象时，就可以选择此法，也不无裨益。

喊叫疏泄法，是指激情难以控制，不能冷静宣泄时，采取的一种无损于他（她）人的不太文雅的宣泄方法，发脾气就是其中的一种。实在不会发脾气时，自喊自叫几声也无妨，这样也能起到宣泄作用，内心也会感到舒畅一些。

骂虽属语言宣泄的范畴，但由于骂人最易激发对方的愤怒，互骂极易促使矛盾激化、激情上涨，以至引发冲动行为发生，故这种疏泄方法要尽量少用或不用。实在想骂时，可自言自语地骂几声、咒几声，既宣泄了心中的愤怒，又避免了矛盾激化。

群体的宣泄方法，可采取座谈会、生活会等形式，让群众畅所欲言，大胆地提意见、谈看法，领导要诚恳地接受批评，改进作风，增加透明度，做一些必要的解释，形成一种人和气顺的好环境，有利于群体心理平衡的建立。

3. 行为疏泄法

行为疏泄法，是指通过机体的外显活动宣泄心理紧张、心中愤怒的一种方法，如运动、舞蹈、摔打等。尽管有打人、毁物等不文明的行为，不应提倡，但也可以起到缓解愤怒、宣泄不满的效果。

摇滚疏泄。当今越来越多的青年人痴迷于在流行音乐构筑的情感世界中寻找一种宣泄。摇滚之所以“火”，就是因为摇滚乐是青年人内心痛苦、困惑的自我流淌。摇滚乐的内容是真实的音乐，是那些敢想、敢说、敢哭、敢喊、敢叫、敢骂的真实的年轻人的音乐。摇滚不仅表达了城市青年的真实感受，也鞭挞了虚伪的都市生活，它所宣泄的是他们的心里话。摇滚之所以可以达到宣泄的目的，是因为它的歌词不掩饰、不炫耀，舞步刚健，节奏明快，能起到一种情感发泄的作用。

摔打疏泄，是一种不文明的行为，多由不良刺激太突然、剧烈所致。明智的行为疏泄法以不伤害自己与他人为原则，要么对着墙壁、大树任意地捶打一番；要么原地踏步，使劲跺脚；要么将不值钱的东西该摔则摔，该毁则毁。职业不同，行为发泄方式也不同，有的人在家拼命地干家务，如拖地、洗衣服以发泄；而有的人，如厨师，则在工作中挥刀砍剁以发泄；运动员拼命地长跑、踢足球以发泄；农民耕耘锄草以发泄。总之，认识水平不同，职业分工不同，心理素质不同，刺激源强弱不同，表现出的行为发泄方式也不同。

大声唱歌，也是一种宣泄的方法。在你感到十分压抑或很难过的时候，不妨也放声高歌，唱那些平时你喜欢唱的又好听的歌曲。在紧张考试前，有的学生就是用唱歌来减轻压力的。

二、体育疗法

不论是现代体育运动，还是传统体育运动，都种类繁多，内容丰富，有文有武，有动有静，对人们的强身保健、调节情绪、平衡心态、防治疾病，都有着不可低估的作用。

按照运动心理学家的解释，当人的精神集中在身体动作上时，心灵的压抑开始解除，可以摒弃焦虑、悲愤，可以诱导人的创新意识，所以说，运动是抗抑郁剂，可以抵抗与压力有关的负性情绪，可以宣泄心中的急躁、焦虑……可以调节自我的心态。

据研究，人脑有一个愉快区，而愉快区就位于大脑的右半球，思维区则在大脑左半球，人在进行运动时，大脑左半球逐渐受到抑制，而右半球则逐渐取得支配地位。所以运动可以使人忘记忧愁烦恼，尤其是一些集体组织的娱乐性运动，可以使压抑的心境予以发泄，敌对的心境予以缓解，忧伤、烦恼得以排遣。一般观察表明，高昂的情绪、愉快的心境在运动后可维持12～26小时，即使是几天以后回味起来，也有一种说不出的惬意。另外，体育运动可以消耗体内的肾上腺素以促进身体内环境的平衡。

但是要注意，每次运动前都应该进行准备活动。不要在过冷或过热的外界环境及空腹状态下进行活动。一般运动后，大多数学生都会出现睡眠改善、饮食增加和情绪改善等良好的反应。否则就可能与运动量过大或过小有关，应该及时调整运动计划。

三、遗忘法

人的一生面临的挑战和痛苦实在是太多太多，且不说生老病死给人带来的无奈和恐惧，光是发生在日常生活中的朋友反目、同事争斗、夫妻争吵、亲友离别、事业挫折等加在一起，就能让人身心憔悴，甚至会发出生不如死的感慨。

心理学研究发现，人的心理承受能力是有限度的，面临的冲突事件太多，就会烦躁不安，紧张惶恐。一个人受到的不良刺激越多，此人的情绪就会越低落。现实中不少人终日生活在对往事的痛苦回忆中，反复品尝过去受到的挫折，想得越多，心情就越忧郁，对现实也就越不满，心里就越不平衡，而明天又会品尝起今日的颓废，陷入恶性循环。要打破这个不良循环，就要学会遗忘。主动遗忘是一种能力，也是减轻心理负担，进行心理保护、心理调节的方法。

四、自嘲法

在现实生活中，人们常常会遇到一些让自己尴尬或难堪的场合，这时，如果一味埋怨别人，躲避现实，往往会使自己的心态越来越坏。心理学家建议，在这种情况下，不妨试着自我调侃，通过自我贬抑达到出奇制胜的效果，从而使自己的心理达到一种高层次的平衡。这种方法，在心理学上亦称自嘲法。

心理学研究发现，人在突发事件面前，往往会心理失衡，并经常表现得手足无措，倘若这时与突发事件较劲，反而会使突发事件继续恶化，使人心理更加失衡。这时，就不如一嘲了事，既掩盖了窘态，又不失体面。

五、转移法

当自己的心情抑郁或烦闷时，可以通过转移注意力的方法来调节情绪。通过改变自己的活动方式或内容，使自己从烦恼中解脱出来，从而达到缓解压力和紧张的目的。也可以从痛苦的环境中自我撤退，暂时换个地方，改变一下环境。

六、静心法

练书法和读书都是很有效果的静心方法。当遇到挫折陷入自悲或心烦意乱时，不妨拿一本名言集，或者喜欢的诗歌、文章等来抄写几遍，就能收到“心静如止水”的效果。经常抄书练书法，心中的烦意就会消失，因为抄写的时候，必须全神贯注于文字的结构和笔法的运用，自然无暇顾及其他。练习书法不仅能使情绪安定，注意力集中，而且还能增加才干，提高自信。

读书有利于心理保健，能促使人的心态平衡，这是生活中已经证明了的事实。读书可以养性，可以熏陶或改变一个人的气质和性格。另一方面，读书还可以解郁。指导学生有选择性地朗吟慢读，可起到调节情绪、平衡心态的作用。

七、幽默法

幽默法也称“喜乐疗法”或“喜剧疗法”。它是一种有目的、有针对性地用微笑来调剂，把获得的幽默效果作为调节自己心理状态的一种方法。这对于培养学生的良好性格，陶冶情操也是十分有利的。在生活中，即使没有心理障碍的正常人，笑口常开也有利于健康，因而有“笑一笑十年少，愁一愁白了头”，“谁会笑，谁长寿”之说。

八、暗示调节法

自我暗示法是指通过有意识地将某种暗示给自己，从而对情绪和行为产生影响的方法。它对于比较自卑的学生十分重要。那些长期处于烦恼或压抑环境中的人，可以用这个方法不断地告诫自己想开些或快乐一点。

九、“鼻孔”调节法

平时的呼吸并不是两个鼻孔同时均匀地进行，而是左、右鼻孔交替为主进行呼吸运动的，对人体会产生不同影响。以右鼻孔为主进行呼吸时，人的大脑会发生兴奋，使神经系统进入紧张状态。

人在工作或学习时，只要身心投入，多半以右鼻为主进行呼吸；情绪剧烈波动时也这样。而以左鼻为主进行呼吸时，大脑会趋于平静安宁，使神经系统进入轻松状态。

知道了上述原理，我们可以有意识地去运用“鼻循环”来调节智力。当你在情绪不佳、智力下降、烦躁不安，注意力不集中时，可以用堵塞右鼻孔的方法，使呼吸变为以左鼻孔为主，这样可使人的思维能力渐渐加强，注意力能很快集中起来，起到健脑改善智力的作用。

在考试前情绪紧张，神志不宁，难以正常发挥应有智力水平时，此法亦有极佳效果。具体做法是，用棉球堵塞右侧鼻孔；过几十分钟后放开，5～10 分钟后再堵上左鼻孔。如此反复数次。在考试时，可轮流堵塞，放开左、右鼻孔，以加快智力调节速度。

十、戏剧法

戏剧法同舞台表演形式，将学生的心理问题编写成剧本，让有问题的学生自己来当主角，使其在演戏的过程中尽力发泄自己被压抑的思想和情绪。这是学校心理辅导的一种形式，导演是心理辅导工作者，配角学生是演员。

十一、沐浴疗法

现代生活的快节奏，人际关系的复杂化，使得许多人出现了医院检查正常、个体感觉难受的症状，如紧张、精神疲劳、情绪不佳等。消除这类症状的方法除以上介绍的方法外，还有一种简单易行的方法——沐浴疗法。沐浴包含着多种心理保健因素。

首先，沐浴可以消除紧张状态。这里所讲的紧张状态，主要是指紧张的心理状态。在生活中，一些人很容易紧张，遇一些小事、生一些小气就坐立不安，睡眠不宁。要消除这种长期积攒下来的紧张，可洗长时间的温水澡。在黄昏时分，在 39～41℃左右的温水池中，慢悠悠地浸泡 20～30 分钟，可达到消除心身紧张的目的。沐浴后，不仅全身的肌肉放松了，更主要的是个体的心境放松了。

其次，沐浴可以消除精神疲劳。浸泡在 40℃左右的浴缸中，洗 30 分钟以上，有消除精神疲劳、安定和镇静作用。尤其是在水中加点醋，不仅能起到杀菌作用，而且在沐浴后会感到格外爽快、轻松，精神和身体的疲劳顿消。

最后，橘皮浴可以舒畅情绪。在心态不佳时，可洗橘皮浴。橘皮浴就是将橘皮用沸水冲泡 10 余分钟后加入浴缸中。因橘皮有挥发性香味，故浴水有一种清香感，更主要的是橘皮有理气作用，通过温热作用的传递，有类似于服用橘皮后的效果，即精神爽快，心情舒畅。

十二、理智控制法

对挫折引起的心理压力、烦恼，可以通过智力活动得以正确的、客观的认识，从而控制和指导自己的情绪及行为，避免盲目冲动。如在受到老师的误解时，学生常常会非常苦闷和烦恼，也会有许多极端的想法。假如能听别人的劝告，理智地思考，冷静地对待，就可以减轻痛苦，进而通过情感的升华，消除自己的烦恼。

十三、增耐法

每一个人都应该有一定的耐受力，而耐受力的增长主要是后天形成的。我们都有这样的经验，在学校被称为"差生"的人走上社会后，一般的挫折是压不垮他们的。而优等生的耐挫力一般不如"差生"。一个从小受到良好教育又在生活中经受锻炼的人，应对挫折的能力就强。所以，加强培养学生的克服困难的毅力，是十分必要的。

第六章

心理咨询的技术和方法

第一节　心理咨询概述

一、心理咨询概念

心理咨询已经成为大众的一个流行语，人们对它的理解没有太大的歧义。但也有许多人对此感到十分新鲜，给心理咨询蒙上一层神秘的色彩。一部分人将什么问题都归于心理咨询，因此，科学地对待心理咨询非常必要。

咨询在英文中有两个词来表达，一个是 consultation，另一个是 counseling。根据《牛津英汉双解词典》，consultation 多指解答疑难，回答问题。Counseling 多指通过心理学的方法，启发当事人的潜力，从而度过困境，有所进步。这一词含有商讨、会谈、征求意见、寻求帮助、顾问、参谋、劝告、辅导等意思。按国内的惯例，对于学生称为辅导，而对于一般人称为咨询。

里斯曼（D. W. Riesmen）认为："咨询乃是通过人际关系而达到的一种帮助过程、教育过程和增长过程。"帕特森（C. H. Patterson）认为："咨询是一种人际关系，在这种关系中，咨询人员提供一定的心理气氛或条件，使咨询对象发生变化，做出选择，解决自己的问题，并且形成一个有责任感的独立个性，从而成为更好的社会成员。"

到底什么是心理咨询，似乎至今尚无公认的定义，中外不同学者都有各自的说法。

罗杰斯（C. Rogers，1942）将心理咨询解释为，通过与个体持续的、直接的接触，向其提供心理帮助并力图促使其行为、态度发生变化的过程。

威廉森等（1949）将心理咨询解释为，A、B 两个人在面对面的情况下，受过心理咨询专门训练的 A，向在心理适应方面出现问题并企求解决问题的 B 提供援助的过程。这里的 A 就是咨询师，B 就是求助者。

沙夫（ Richard S. Sharf）在《心理治疗与咨询的理论及案例》一书中提出："定义心理治疗和心理咨询相当困难，因为对于它们的定义及两者之间是否存在差异没有什么一致的看法。"他的涵盖心理治疗和心理咨询两者的简要定义如下：心理治疗和心理咨询是治疗师或咨询师针对一个或多个求助者存在的心理与行为问题，进行讨论和疏导。这些问题可能与思维障碍、情感痛苦或行为问题有关，治疗师可能使用人格理论与心理治疗或心理咨询的理论与知识来帮助求助者改善其功能。治疗师的助人方法必须得到法律和伦理道德的许可。

陈仲庚（1989）认为，心理咨询就是帮助人们去探索和研究问题，使他们能决定自己应做些什么。心理咨询应明确三个问题：（1）待解决问题的性质；（2）咨询师的技术；（3）所要达到的目标。

朱智贤主编（1989）的《心理学大词典》将心理咨询定义为，对心理失常的人，通过心理商谈的程序和方法，使其对自己与环境有一个正确的认识，以改变其态度与行为，并对社会生活有良好的适应。心理失常有轻度的、有重度的，有属于机能性的、有属于机体性的。心理咨询以轻度的、属于机能性的心理失常为其范围。心理咨询的目的就是要纠正心理上的不平衡，使个人对自己与环境重新有一个清楚的认识，改变态度和行为，以达到对社会生活有良好的适应。

李维主编（1995）的《心理学百科全书》中对心理咨询的定义做了如下说明："咨询者就访谈对象提出的心理障碍或要求加以矫正的行为问题，运用相应的心理学原理及其技术，借助一定的符号，与访谈者一起进行分析、研究和讨论，揭示引起心理障碍的原因，找出行为问题的症结，探索解决的可能条件和途径，共同协商出摆脱困境的对策，最后使来访者增强信心，克服障碍，维护心理健康。"

李心天（1991）主编的《医学心理学》中认为，心理咨询是来访者与从事心理咨询工作者之间，就来访者提出的问题和要求进行共同分析、研究和讨论，把整理出来的问题进行分类、定性，找出问题的症结，经过心理咨询者的启发和指导，共同协商，找出摆脱困境和情绪危象的方法，以克服情绪障碍，恢复与社会环境的协调适应，维护心身健康，使之生活幸福美满。

钱铭伯（1994）认为，心理咨询是通过人际关系，运用心理学方法，帮助来访者自强自立的过程。这种定义基本上是全盘接受了西方学者的观点。

张人俊等（1987）对心理咨询下的定义是，心理咨询是通过语言、文字等媒介，给咨询对象以帮助、启发和教育的过程。心理咨询可以使咨询对象的认识、情感和态度有所变化，解决其在学习、工作、生活、疾病和康复等方面出现的心理问题，从而更好地适应环境，保持身心健康。

马建青（1992）在其《辅导人生——心理咨询学》一书中，把心理咨询定义为，运用有关心理科学的理论和方法，通过解决咨询对象（即来访者）的心理问题（包括发展性心理问题和障碍性心理问题），来维护和增进身心健康，促进个性发展和潜能开发的过程。

赵耕源（1987）在《综合医院心理咨询》一书中提出，我国的心理咨询概念是：向已经有了心理刺激而尚未发病的人，或已有某些心理疾病（变态心理）或躯体疾病的人进行心理指导，通过耐心细致的交谈，帮助他避免或消除不利于心身健康的心理社会因素，或认识这些心理社会因素在已发生疾病中的作用，因此能增强其对心理刺激与冲突导致疾病的防卫能力，减轻已经发生疾病者的心理负担，树立起对疾病的治疗信心，从而能预防某些精神病、神经症或心身疾病的发生，使工作、学习、生活更美满，或促使病者向良好的方向发展。

综合上述，我们认为心理咨询的概念包括以下要素。

（1）心理咨询是一种特殊的人际关系。咨询是一种人与人的交往，是心理与心理的接触。心理咨询所采取的任何心理理论和方法都必须通过人际关系来实现，有了良好的人际关系才能达到帮助来访者的目的，没有这种关系，改变是不大可能发生的。

（2）咨询活动是在心理学有关的理论、方法指导下的活动。来访者可能有各种各样的问题，不能通过说教和用一般的医学知识解除障碍。只有在可靠的心理学理论、方法的指导下才能帮助解除心理问题。

(3) 咨询本身是一个过程。心理咨询是咨询者与来访者的一种人际活动，是共同探讨、研究、实现目的的一个过程。这一过程包括十分复杂的心理活动。这个过程有特定的程序、方法、技术和手段，有一定的时间要求。所以咨询的过程不可能通过一两次就解决问题。

(4) 咨询的过程是一个学习的过程。来访者在咨询者的引导下，逐渐全面认识自己，从而自己能渐渐地克服性格、观念的问题，增强自我调节的能力。

美国《哲学百科全书》认为，咨询心理学作为研究人类精神障碍并给以心理咨询的一门科学，有如下几个方面的特征。

(1) 主要着重于正常人；

(2) 对人的一生提供有效的帮助；

(3) 强调个人的力量与价值；

(4) 强调认识因素，尤其是理性在选择和决定中的作用；

(5) 研究个人在制订总目标、计划以及扮演社会角色方面的个性差异；

(6) 充分考虑情景和环境的因素，强调人对于环境资源的利用以及必要时应改变环境。

综上所述，我们认为心理咨询的定义应该是：运用心理学的理论、方法和手段，通过人际关系帮助来访者正确理解自己和环境而对未来做出正确决策的过程。

二、中小学心理咨询和障碍的分类

(一) 发展性咨询和障碍性咨询

这是根据学校心理咨询的内容分成的两个类别。障碍性咨询主要是指对存在不同程度心理障碍的人的咨询，重点是如何帮助他们消除心理障碍或不良行为。发展性咨询指对没有心理障碍的正常人而进行的咨询，重点在于帮助咨询者更好地认识自己和社会，增强适应能力，充分开发自己的潜能，提高生活质量，实现人的全面发展。

综观我国学校心理咨询的现状，可以说仍然处于心理咨询发展的初期，仍然是以解决学生的心理问题或障碍为主的咨询。1984 年在美国出版的《心理学百科全书》肯定了心理咨询的两种定义模式，即教育模式和发展模式。该书认为："咨询心理学始终遵循着教育的模式，而不是临床的、治疗的或医学的模式。咨询对象（而不是患者）被认为是在应付日常生活中的压力和任务方面需要帮助的正常人。咨询心理学家的任务就是教会他们模仿某些策略和新的行为，从而能够最大限度地发挥其已经存在的能力，或者形成更为适当的应变能力。""咨询心理学强调发展的模式，它试图帮助咨询对象得到充分的发展，扫除其成长过程中的障碍。"从世界心理咨询发展的趋势来看，我们学校心理咨询的发展方向不应将重点放在心理障碍的矫治上，而应转向预防和发展，这也是学校心理咨询的性质决定的。

心理学研究发现，一个人如果不能完成某一阶段的任务，就会发生心理障碍，就不能顺利进入下一个发展阶段。前一阶段未完成的任务会以不同的形式在后一阶段重新出现，直到这一任务完成为止。任务的完成预示着个体的幸福和对社会的适应，而任务完成得不好，则会给个体带来各种不同的问题。

在每一个阶段，任何人想要扮演成功的社会角色，顺利进入下一阶段，就必须首先完成本阶段的基本任务。在大量接受咨询的学生中，存在各个阶段由于任务的不能完成而形成的各种各样的问题或障碍。作为学校的心理学工作者，明确中小学各阶段的任务是非常有必要的。

1. 小学阶段的发展任务

从 7 岁到青春期，相当于小学生阶段，正是他们完成基础教育学习任务的时期。这一阶段的儿童特别容易受到外界有害因素的影响和伤害，是心理偏常的孕育时期。如何让学生学会积极有效地学习，提高学习效率，培养良好的学习态度，克服学习障碍，培养对学习的兴趣，建立师生之间融洽的人际关系，保持心理健康，是这一时期的主要任务。

2. 中学生心理发展的任务

青春期是指十二三岁至十七八岁的学生，他们处在初中和高中阶段。在这段时间中，第二性征开始出现。男孩开始遗精，女孩开始出现月经初潮。性意识开始觉醒，对性的问题既关心又感到神秘，既想了解又感到害羞。女孩想了解男孩的内心世界，对男孩有朦胧的敬佩感；男孩也想了解女孩，对女孩有模糊的神秘感和羞怯感。男女相互之间很想接触却故意疏远，渴望建立男女之间的友谊又不敢主动交往。因此，这种愿望有时会变得不公开或不正常，又由于缺乏必要的知识，所以时常心怀恐惧和紧张。这当然是青春期心理咨询的重要内容。

青春期的第二个问题是同一性与角色混同的冲突。所谓同一性是指自我认识与社会评价是否统一的问题，指个体能否根据社会的客观评价调节对自己、对同学、对周围环境的评价，是否懂得“我是怎样的一个人”以及“我将是怎样的一个人”。角色混同是指对自己实际扮演的角色、对社会上人们眼中的“自己”缺乏明确的了解，扮演了与自己身份不相称的角色。其中最突出的是“孩子”和“大人”的冲突。青春期的许多孩子认为自己“已经是大人了”，应该独立了，不要听别人的话等等。而在成人的眼里，他们仍然是“孩子”，需要大人的帮助和照顾。事实上这种独立性和依赖性的矛盾特点在他们身上反映得十分明显。他们此时缺乏独立的经济能力，缺乏足够的人生体验，对社会仍然很陌生，无法把握自己的命运。

但是，多数处于这一阶段的人都有强烈的独立愿望，想打破依赖他人的习惯，凡事希望由自己做主。过去有什么心里话都对父母说，现在开始“保密”了。这种要求独立和缺乏独立条件的冲突会在很多人的心中引起情绪波动，出现心理上的紧张、不安。有的人在这一阶段出现严重的焦虑、抑郁。因此，如何解决同一性与角色的混同是心理咨询的重点。而这一阶段也是心理偏常的发展时期，解决不好就容易给以后埋下祸根。

（二）适应性咨询和发展性咨询

学校心理咨询从内容上分为适应性咨询和发展性咨询。

1. 适应性咨询

适应性咨询主要是针对学生在各个年龄阶段以及相应阶段的生活和学习中遇到的各种

心理问题，结合他们的认识特点和行为特征，给他们提供一些必要的指导，帮助他们提高学习效率，学会处理人际关系和自我心理调适，使之能恰当地处理因环境变化所带来的各类心理问题，增强对环境及自我的适应能力，很好地完成各个阶段的学习任务。

适应性咨询具有以下几个方面的特点。

(1) 咨询的对象是身心发展正常但带有一定的心理困惑及行为问题的学生，或者说是“在适应方面发生困难的正常人”。

(2) 心理咨询所着重处理或解决的问题，是学生们的正常需要与其现实状况之间的矛盾冲突。咨询工作者的重点是对学生进行认知方面的帮助，帮助学生调整自己的思维方式，打开自己产生认识问题的症结。可根据学生心理问题的性质，提出适当的建议。

(3) 强调教育的原则，重视咨询对象理性的作用，强调发展，利用其潜在的积极因素，促使其自己解决问题。对于环境的改善，也是在现有条件的基础上提出改进意见。

(4) 适应性咨询工作侧重于学习指导、交往指导、生活指导、升学就业指导等方面，解决学生在这些方面所遇到的各种心理问题，也涉及一些心理障碍方面的问题。

(5) 适应性咨询在学生在校生活的整个过程中，关注他们的身心状况，支持和帮助他们适应各阶段的学校生活，指导他们完成各年龄段的自我发展任务。

2. 发展性咨询

发展性咨询主要是指导学生确立正确的自我认知，特别是自我能力和素质方面的认知，帮助他们认识和发掘自身的潜能，使之不断突破自我的种种局限，实现全面而充分的发展。

发展性咨询的目标主要在于帮助学生提高心理素质，健全人格，增强承受挫折、适应环境的能力；针对不同年龄阶段学生的心理特点，遵循人的认识发展规律，通过有针对性的教育和训练，帮助学生形成良好的心理素质，塑造健康、完整的人格，使之成为适应现代社会需要的合格人才。

发展性咨询的特点为：

(1) 咨询的对象是心理健康、身心发展正常的学生，但在发展方面有潜力可挖，心理素质尚待完善。

(2) 心理咨询着重解决的问题是引导学生在一个新的层面上认识自我，发掘自我潜能，使之在能力发展、信心重建方面实现跃升，得到更充分的发展。

(3) 强调发展的原则。发展性咨询虽然也对学生的学习、适应、择业等问题给予指导与帮助，但更侧重在“发展”方面，即促进心理素质的发展。对学生所做的一切工作，包括指导学生调节和控制情绪，改善精神状态，建立自我信心等，都是以学生能够更好、更充分的发展为目标。

(4) 发展性咨询作为现代学校教育的一个重要组成部分，终将纳入学校教育的总体目标和实施过程中，为学生的充分发展和成才提供强有力的保证。发展性咨询将按预先制订的教育计划，安排一定的课程，学习有关知识，参加有关训练，以此有目的地开发学生的心理潜能，提高其心理素质。

作为学校心理咨询的两大重要组成部分，适应性咨询主要解决学生与环境的协调问题，发展性咨询则致力于把学生的发展水平带到一个新的高度，侧重于学生整体素质的提高。二者彼此衔接，相互渗透，在面对具体的咨询对象时，或是在选择咨询方式时，才视情况有所侧重。在实际操作中，单一的适应性咨询或发展性咨询往往是不完整的，也难以取得良好的效果。

三、学校心理咨询和学校思想政治工作的区别

学校的心理咨询和思想政治工作常常被误认为是一回事。有人说心理咨询就是对学生讲讲道理，或给心理有问题的人说一说宽心话，两者只是名称不一样而已。这显然是因人们对心理咨询的不了解和误解而造成的。学校心理咨询和思想政治工作既有联系又有区别。

学校心理咨询和思想政治工作有密切的联系。其总的目标都是培养德智体全面发展的、具有高素质的一代新人。因此，在学校开展心理咨询不能与学校的思想政治工作相脱节，而应当在学校的统一领导下，使其成为学生工作的一个方面。在对学生进行心理咨询时，必须坚持正确的政治方向，把心理上的疏导、帮助和使学生树立正确的世界观、人生观、价值观的教育有机结合起来。另一方面，思想政治工作必须增加工作方法的科学性和艺术性，学生的心理问题越来越多，在工作中不能忽视学生的心理健康，思想政治工作可以从心理咨询中吸取某些方法和技术，可以促进思想政治工作的科学化。

心理咨询和学校思想政治工作虽有千丝万缕的联系，但不能因此将心理咨询和思想政治工作混为一谈，两者属于不同的范畴，在目标、性质、内容、理论、方法、人员要求、效果评价等方面都有很大的区别（见表 6—1）。

表 6—1　学校思想政治工作和心理咨询的区别

	思想政治工作	心理咨询
目标	解决政治态度、立场问题，树立正确的世界观、人生观、价值观	缓解心理症状，提高适应能力，促进人格健康发展
性质	社会意识形态	一种心理科学技术
内容	爱国主义、集体主义、理想、道德、基本路线、形势教育等	心理疾病、心理障碍、心理调适、心身疾病
理论	马列主义、毛泽东思想	各种心理学流派、理论及人格心理学、变态心理学
方法	评比、竞赛、大会报告、个别谈话等	个别和集体心理治疗、生物反馈、行为治疗
人员要求	专职领导、党团、工会干部	专业训练的心理医生
效果评价	促进两个文明建设，有利于生产力的发展	促进心理健康和人格健全

四、心理咨询和心理治疗的关系

心理咨询和心理治疗之间究竟是什么关系，作为学校心理学工作者也应该清楚。国内外众多的研究者都试图给心理咨询和心理治疗划一道明显的界限，但几乎所有的尝试都归于失败。这主要是因为心理咨询和心理治疗关系太紧密了，紧密到若剥离一方，另一方的完整性就会受到威胁的程度。我国的学术界将心理咨询和心理治疗合并在一起，就是

因为这两者无法清楚地分离。美国心理学家哈恩（M. E. Hahn）曾说过，许多心理咨询家都认为心理咨询和心理治疗不能清楚地分开，心理咨询家所做的工作，在心理治疗家看来就是心理治疗，而心理治疗家所实践的，在心理咨询家看来就是心理咨询。卡瓦纳（Carvaner）干脆认为心理咨询和心理治疗二者基本上是同义词。作为学校心理健康教育工作者，笔者认为还是有必要搞清楚它们之间的异同，才能更准确地把握心理健康教育和心理辅导工作的内涵。

心理咨询和心理治疗的相同点有：

（1）二者所采用的理论方法常常是一致的。例如，咨询心理学家对来访者采用的理论与方法或合理情绪疗法的理论与技术，和心理治疗家采用的同种理论与技术没有任何区别。

（2）二者的工作对象常常是相似的。例如，心理咨询人员与心理治疗工作者都可能会面对来访者的婚姻问题、适应环境问题等。

（3）在强调帮助来访者成长和改变方面，二者是相似的。咨询和心理治疗都希望通过帮助者、求助者之间的互动，达到使求助者改变的目的。这也正是心理咨询家和心理治疗家们的共同目标。

（4）二者都特别注重建立帮助者与求助者之间良好的人际关系，认为这是帮助求助者成长的必要条件。任何人想达到帮助别人的目的，都必须通过建立良好的人际关系才能实现。

心理咨询和心理治疗的区别（见表 6—2）：

（1）二者服务对象的构成略有不同。心理咨询的对象主要是有心理困惑的正常人或业已恢复的人，而心理治疗的对象往往是有心理疾病、精神障碍的病人。

（2）二者处理的问题涉及的领域不同。心理咨询所着重处理的是正常人所遇到的各种心理问题，主要有日常生活中的人际关系问题、职业选择方面的问题、教育求学过程中的问题、恋爱婚姻方面的问题、子女教育问题等。心理治疗的适应范围则往往是某些神经症、性变态、心理障碍、行为障碍、心理生理障碍等。

（3）二者所需的时间不同。前者所需的时间短，一般咨询一次至数次，少数则可以达几十次。而心理治疗则往往费时较长，常需数次、数十次不等，有的需要长年不断治疗。

（4）二者涉及意识的深度不同。前者涉及的意识深度较浅，大多数在意识层面进行，更重视教育性、支持性、指导性工作。焦点在于找出已经存在于来访者自身的内在因素，并使之得到发展；或在对现存条件进行分析的基础上提供改进意见。而后者主要针对无意识层面进行工作，重点在于重建病人的人格。

（5）二者目标不同。心理咨询的目标往往较为直接、具体、明确；而心理治疗的目标比较模糊，它往往着眼于整个人的成长和进步。

（6）二者专业训练及所需专业组织不同。在国外（如美国），从事心理治疗的人必须获得心理学或教育学的哲学博士学位，而心理咨询员只需硕士或学士文凭即可。此外，各自所需的专业学术团体也不相同。

（7）二者工作场所不同。心理咨询工作的场所相当广泛，包括医院、诊所、学校、社会、职业培训部门等；而后者则大多数在医疗环境或私人诊所进行。

表 6—2　　　　　　　　　　　　　心理治疗和心理咨询的区别

	心理治疗	心理咨询
工作对象	可称为病人，主要是精神病、神经症、心身疾病、心理障碍等患者	可称为来访者，主要是在适应和发展方面发生困难的正常人，或是正在恢复或已经复原的病人
工作者	精神病医生、医学心理学家、临床心理学家	咨询心理学家
工作任务	人格障碍、行为障碍、心身疾病、性变态、康复中的精神病人	人际关系、学习、升学、职业选择、婚姻家庭、学生心理问题
工作方式	强调人格的改造和行为矫正，费时较长，数周乃至一年以上 在无意识层	强调教育性、发展性、支持性，费时少，数次即可 在意识层
工作目的	直接针对具体的目标（目标清楚）	使人产生改变和进步（目标较模糊）

为了进一步深入地对心理咨询和心理治疗进行区分，我们用图 6—1 以一种更为直观的形式加以说明。

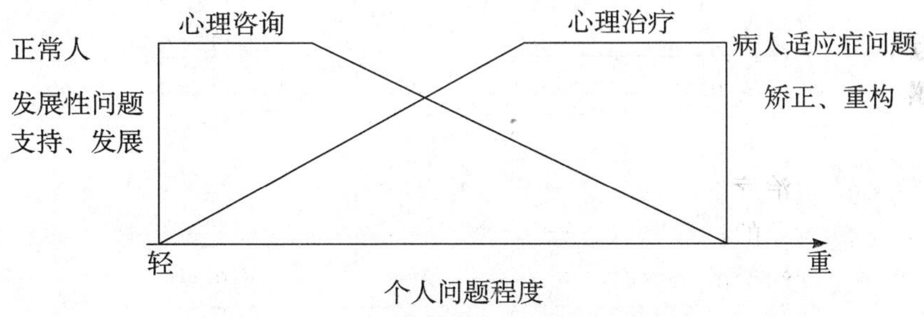

图 6—1　咨询与心理治疗的关联示意图

作为学校心理咨询工作者来说，应该认识到心理咨询过程中包括三个研究领域：教育、预防、治疗。心理咨询过程包括教育、预防心理问题的职能，心理治疗同样包括有预防、治疗心理问题出现的职能。心理咨询中有教育的成分，即许多人认识的学校心理健康教育，而心理治疗却是一般人所说的治疗、矫正。

第二节　中小学心理咨询室的设施及要求

一、心理咨询室的基本要求

学校开展心理健康教育，就必须在校内建立一个较为规范的心理咨询室。这是专兼职工作人员的重要活动场所，这种场所与一般的办公室应有较大的区别。它既是和有问题或需要咨询的学生单独会面的场所，又是学生向老师倾诉自己内心秘密的地方。学校心理咨询多是适应性和发展性心理咨询，它和综合医院的心理门诊也有所不同。因而，学校心理咨询室的建立应有自己的特殊要求。

学校心理咨询机构设置的基本要求是：明亮舒适，安静隔音，出入的地方不大引人注意，远离教学楼。各学校可根据本校的实际条件去选择咨询的场所，可与校区连在一起，也可与学校的德育机构相连。设置应以方便学生来咨询为原则。

二、心理咨询室的设施要求

（1）学校心理咨询室一般至少有两间或三间房子。一间为咨询室，一间为资料或治疗室，另设活动室。室内一般应有沙发、茶几、花、桌子、椅子、电话、计算机等设施。房间内要注意布置得有条理、光线柔和，最好能隔绝外界噪声和干扰。墙面要有画或条幅。房间以布置成淡绿色或淡黄色为宜，使学生进入之后有一种平静、放松、舒适的感觉。其布局可参见图6—2。

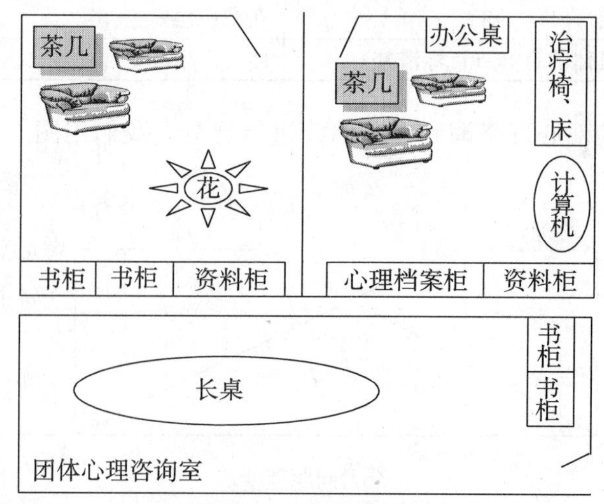

图6—2 心理咨询室布局图

（2）学校心理咨询室的计算机主要用于心理测量、学生基本情况和咨询资料的存储以及结果的统计处理。心理咨询室内应配备的计算机软件有SPSS统计软件包、心理测验常用软件、适用心理健康教育的光盘（现在已经有心理CT，可用于学校心理咨询工作）。

（3）电话（录音电话）主要用于咨询预约、电话咨询。咨询室的电话最好是录音电话，咨询的工作人员必要时可告知自己家的电话号码，以备学生有紧急情况时可得到帮助。

（4）录音机主要用于播放各种治疗的磁带，如放松的磁带。目前，可供学校使用的磁带有《神经调节治疗磁带》（中华医学音像出版社出版）、《心理保健术》（江苏出版总社出版发行），或自行编录渐进性放松方面的内容（参照各心理治疗书籍中的治疗部分，可配音乐）。

（5）有条件的学校，可在治疗室中配备脑波治疗仪、生物反馈治疗仪以及音乐治疗仪。

（6）心理量表是学校心理咨询室的必备工具和资料。学校心理咨询室必备的心理量表包括智力测验、人格测量、适应性测量等。

（7）资料要求。咨询室内书架上要有以下图书资料：杂志类包括《大众心理学》、

《心理医生》、《心理与健康》、《心理辅导》、《中国心理卫生杂志》；图书类包括《心理咨询大全》、《心理卫生》、《临床疾病心理学》、《人生心理指导大全》、《心理咨询与治疗》等心理学书籍。

三、心理咨询环境的要求

（1）用于心理咨询的房间，一般应是单间。除治疗需要外，一般不得有第三者参与，给来访者以安全的环境。

（2）房间的沙发放置的位置以 90°或 120°为宜。这样咨询师和来访者可以非常自然地转换视线，不用总看着对方。两者相距 1 米为宜。茶几上可放鲜花。房间布置要有生气、人性化。

（3）谈话的时间每次最好不超过 1 小时。每周每人最多不超过 3 次。

第三节　心理咨询的方法、技能及程序

一、中小学常用的心理咨询方法

在中小学进行心理咨询的方法和途径很多，主要包括会谈法、测验法和治疗法。

（一）会谈法

会谈法是由心理咨询工作者同来访者为特定目的进行的面对面交谈。这是心理咨询工作者都必须掌握的方法，也是最重要的方法。会谈作为一种特殊技术，与一般交谈有本质的差别，表现在以下两个方面。

第一，特定的情景规定了谈话的目标和范围。

第二，会谈法的施用，在任何情景中都是有控制的。这种控制不是僵硬的，也不是死板的。它必须使当事人不感到拘束，情绪上能放松，谈话感到自由。所以整个谈话的开始与结束、谈话的内容（涉及主题的问题）、彼此的反应以及医患关系的紧张程度，都必须随时给以控制，甚至结束时患者对临床医护心理学人员或心理学家的热情，以及医生应给以怎样的回答，都要有很强的目的性。

会谈可分为结构式会谈和自由式会谈。

1. 结构式会谈

（1）通常事先准备好谈话提纲或问卷，交谈时严格依照固定的程序进行。这种会谈方式有助于信息的重点收集和对比分析，省时省力，规范标准，因而有人将此种方式称为“标准化会谈”。不过，结构式会谈也有缺点，主要是提问方式比较刻板，了解问题难以深入，来访者的积极性、主动性不易发挥。初学心理咨询者，我们建议还是先使用结构式会谈方式，避免把握不了咨询的方向、不知所措而给来访者带来烦恼。下面给出一般（成人）会谈提纲，仅供参考。

会谈提纲

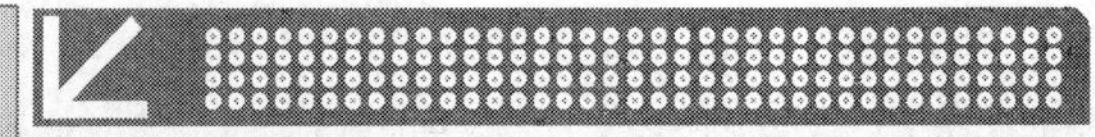

（1）一般资料。姓名、性别、职业、收入（个人的或家庭的）、婚姻、住址、出生地点和日期、文化程度。

（2）来访者寻找帮助的理由。

（3）近期情境。包括住所、主要环境、每日活动、近几个月来生活改变的次数和性质。

（4）家庭情况。包括对父母、同胞以及其他有意义的人员的描述。

（5）早期回忆。能记忆清楚的最早发生的事件及其背景。

（6）出生和发展。开始走路和说话的年龄，与其他儿童相比较有何问题及其原因。

（7）健康状况。童年和以后的疾病和外伤，现在的情况、常用药物、吸烟或饮酒，自己的身体与他人比较觉得如何，饮食和锻炼的习惯等。

（8）教育和训练。特别喜爱的科目的成绩、课外活动、感到困难和引以为豪的项目。

（9）工作记录。改换职业的原因、对工作的态度。

（10）消遣、兴趣和娱乐。包括业余爱好、阅读物等。

（11）性发展最早的认识，婚后性生活有无困难、何种困难；对学生一定要问有无自慰现象。

（12）婚姻和家庭主要事件，带来了什么结果，现在的家庭与原来的比较。

（13）社会支持、沟通网络以及社会兴趣。常与之谈心的人、可给自己各种帮助的人，与人交往的频度和深度，为他人做贡献的愿望，对社会的兴趣。

（14）自我描述。长处、弱点、想象的能力、创造性、价值观和理想等。

（15）生活的选择和转折点。对一些重要抉择和改变的描述。

（16）个人目标和对未来的看法。希望未来5年、10年以后要发生的是什么，为什么希望发生这些事及其实现的可能性。

（17）其他补充材料。

（2）会谈记录的技能。在会谈之中，来访者对记录十分敏感，一般情况下他们是不愿意让咨询师记录的，更不能录音、录影（征得来访者的同意除外）。尽管学生特别不愿意让咨询师记录，但是我们又必须将问题归类，因此可以采用会谈之后立即追忆记录的方式。为了防止信息失真，也可以向来访者说明："我准备做一些记录以确保我能准确地记住所有的事情，你认为可以吗？"征得同意后，按以下项目做简单记录：

1）个人成长、发展史。

2）现实生活状况。

3）婚姻、家庭状况。

4）人际关系状况。

5）身体方面的主观感受。

6）心理方面的感受。

7）其他方面。

（3）记录的原则。下面列出了在与来访者的访谈过程中做记录的总的原则。

1）千万不要让做记录影响了面谈过程或情感协调。换句话说，要更多地注意来访者而不是记录。

2）别忘了向来访者解释你做记录的目的。通常，记忆力不好的说法就可以了。不同的是，有的来访者会对你不做记录不满，这就需要你向他们解释为什么选择不做记录。

3）不要用任何方式盖住你的笔记本，这会暗示来访者他们无权看到你的记录。

4）不要将任何你的来访者看了会感到不舒服的东西写在记录本上。这就是说，你应该把来访者告诉你的主要事实记录下来，除非你确定你的来访者不会看你写下的东西，你才可以把你对来访者的个人看法记下来。有一点偏执倾向的来访者会对你写的东西产生怀疑，并会要求看你的记录，或者在极端情况下，站起来就拿你的记录本（或从你身后看记录本）。

5）如果你的来访者要求看你写的东西，那么和他们探讨他们的想法，然后提议让他们浏览你的笔记本，来访者很少会接受这样的提议；但是，当来访者接受你的建议并浏览了你的笔记时，你最好遵循前一原则。

2. 自由式会谈

自由式会谈的特点是事先无预定问卷或谈话的程序，交谈双方可自由自在地随便交流。自由式会谈的主要优点是轻松、灵活，交谈双方易于表现真情实感。然而，这种方式难度较大，若无一定的理论根底和临床经验，往往会给咨询带来某些不便，如费时、易离题、谈话过程难以控制等。在咨询实践中，采用什么样的会谈方式更为适宜，需根据要解决的问题和咨询双方的具体情况而定。

会谈法是一种技术，能否取得成功关键在于心理咨询人员的交谈技巧和表达艺术。其中应注意以下几个问题。

（1）专心倾听，设身体会。在临床心理咨询中，听比谈更为重要。罗杰斯曾经说过，“当看到日落时，我们不会想去控制日落，不会命令太阳右侧的天空呈橘黄色，也不会命令云朵的粉红色更浓些”。这是罗杰斯对待倾听的态度和非批判态度。倾听是心理咨询师最基本的功力，心理咨询最重要的技巧也是倾听—倾听—再倾听。在倾听时应注意以下几点：怎么听——首先要以温和的情绪、尊重的态度、柔和的语调、文明的语言，以中立、客观、共感的姿态去接待来访者。听什么——还要倾听出所讲述的事实、所体验的情感、所持的观点。听的反应——倾听，不仅在于听，还要有参与、有反应。反应可以是言语的，也可以是非语言性的。反应的目的是表明自己的倾听态度和进一步深入了解，澄清问题，使得谈话继续进行。最常用的方法是点头，或者说：“你目前遭遇的困境使你很痛苦，我能理解。”这样可以使得谈话继续深入下去，也可以将许多问题澄清。

（2）非言语的沟通——表情和姿势。临床咨询过程中工作人员的面部表情、身体姿态对咨询过程都有重要的影响。面部表情——双方目光的接触，是给对方一个信息，你在倾听。目光接触的技巧是：当你倾听对方的谈话与叙述时，目光可以直接注视着对方的双眼。当你在解释或谈话时，这时视线的接触可比听对方谈话时少些。姿势也可以影响咨询效果，如咨询人员习惯跷二郎腿、双手抱胸。表 6—3 列出了三种专注行为表现。

表 6—3　三种身体专注行为及特点

(1) 好的专注：直接面对谈话的对方，眼神相互接触，以及身体向前倾斜 20°
(2) 一般的专注：直接面对谈话的对方，眼神相互接触，身体垂直或后仰
(3) 差的专注：不直接面对谈话的对方，或者是呆板、垂头、无精打采的姿势

资料来源：陈力：《心理障碍与精神卫生》，121 页，北京，人民卫生出版社，2000。

(3) 话题的引导和转移应自然，掌握会谈的基本技术。心理会谈的基本技术见表 6—4。

表 6—4　心理会谈的基本技术

技术	主要内容	在咨询中的作用
封闭式提问	心理咨询人员常以“是不是”、“要不要”等发问，来访者只能以“是”、“否”或几个简单的字作答	有针对性地收集资料，或阻止来访者滔滔不绝的言谈
开放式提问	常以“什么”、“怎样”、“为什么”、“能不能”等字眼发问。“什么”能引出事情经过或情绪，“为什么”能引出原因，“能不能”可引出一般性情况	用于搜集资料，促使来访者进行自我分析，推动咨询进行
鼓励	复述来访者话语中的词或短语，或以语气词或非言语动作做出反应	鼓励对某种特别的思想或感受做深入的探讨，支持谈话进行
反馈	将来访者所讲内容的主要意思复述给来访者听	促进探讨和领悟，向来访者表明他的话被咨询者所理解，也检验咨询人员理解的程度
情感回应	有选择地对来访者在会谈中的情绪予以注意和反应	澄清事件背后隐藏的情绪，推动来访者对相关内容的讨论
概述	完整而扼要地叙述来访者已谈过的事实、感受或原因	使来访者有机会回顾交谈过程，产生咨询的进展感；结束一个阶段或一次交谈

资料来源：徐光兴：《临床心理学》，166 页，上海，上海教育出版社，2001。

(二) 测验法

测验法是凭借标准化测量工具对咨询者的心理和行为进行比较客观测定的一种方法。这种方法是通过测验来协助心理咨询工作做诊断和对学生进行发展性心理咨询的特定方法，也是临床心理咨询人员必备的一项专业技能。测量的技能主要包括施测前的准备、施测过程误差的控制，以及施测结果的解释等方面。

在使用心理测验时，一定要由专业工作者负责使用。最好采用计算机处理结果，以减少处理误差，而且可以节省测验时间。目前，用于临床心理测验的量表都有专用软件。

在学校的实际工作中可以看出，有心理问题的学生一般不会主动到心理咨询室去，而没有心理问题的学生更是不会主动去。而发展性心理咨询的心理健康教育又是面对大多数的学生，所以在学生中使用心理测验法是一种可行的方法，也是工作的出发点和主动性的工作方式。以心理测验的结果为突破口，面向全体学生开展适应性和发展性心理咨询，这是对学生开展心理咨询常用的方法。

（三）治疗法

临床中对各种心理问题的解决需要采用心理治疗的方法。目前国内外心理治疗的方法有400多种。在学校心理咨询过程中，针对学生的心理问题常常要选择心理治疗的方法去应对。这是心理咨询中最耗时的一种咨询方法。

二、心理咨询的程序

心理咨询是心理健康教育工作者对来访者进行心理援助的一种方式。咨询工作者和来访者一般需要一对一地面谈，咨询工作者需要对来访者的内心隐私保密。不是特殊需要一般不要有第三者参与。咨询的整个过程一般有以下六个步骤（对学生来说可以从简）。

1. 收集资料

收集资料是心理咨询的开始阶段。这个阶段的主要任务是深入收集与来访者有关的资料。一般来说，收集的资料越多，对于下阶段所要进行的心理诊断就越有利。收集资料的过程应着重了解以下几点。

（1）来访者的基本情况。其中包括姓名、性别、年龄、民族、所在学校和班级、家庭住址或联系地址、职业、身体发育和健康状况、婚姻状态、家庭状况、文化程度等。

（2）社会文化背景。父母文化程度、职业、健康状况、父母关系、家庭人口状况、人际关系。

（3）来访者的心理问题。这是收集信息的核心内容。心理障碍者一般均有较长的病史、较多的哀怨，在同心理医生交谈时，往往需要较长的时间。要同情和了解他们的处境，尽可能让他们把话说完，一次不行可谈两次三次。情感本身的发泄也是一种心理治疗。

让来访者谈问题、谈苦恼、谈个人经历与社会处境、谈对形成困境因素的自我分析、谈他将如何摆脱困境的打算、谈咨询的目的和要求等。通过收集资料，咨询工作者对来访者的主要问题的来龙去脉、相互关联，以及可能的性质有了比较全面的认识，就能为下一步的详细诊断奠定基础。

这一阶段咨询者应注意以下问题。

首先，良好人际关系的建立。心理咨询的效果好不好，第一步就是与咨询者建立良好的关系。第一次会谈十分重要，要求做到热情、诚恳、耐心、负责。良好的开始，是心理咨询成功的一半。在门诊和学校心理咨询室中，一般步入咨询门诊的人绝大多数都是带着自身的问题来的，因此往往非常敏感和易受伤害。咨询工作者对此应有足够的认识，并努力创造出某种能使来访者产生温暖、有安全感的气氛。初次见面时，咨询工作者应友善地向对方打招呼，尽可能起身迎接对方步入咨询室，并请对方入座。可向对方做一下自我介绍，然后开始转向了解对方个人情况。

其次，详细了解病史及体格检查，以排除器质性病变。在门诊咨询时要注意了解来访者的病史，是心理的问题还是器质性的问题，做过何种检查，过去是否看过心理医生，服过什么药，效果如何。若发现器质性问题应介绍到专科医治，然后再进行心理咨询。

2. 心理诊断

这是咨询过程最重要的步骤。临床心理诊断是一项细致的工作，在第一阶段进行的同时或后期实际上已经开始了（严格来说第一阶段是心理诊断的开始）。根据收集的信息对来访者的问题进行判断，明确问题的性质。为了明确问题的性质和程度，多数需要进行心理测验，以帮助咨询者分析判断。心理测验和询问是分析的重要工具，分析必须以联系的整体观来指导。

诊断的目的是咨询人员对收集信息进行分析，以找出问题症结及其本质，从而为咨询目标或治疗目标的确立创造条件。在这一过程中，应注意以下两个问题。

（1）要注意从总体上对来访者的问题性质做出准确的判断。咨询人员在收集资料的基础上，对来访者各个方面问题做出正常或异常判断时要谨慎。对心理活动偏离正常的判别要参照三点：第一，心理、行为与环境是否统一；第二，心理活动是否完整和协调；第三，人格特征是否稳定。

（2）要从细节上对来访者的问题性质予以确认并明确咨询或治疗的目标。当从总体上把握了来访者的问题性质以后，咨询人员还要根据诊断结果进行进一步的具体分析，如情绪异常是属于哪一类问题，人格异常是属于偏执型人格还是循环性人格等等。有了对心理异常具体性质的把握和咨询目标的确认，便为下一步的咨询或治疗奠定了基础。

3. 信息反馈阶段

在信息反馈阶段，咨询人员要与来访者一起探讨有关信息，对经过分析整理出来的问题，应征求来访者的意见，对所做出的分析和结论是否同意，以提高诊断的可靠性；同时，也是来访者考虑是否继续进行心理咨询的过程。

这个阶段应注意以下问题：第一，过早下结论、提出忠告，以及不恰当的赞扬和道德谴责，都会阻碍双方信息的交流；第二，对反馈的意见，要让来访者提出异议，以核查自己判断的结果；第三，对来访者反馈的意见，要及时修改判断或结论。

4. 咨询目标的确立阶段

这个阶段是咨询人员和来访者达成某种一致意见，即双方开诚布公地进行交流，并为来访者的某种问题得以解决而做努力的过程。咨询人员在心理诊断的基础上和来访者共同制订咨询目标，使来访者按确定的统一目标进行改变。

这一阶段应该注意以下问题：第一，确立的目标要具体；第二，确立的目标要现实可行；第三，目标确立的意义要积极；第四，目标的确立是双方可以接受的；第五，确立的目标必须是心理学性质的；第六，确立的目标是分层次、可以评估的。

5. 选定解决问题的方案，实施具体的指导帮助或治疗

这个阶段是咨询过程中的重要阶段，是转入实际解决问题的阶段。咨询人员根据问题的性质和程度选择具体的咨询或治疗方案，一般来说，治疗的方法有多种，可根据双方的实际情况进行选定。

解决问题的最佳方案选定之后，就要按方案实施。对需要采用治疗的，可按具体的心理治疗方案进行。有些问题可以当场解决，有些需要多次前来咨询或治疗。

这个阶段要注意几个问题：第一，由于心理现象的复杂性、多变性，某些心理问题在

其解决的过程中可能会出现反复或显效迟缓，这是正常的；第二，问题的关键在调动来访者和咨询人员合作，互相信任，持之以恒，共同去战胜痛苦或疾病，千万不可让来访者或患者依赖于咨询人员或药物，要发挥他的积极主动性。

6. 追踪、巩固和发展咨询成效

这是咨询过程的最后一步，也是一个不可忽视的步骤。在这一阶段中，咨询人员要向来访者指出他在咨询中已取得的成绩和进步，并向其指出还有什么地方需要注意。在这一阶段中，咨询人员还要帮助来访者重新回顾咨询的要点，检查咨询目标实现的情况，进一步巩固咨询所取得的成果。目前采用的追踪办法可定期发信咨询、直接走访，也可邀请座谈等形式，根据情况酌情选择。

三、心理咨询的形式

目前学校常用的心理咨询形式有以下几种。

1. 个别心理咨询

在学校开展心理健康教育，一般应该设有心理咨询室。这是专门接待个别有心理问题的学生或需要心理辅导的学生的地方。个别心理咨询由于保密安全、沟通深入、针对性强、操作规范，所以是对学生进行心理咨询和辅导常用的方式之一。

2. 信件咨询

学校一般都在较方便的地方设立有心理信箱（有的称为“知心果”信箱，有的称为“悄悄话”信箱）。这是心理咨询人员和学生联系的方法之一。学生有什么心里话，写在信里，告诉老师。老师用回信、约见等形式反馈给学生，以解决其心理问题。

目前有的学校在心理健康教育中，将信件咨询方式变为“悄悄话”本（主要针对小学生），让学生把自己的心里话写在本上，想写什么就写什么。老师每周收一次，将每个问题的解决方法写在本上返还给学生。发放时，老师要亲自送到学生手中，以示保密和尊重。也要求学生间相互尊重，不去看别人的“悄悄话”本。有的学校也给家长备了一个“给老师的‘悄悄话’本”，家长将学生的行为表现写在本上。家长的“悄悄话”本，规定两周发放一次，用固定的信封装订以示保密，每次收发都由学生完成。

这种“悄悄话”本的好处就像一台 CT 机，使得学生的心理症结显露出来，有利于心理健康教育，在培养学生的自信、自尊、自强、自立的精神和正确的世界观、人生观、价值观方面发挥着独特的作用，也有利于学生健全人格的培养。

3. 专题心理咨询

这种方式是针对学生共同的适应性心理问题或发展性问题，利用学校的广播站、专栏、黑板报等形式进行心理辅导。

4. 电话咨询

学校中设置热线电话，主要是为了不愿意和辅导老师直接面谈的学生，或者是当学生有危机状态时向心理咨询人员拨打求援。许多学校在固定的晚上有人值班，或公布心理辅导老师家中的电话号码，为学生服务。

第四节　心理咨询的范围及应注意的问题

一、小学生心理咨询的范围

小学生心理辅导与咨询的发展历史很短，到 20 世纪 60 年代后期，小学心理咨询才真正开展起来。美国于 1964 年通过一项法案，将学校心理咨询延伸到小学，并由政府建立专门培养小学心理咨询员的机构。美国小学心理咨询工作的范围和重点是：

（1）对小学教师进行培训，以预防儿童的心理问题，或减少心理问题的危害；

（2）为小学教师提供咨询，帮助他们建立良好的课堂秩序；

（3）帮助小学生的父母，使之对儿童的生长、发育特点有充分的了解；

（4）发现与识别儿童期常见的发育缺陷与其他异常情况，并负责与有关机构联系，使之得到妥善处理；

（5）对小学高年级学生进行辅导，使之明确自己现在的学习与将来工作的关系。

也就是说，小学心理咨询的任务就是促使儿童的正常成长与发育。常用的方式有课堂辅导、集体咨询、解答问题，以及为那些高危儿童提供特殊的干预措施。

根据我国小学生身心发展的特点以及学校心理咨询的特点，小学心理咨询的工作范围主要包括以下内容。

（1）新生的入学适应问题。包括学校正规课程的适应、校规的适应、学校情绪生活的适应、学校人际关系的适应、学校课外活动的适应、学校集体生活的适应。

（2）智力发展问题。包括小学生的注意力如何提高，记忆力怎样才能更好，思维以及创新能力如何训练。对于智力的发展，学生和家长都十分关注，这是学校心理咨询工作者的一个极为重要的工作重点。

（3）小学生的学习方法及疲劳的预防。

（4）性格发展问题。这是小学心理咨询工作者的又一个极为重要的工作。

（5）学生学业不良。

（6）品德发展问题。

（7）问题行为的矫治。

二、初中生心理咨询的范围

与小学心理咨询相比，初中心理咨询的历史更短。直到 20 世纪 70 年代，这一领域才真正发展起来。初中生正处在生长发育的旺盛期，其生理及心理的变化不仅快，而且不稳定。桑伯格（1978）认为，初中生面临成长的八大任务：

（1）逐渐注意到自身躯体方面的变化；

（2）学会利用学到的知识和概念去解决实际问题；

（3）学会从抽象到具体的转变；

（4）学会适应新的社会与性别角色；

（5）建立真正的友谊；

（6）获得独立感；

（7）建立责任感；

（8）逐渐与较为定型的角色模式相认同。

初中心理咨询工作的重点主要集中在以下几个方面。

（1）小学的环境较为封闭，而中学的环境却开放得多。因此，咨询员的工作就是要协助孩子，使之顺利地适应更为开放的环境。

（2）与教师协调课程设置，让教师在课程设置中注意考虑此阶段学生的身心特点。

（3）组织职业辅导性的课程，让学生为未来打算。

国外对心理咨询员的要求是，要完成上述任务，就要对初中生的生理及心理特征有充分的了解，并要明确初中生在各方面应达到什么样的水平。此外，要做到具体问题具体对待，不能用一般化原则硬套到每一个人身上。最后，咨询员要帮助学生去学会自己做决定，以便使他们不断地成长。

我国初中生心理咨询的工作范围及重点主要包括以下内容。

（1）性心理问题，包括性心理和自我认识、手淫、遗精、早恋、失恋等。这类问题是初中生最多的问题，也是今后形成其他性心理障碍的根源。因而，初中心理咨询工作的重点要放在对这些问题的处理和预防上。

（2）思维的创新性训练，这是初中生智力发展性咨询的一个重点。

（3）个性的塑造。初中生常见的不良个性品质主要有偏激、狭隘、嫉妒、敌对、暴躁、依赖、孤僻、怯懦、自卑、神经质等。不良个性品质的矫治是一个长久性的工作，形成良好的个性品质，学生将终生受益。

（4）应试焦虑的矫治。

（5）异常行为的矫治。

（6）学业不良的矫治。

三、高中生心理咨询的范围

高中心理咨询开始于 20 世纪初，帕森是这一领域的鼻祖。另一位先驱者是布鲁厄（Brewer），他在 20 世纪 30 年代将高中心理咨询推向高潮。不过，这一学科真正的兴起是在 20 世纪 60 年代，当时，美国很多学校都设有专职的学校心理咨询员，他们的工作范围及重点是：

（1）组织并安排一些课程，讲授青少年成长过程中所关心的若干问题，如身份感、职业选择等；

（2）向学生提供全面、系统的信息，以供他们在做决定时参考；

（3）帮助学生对自己的性格特点进行评估；

（4）对于需要特殊帮助的学生，采取一些补救性措施。

根据高中生身心发展的特点，我国高中心理咨询员主要的工作内容有以下几点：

（1）性心理、性道德观；

（2）人生观、价值观；

（3）人际关系的处理方式；

(4) 应试心理和学习方法;

(5) 各种心理问题的防治;

(6) 健全性格的形成。

四、大学生心理咨询

大学生的入校年龄大多在十八九岁左右，经过学校的四年学习后，年龄已经 23 岁左右。这时他们正是处于一个从青少年期向成人转化的阶段，也是生理成熟向心理成熟发展的阶段。由于大学生的生活特殊性，因此他们的心理问题具有明显的、独特的特点。

高校心理咨询工作的基本目标是，通过咨询，对大学生的认知、行为、情感加以调整，帮助他们顺利地适应新的学习环境，掌握新的学习技巧，学会新的与人相处的方法，制定适应自我发展的成才目标，促进他们的身心健康和全面发展，使他们能够顺利地完成学业，进入社会。大学生普遍关心的问题是毕业就业问题、社会适应问题、将来的收入问题、恋爱婚姻问题、出国深造问题等。

实践表明，在下述几个特定时间大学生容易向心理咨询员求助：刚入学时、考试前后、临近毕业。

1. 高校心理咨询的内容

众所周知，大学阶段是人一生中心理发展的关键时期之一，是大学生的心理走向成熟、人格趋于完善和稳定、确定自我未来的发展目标和职业目标的重要时期。Chichering 提出，大学生的发展任务有七个方面：竞争能力、自主能力、情绪和情感控制、自我角色的认定、发展目标、整合自我和人际关系。大学阶段作为个体社会化过程中的一个特殊时期，所面临的发展任务多样且繁重，而且不同年级大学生的发展重点也各不相同。

我国学者总结的大学生的心理问题主要有以下几种。

(1) 学习中的心理问题;

(2) 适应环境问题;

(3) 理想与现实脱节带来的心理问题;

(4) 人际关系的心理问题;

(5) 异性交往和恋爱问题;

(6) 神经症和精神问题;

(7) 性心理问题。

对于高校心理学工作者来说，高校心理咨询的主要任务是:

(1) 预防心理问题的发生，促进心理健康。通过心理咨询，有效地缓解大学生由于环境不适、学习压力、人际关系不协调所产生的种种困惑和心理冲突，避免严重心理问题的发生。

(2) 促进全面发展，为大学生提供多种活动的参与机会，增加可以促进他们自身人格、道德、成长与发展的心理教育经验。

(3) 辅导学生的集体活动和社会生活，以便培养人际交往、社会协作和乐群的精神。

(4) 促进职业发展与成长，帮助大学生充分地了解自己（性格、优势、兴趣等），了解社会的职业环境，帮助大学生充分利用大学和社区的资源，提供丰富的职业信息和职业实践机会，促进大学生的职业发展与成长。

（5）对大学生的学习、社交、家庭、婚姻及职业选择和就业有关的心理问题进行辅导。

2. 大学心理咨询工作的实施

大学心理咨询的常见模式是：个体心理咨询、职业指导服务、协商调节服务、培养同伴咨询师。

（1）对学校适应、人格发展、人际交往、学业成长、职业发展等多项内容，一般是通过个体咨询服务模式进行的。

（2）对学生的学业和职业发展有关的问题，一般通过职业指导服务向学生提供必要的帮助。

（3）对学生在人际合作、协调、行为策略方面的问题，多采用协商调节服务方式。

（4）同伴咨询师服务是先让新生中的大学生干部提前入学，集中进行入学适应培训，了解学校及当地的环境，学习学校的各种规章制度，熟悉学校的文化等。之后，让他们扮演同伴咨询师的角色，去帮助其他新入学的大学生。

（5）对个别患有心理疾病的大学生，推荐给具有医学背景的精神病学专家进行治疗帮助。

五、学校心理咨询过程中应注意的问题

（1）有义务对学生咨询的全部情况保密。这是作为一个心理咨询工作者首要的职业道德。一般来说，前来咨询的大多数心理病人或学生都是经过一番思想斗争后才来寻找帮助的。他们把自己内心深处的隐私或秘密告诉给心理辅导员或心理医生，是一种精神的解脱。这些隐私和秘密有些甚至连他们的父母、亲人都不知道，只有心理辅导教师知道。所以，心理咨询工作者必须替他们保密，绝不允许将学生或他人的隐私随意传播，包括咨询员自己的亲属，更不能将孩子们的隐私当成笑料随意散布。除非有自杀或他杀的动机并有行为时可向有关人员或监护人员反映情况，否则在其他任何情况下都不得将个人隐私传播给他人。这一条是初任此项工作的首要要求。

2001 年国家制订的《心理咨询师标准》“职业道德标准”第 6 条中规定：心理咨询师必须始终严格遵守保密原则，具体措施如下：

第一，心理咨询师有责任向求助者说明心理咨询工作者的保密原则，以及应用这一原则时的限度。

第二，在心理咨询工作中，一旦发现求助者有危害自身或他人的情况，必须采取必要的措施，防止意外事件发生（必要时应通知有关部门或家属）；或与其他心理咨询师进行磋商，但应将有关保密的信息暴露限制在最低范围之内。

第三，心理咨询工作中的有关信息，包括个案记录、测验资料、信件、录音、录像和其他资料，均属专业信息，应在严格保密的情况下进行保存，不得列入其他资料之中。

第四，心理咨询师只有在求助者同意的情况下才能对咨询过程进行录音、录像。在因专业需要进行案例讨论，或采用案例进行教学、科研、写作等工作时，应隐去那些可能会据以辨认出求助者的有关信息。

（2）学生的心理咨询或心理档案不允许随意让人查阅。心理咨询的资料、档案、测验的结果都要由心理咨询人员专项保管，其他人不得随意翻阅。

（3）每次咨询的时间以一个小时为宜。每次咨询时一般可告诉来访者，请他在一小时内叙述完自己的情况，这样可以避免来访者漫无目的地交谈，咨询人员可以休息和调整自己的思维，否则，咨询人员的分析能力会大大下降，难以保持自己的良好心理状态，达到帮助他人的目的。

（4）一切咨询工作以来访者的利益为出发点。来访者是主人，咨询人员是帮助他们的人。不要把自己当成高于学生的“圣人”。这是许多心理咨询工作者较难做到的一点。常出现的情况是，咨询人员在训斥来访者，或在高谈阔论教育他们。这都是不可以的。

（5）不应具有双重关系。咨询人员和来访者的关系不能是亲友、师生、亲属关系。凡涉及这些关系的必定影响咨询效果，所以咨询人员遇到双重角色时，不适合进行心理咨询，应转介给其他咨询人员。这对有较重心理问题的人，尤为重要。

（6）转介。对每位心理咨询工作者来说，并不是所有来咨询的来访者都适合自己。特别是遇到学生自知力问题，有幻觉、妄想等精神症状，初步判定为有精神病时要及时转介到精神病院。对自己不能给予帮助的来访者可转介给其他心理咨询工作者，使来访者得到及时指导。对有严重心理疾病的学生要及时转介给专业心理医生，不可延误。作为学校专兼职的心理辅导员，要懂得精神病学，发现异常问题要会区别，如抑郁病和抑郁性神经症。觉得有较重问题，应及时转介给心理医生处理。

（7）在学生已出现较多精神障碍的症状时，除及时转介外，还要进行追踪。对需要服用精神类药物的，要遵医嘱，不能过分宣扬精神类药物的毒副作用。否则，会给学生造成新的障碍，延误病情。

（8）注意来访者的年龄特点。来访者为青年，多是恋爱、婚姻、性生活、职业等问题；中老年人多为衰老、体弱多病、再婚、丧偶等问题；代替儿童咨询的人，多为有关教育、学习智力、异常行为等问题。

（9）要注意来访者咨询的动机。有一部分来访者因有顾虑，怕别人泄露自己的秘密，不肯说出真相，咨询人员要对其讲解心理咨询的意义、内容、目的及心理咨询工作者的职业道德。建立良好的人际关系是解决这一问题的关键。

（10）及时消除来访者的突出问题。紧张、焦虑、抑郁状态是大多数来访者的主要表现，对危急情绪障碍，要及时采取心理、药物治疗，以求解除险象。

（11）要有同情心，热情帮助来访者。要使来访者感到咨询人员是可信赖的，是诚恳认真的、有能力的、可以帮助他解难的人。但绝不能使来访者感到咨询人员在可怜自己。

第五节　常见心理疾病的诊断技能

实践表明，心理咨询门诊经常遇到的心理疾病多是神经症（占总人口的5%）。在学校心理咨询过程中，有相当比例的来访者也是神经症，而且有进一步上升的趋势（这里应该注意，精神病不是我们的工作对象）。因此，学校心理咨询工作者应该学会对常见心理疾病的诊断方法，或者说，懂得这方面的知识，这样可以及时转诊而不延误治疗，这是心理咨询师的基本功。

一、分清心理问题的基本层次

在心理咨询的过程中，要分清来访者的心理问题的性质。心理问题一般可以分为以下几种。

（1）心理困扰：人际关系紧张、婚姻家庭矛盾、学习障碍、适应问题等。

（2）非精神病性心理障碍：神经症、饮食障碍、性心理障碍、人格障碍等。

（3）精神病性心理障碍：精神分裂症、情感性精神病、器质性精神病等。

二、神经症的诊断方法

（一）定义

神经症（neuroses）原译为“神经官能症”。它是一组精神障碍，主要表现为烦恼、紧张、抑郁、焦虑、恐怖、强迫症状、疑病症状、分离症状或转换症状等。发病前常与心理社会因素有关；病前多有一定的素质基础和个性特征；其症状无可以证实的器质性病变做基础；自知力大多良好，有痛苦感，有求治要求；社会功能相对良好，行为一般保持在社会规范允许的范围之内。

（二）诊断标准

【症状标准】

至少有下列1项：

（1）恐惧。

（2）强迫症状。

（3）惊恐发作。

（4）焦虑。

（5）躯体形式症状。

（6）躯体化症状。

（7）疑病症状。

（8）神经衰弱症状。

【严重标准】

（1）妨碍工作、学习、生活或社交。

（2）社会功能受损或无法摆脱的精神痛苦，促使其主动求医。

【病程标准】

符合症状标准至少已三个月，惊恐障碍另有规定。其中抑郁性神经症病程至少持续两年。

（三）神经症治疗所追求的目标

（1）解除症状，力争早日治愈。

（2）确有治疗困难，应积极消除症状，尽量减轻病人的身心痛苦。

(3) 寻找致病的客观因素，提供合理解决问题的方法和途径，促进康复，巩固治疗。

(4) 指导正确的社会适应方法，建立良好的人际关系，从而提高心理卫生水平，预防再度复发。

三、《中国精神障碍分类与诊断标准第 3 版》(CCMD—3) 关于各类神经症的诊断标准①

作为学校的心理咨询工作者务必掌握 CCMD—3 的神经症的诊断方法，这也是日常工作必需的一种技能。下面给出 2001 年新修订的 CCMD—3 中关于神经症的诊断标准。

(一) 恐惧症 (恐怖症)

这是一种以过分和不合理地惧怕外界客体或处境为主要表现的神经症。病人明知没有必要，但仍不能防止恐惧发作；恐惧发作时往往伴有显著的焦虑和自主神经症状。病人极力回避所害怕的客体或处境，或是带着畏惧去忍受。主要分为场所恐惧症、社交恐惧症和特定的恐惧症三种。

【诊断标准】

(1) 符合神经症的诊断标准。

(2) 以恐惧为主，需符合以下四项：第一，对某些客体或处境有强烈恐惧，恐惧的程度与实际危险不相称；第二，发作时有焦虑和自主神经症状；第三，有反复或持续的回避行为；第四，知道恐惧过分、不合理，或不必要，但无法控制。

(3) 对恐惧情景和事物的回避必须或曾经是突出症状。

(4) 排除焦虑症、分裂症、疑病症。

1. 场所恐惧症

【诊断标准】

(1) 符合恐惧症的诊断标准。

(2) 害怕对象主要为某些特定环境，如广场、闭室、黑暗场所、拥挤的场所、交通工具（如拥挤的船舱、火车车厢）等，其关键临床特征之一是过分担心处于上述情境时没有即刻能用的出口。

(3) 排除其他恐惧障碍。

2. 社交恐惧症 (社会焦虑恐惧症)

【诊断标准】

(1) 符合恐惧症的诊断标准。

(2) 害怕对象主要为社交场合（如在公共场合进食或说话、聚会、开会，或怕自己做出一些难堪的行为等）和人际接触（如在公共场合与人接触、怕与他人目光对视，或怕在与人群相对时被人审视等）。

(3) 常伴有自我评价低和害怕批评。

---

① 中华医学会神经科分会：《CCMD—3 中国精神障碍分类与诊断标准（第三版）》，103～104 页，济南，山东科学技术出版社，2001。

（4）排除其他恐惧障碍。

3. 特定的恐惧症［特定的（单项）恐惧障碍］

【诊断标准】

（1）符合恐惧症的诊断标准。

（2）害怕对象是场所恐惧和社交恐惧未包括的特定物体或情境，如动物（昆虫、鼠、蛇等）、高处、黑暗、雷电、鲜血、外伤、打针、手术，或尖锐锋利物品等。

（3）排除其他恐惧障碍。

恐怖症的防治措施是：

（1）加强对青少年性格缺陷的预防，如胆小、害羞、依赖、内向、不合群、容易焦虑紧张等。

（2）心理治疗多采用行为治疗——系统脱敏疗法。

（二）焦虑症

这是一种以焦虑情绪为主的神经症，主要分为惊恐障碍和广泛性焦虑两种。焦虑症的焦虑症状是原发的，凡继发于高血压、冠心病、甲状腺机能亢进等躯体疾病的焦虑应诊断为焦虑综合征。其他精神病理状态如幻觉、妄想、强迫症、疑病症、抑郁症、恐惧症等伴发的焦虑，不应诊断为焦虑症。

1. 惊恐障碍

这是一种以反复的惊恐发作为主要原发症状的神经症。这种发作并不局限于任何特定的情境，具有不可预测性。惊恐发作作为继发症状，可见于多种不同的精神障碍，如恐惧性神经症、抑郁症等，并应与某些躯体疾病区别，如癫痫、心脏病发作、内分泌失调等。

【症状标准】

（1）符合神经症的诊断标准。

（2）惊恐发作需符合以下四项：第一，发作无明显诱因、无相关的特定情境，发作不可预测；第二，在发作间歇期，除害怕再发作外，无明显症状；第三，发作时表现强烈的恐惧、焦虑，及明显的自主神经症状，并常有人格解体、现实解体、濒死恐惧，或失控感等痛苦体验；第四，发作突然开始，迅速达到高峰，发作时意识清晰，事后能回忆。

【严重标准】病人因难以忍受又无法解脱，而感到痛苦。

【病程标准】在一个月内至少有三次惊恐发作，或在首次发作后继发，害怕再发作的焦虑持续一个月。

【排除标准】

（1）排除其他精神障碍，如恐惧症、抑郁症，或躯体形式障碍等继发的惊恐发作。

（2）排除躯体疾病如癫痫、心脏病发作、嗜铬细胞瘤、甲亢或自发性低血糖等继发的惊恐发作。

2. 广泛性焦虑

广泛性焦虑指一种以缺乏明确对象和具体内容的提心吊胆及紧张不安为主的焦虑症，并有显著的植物神经症状、肌肉紧张及运动性不安。病人因难以忍受又无法解脱，而感到痛苦。

【症状标准】

（1）符合神经症的诊断标准。

（2）以持续的原发性焦虑症状为主，并符合下列两项：第一，经常或持续的无明确对象和固定内容的恐惧或提心吊胆；第二，伴自主神经症状或运动性不安。

【严重标准】社会功能受损，病人因难以忍受又无法解脱而感到痛苦。

【病程标准】符合症状标准至少已六个月。

【排除标准】

（1）排除甲状腺机能亢进、高血压、冠心病等躯体疾病的继发性焦虑。

（2）排除兴奋药物过量、催眠镇静药物，或抗焦虑药的戒断反应，强迫症、恐惧症、疑病症、神经衰弱、躁狂症、抑郁症，或精神分裂症等伴发的焦虑。

焦虑症的防治措施是：

（1）心理治疗主要采用森田疗法、支持和认知疗法。

（2）及时到医院的心理门诊进行药物治疗和心理治疗。

3. 强迫症

焦虑症指一种以强迫症状为主的神经症，其特点是有意识的自我强迫和反强迫并存，二者强烈冲突使病人感到焦虑和痛苦；病人体验到观念或冲动系来源于自我，但违反自己意愿，虽极力抵抗，却无法控制；病人也意识到强迫症状的异常性，但无法摆脱。病程迁延者可以仪式动作为主而精神痛苦减轻，但社会功能严重受损。

【症状标准】

（1）符合神经症的诊断标准。

（2）以强迫症状为主，至少有下列情况中的两项：第一，以强迫思想为主，包括强迫观念、回忆或表象，强迫性对立观念、穷思竭虑、害怕丧失自控能力等；第二，以强迫行为（动作）为主，包括反复洗涤、核对、检查或询问等；第三，上述的混合形式。

（2）病人称强迫症状起源于自己的内心，不是被别人或外界影响强加的。

（3）强迫症状反复出现，病人认为没有意义，并感到不快，甚至痛苦，因此试图抵抗，但不能奏效。

【严重标准】社会功能受损。

【病程标准】符合症状标准至少已三个月。

【排除标准】

（1）排除其他精神障碍的继发性强迫症状，如精神分裂症、抑郁症或恐惧症等。

（2）排除脑器质性疾病特别是基底节病变的继发性强迫症状。

强迫症的防治措施是：

（1）指导家庭的教养方式，避免过分严格、刻板和追求完美的生活模式。预防青少年强迫性格的出现，是防治强迫症的有效措施。

（2）心理治疗的基本方法是：行为治疗和药物治疗。前者适用强迫行为，后者主要用于强迫观念。行为治疗主要采用暴露疗法，森田疗法对强迫行为也十分有效。药物治疗主要使用氯丙咪嗪。

4. 疑病症

这是一种以担心或相信患严重躯体疾病的持久性优势观念为主的神经症。病人因为这种症状反复就医，各种医学检查阴性和医生的解释，均不能打消其疑虑。即使病人有时存在某种躯体障碍，也不能解释所诉症状的性质、程度，或病人的痛苦与优势观念，常伴有焦虑或抑郁。对身体畸形（虽然根据不足）的疑虑或优势观念也属本症。本障碍男女均有，无明显家庭特点（与躯体化障碍不同），常为慢性波动性病程。

【症状标准】

（1）符合神经症的诊断标准。

（2）以疑病症状为主，至少有下列情况中的一项：第一，对躯体疾病过分担心，其严重程度与实际情况明显不相称；第二，对健康状况，如通常出现的生理现象和异常感觉做出疑病性解释，但不是妄想；第三，牢固的疑病观念，缺乏根据，但不是妄想。

（3）反复就医或要求医学检查，但检查结果阴性和医生的合理解释，均不能打消其疑虑。

【严重标准】社会功能受损。

【病程标准】符合症状标准至少已三个月。

【排除标准】排除躯体化障碍、其他神经症性障碍（如焦虑、惊恐障碍或强迫症）、抑郁症、精神分裂症、偏执性精神病。

疑病症的防治措施是：

（1）对疑病症患者，告诉他们必须遵循以下四原则：第一，不要看有关医学卫生的书刊和其他信息宣教资料。这是疑病症心理治疗的重要原则。第二，尽量减少投医问病的习惯。纠正自己随便求医的不良习惯，除非确实有某种疾病才接受必要的医学诊治。第三，切断“身心交叉感染”的不良心理影响，杜绝经常自我注意、自我检查、自我暗示的不良生活习惯。无根据的担心疑虑，本身就是一种不良的心理因素，是诱发多种身心疾病的导火线。第四，只要不是器质性疾病，对自己身体上的一切功能性症状和不适，均坦然地抱着“听之任之”的态度，这是切断不良身心交叉感染的最重要原则。

（2）心理治疗多采用森田疗法、自律训练法、支持疗法和认知疗法。

5. 神经衰弱

神经衰弱指一种以脑和躯体功能衰弱为主的神经症，以精神易兴奋却又易疲劳为特征，表现为紧张、烦恼、易激惹等情感症状，及肌肉紧张性疼痛和睡眠障碍等生理功能紊乱症状。这些症状不是继发于躯体或脑的疾病，也不是其他任何精神障碍的一部分。多缓慢起病，就诊时往往已有数月的病程，并可追溯导致长期精神紧张、疲劳的应激因素，偶有突然失眠或头痛起病，却无明显原因者。病程持续或时轻时重。近年来，神经衰弱的概念经历了一系列变迁，随着医生对神经衰弱认识的变化和各种特殊综合征和亚型的区分，在美国和西欧已不做此诊断，CCMD—3 工作组的现场测试证明，在我国神经衰弱的诊断也明显减少。

【症状标准】

（1）符合神经症的诊断标准。

（2）以脑和躯体功能衰弱症状为主，特征是持续和令人苦恼的脑力易疲劳（如感到没有精神，自感脑子迟钝，注意力不集中或不持久，记忆差，思考效率下降）和体力易疲劳，经过休息或娱乐不能恢复，并至少有下列情况中的两项：第一，情感症状，如烦恼、心情紧张、易激惹等，常与现实生活中的各种矛盾有关，感到困难重重，难以应付。可有焦虑或抑郁，但不占主导地位。第二，兴奋症状，如感到精神易兴奋（如回忆和联想增多，主要是对指向性思维感到费力，而非指向性思维却很活跃，因难以控制而感到痛苦和不快），但无言语运动增多，有时对声光很敏感。第三，肌肉紧张性疼痛（如紧张性头痛、肢体肌肉酸痛）或头晕。第四，睡眠障碍，如入睡困难、多梦、醒后感到不解乏、睡眠感丧失、睡眠觉醒节律紊乱。第五，其他心理生理障碍，如头晕眼花、耳鸣、心慌、胸闷、腹胀、消化不良、尿频、多汗、阳痿、早泄，或月经紊乱等。

【严重标准】病人因明显感到脑和躯体功能衰弱，影响其社会功能，为此感到痛苦或主动求治。

【病程标准】符合症状标准至少已三个月。

【排除标准】

（1）排除以上任何一种神经症亚型。

（2）排除分裂症、抑郁症。

【说明】

（1）神经衰弱症状若见于神经症的其他亚型，只诊断其他相应类型的神经症。

（2）神经衰弱症状常见于各种脑器质性疾病和其他躯体疾病，此时应诊断为这些疾病的神经衰弱综合征。

神经衰弱的防治措施是：

（1）对神经衰弱的治疗原则是以心理治疗为主，辅以药物治疗。

（2）强调预防为主，矫治性格缺陷，指导正确处理内心矛盾和心理压力。

（3）采用综合治疗方法，对症治疗。

四、CCMD—3心境障碍的诊断标准

（一）抑郁发作

抑郁发作以心境低落为主，与其处境不相称，可以从闷闷不乐到悲痛欲绝，甚至发生木僵。严重者可出现幻觉、妄想等精神病性症状。某些病例的焦虑与运动性激越很显著。

【症状标准】以心境低落为主，并至少有下列情况中的四项：

（1）兴趣丧失、无愉快感。

（2）精力减退或疲乏感。

（3）精神运动性迟滞或激越。

（4）自我评价过低、自责，或有内疚感。

（5）联想困难或自觉思考能力下降。

（6）反复出现想死的念头或有自杀、自伤行为。

（7）睡眠障碍，如失眠、早醒，或睡眠过多。

（8）食欲降低或体重明显减轻。

（9）性欲减退。

【严重标准】社会功能受损，给本人造成痛苦或不良后果。

【病程标准】

（1）符合症状标准和严重标准至少已持续两周。

（2）可存在某些分裂性症状，但不符合分裂症的诊断。若同时符合分裂症的症状标准，在分裂症状缓解后，满足抑郁发作标准至少两周。

【排除标准】排除器质性精神障碍，或精神活性物质和非成瘾物质所致的抑郁。

【说明】本抑郁发作标准仅适用于单次发作的诊断。

（二）恶劣心境障碍

恶劣心境障碍在CCMD—2R中，称为“抑郁性神经症”，归属神经症。而CCMD—3将它归入心境障碍。

【症状标准】持续存在心境低落，但不符合任何一型抑郁的症状标准，同时无躁狂症状。

【严重标准】社会功能受损较轻，自知力完整或较完整。

【病程标准】符合症状标准和严重标准至少已两年，在这两年中，很少有持续两个月的心境正常间歇期。

【排除标准】

（1）心境变化并非躯体病（如甲状腺机能亢进症），或精神活性物质导致的直接后果，也非分裂症及其他精神病性障碍的附加症状。

（2）排除各型抑郁（包括慢性抑郁或环性情感障碍），一旦符合相应的其他类型情感障碍标准，则应做出相应的其他类型诊断。

（3）排除抑郁性人格障碍。

心境障碍的防治措施是：

（1）以心理治疗为主，以药物治疗为辅。

（2）指导青少年科学面对心理压力或矛盾，提高自信心和生活质量。

（3）严重时可采用药物治疗结合心理治疗。

（4）防止自杀倾向。

五、癔症的诊断标准

学校心理咨询工作者要学会对癔症的诊断，特别学会防止集体性癔症。在学校大范围接种各种疫苗时（或吃某种食物后），对接种后出现反应的学生，应该及时隔离，对症治疗。否则，可能出现群体性癔病，其后果不堪设想。如我国东北某市学生在打完预防乙脑疫苗后，出现了群体性癔病。由于措施不力，造成几千名学生出现心因性癔症，时间长达20余天，给人民群众和当地政府造成不可弥补的损失。因此，我们的教育工作者切不可忽视这种情况。

癔症指一种以解离症状（部分或完全丧失对自我身份识别和对过去的记忆，CCMD—3称为癔症性精神症状）和转换症状（在遭遇无法解决的问题和冲突时产生的不快心情，以转化成躯体症状的方式出现，CCMD—3称为癔症性躯体症状）为主的精神障碍，这些症状没有可证实的器质性病变基础。本障碍有癔症性人格基础，起病常受心理社会（环境）因素影响，除癔症性精神病或癔症性意识障碍有自知力障碍外，自知力基本完整，病程多反复迁延。常见于青春期和更年期，女性较多。

【症状标准】

（1）有心理社会因素作为诱因，并至少有下列一项综合征：第一，癔症性遗忘；第二，癔症性漫游；第三，癔症性多重人格；第四，癔症性精神病；第五，癔症性运动和感觉障碍；第六，其他癔症形式。

（2）没有可解释上述症状的躯体疾病。

【严重标准】

社会功能受损。

【病程标准】

起病与应激事件之间有明确联系，病程多反复迁延。

【排除标准】

排除器质性精神障碍（如癫痫所致精神障碍）、诈病。

【说明】

（1）癫痫可并有癔症表现，此时应并列诊断。

（2）癔症性症状可见于分裂症和情感性精神障碍，假如有分裂症状或情感症状存在，应分别做出后两者的相应诊断。

癔症的防治措施是：

（1）以心理治疗为主，充分使用暗示治疗，解除急性期症状。

（2）给家属做好解释工作，防止症状再复发。

（3）发现集体中有癔症出现，要立即进行隔离治疗，防止相互暗示。

（4）矫治性格缺陷，是预防的必要措施。

六、心理疾病的治疗原则

（1）必须以心理治疗为主，精神药物为辅。可采用多种心理治疗方法综合治疗。

（2）学校心理医生最好不使用药物。

（3）对于长期有抑郁症状的学生，可建议服用抗抑郁性药物。

（4）不可忽视对人格问题的矫正。

第六节 心理咨询中药物的使用问题

一、正确对待学生使用抗精神类药物

学校心理咨询工作者常常会遇到家长或学生来咨询这样的问题：有了心理疾病或心理问题该不该服用药物。这常常让我们的教师为难。要回答这个问题也比较困难，原因是药物与心理治疗之间的关系，至今存在着学术上的争论，有的学者把这类争议归纳为四种情况。

（1）只主张药物治疗，常常忽视有价值的心理治疗方法。

（2）对药物治疗持怀疑态度，他们虽然在心理治疗中使用药物治疗，但认为药物只起安慰剂的作用，把药物的作用看做社会心理作用的结果而不是对中枢神经系统的作用。

（3）积极主张心理治疗，指责心理治疗过程中药物的作用，认为药物的应用不仅助长了对生物治疗和医生的依赖，也降低了心理治疗的作用，钝化了病人的领悟能力。另外，药物也限制了病人通过潜在的努力去解决复杂的社会问题的能力。

（4）主张药物和心理治疗的结合。持这种观点的人，一方面期望药物能降低显著的症状，如焦虑、失眠、紧张等，降低主观痛苦。另一方面也希望药物能降低治疗领悟的阻力，促进交流，从而加速心理治疗的进程。

显然，持第一种观点者可能是对心理治疗缺乏了解的纯精神病学家，第二种观点则低估了药物的作用，第三种观点过于强调药物对心理治疗的负面影响，第四种观点注意到药物对心理治疗的正性影响（唐秋平，2001）。药物和心理治疗究竟是什么关系，至今仍然在探讨，仁者见仁，智者见智。

作为学校的心理咨询工作者，我们面对大多数学生的是心理问题，最严重的是心理障碍——各类神经症（包括怀疑有精神病前兆的学生）。倘若是精神分裂症患者，就应转介到精神病医院。因此，在学校中给学生进行心理咨询或治疗，不应该使用药物（我们的教师也没有处方权）。

目前，在心理咨询过程中有两个误区：

第一，将一切心理问题或社会问题医学化。学生一旦出现心理问题，医生治疗的结果就是给学生开一大堆的抗精神病药物，试图用药物来消除其心理问题。这主要是指那些没有系统接受过心理治疗培训的医师或精神病医师。他们除了开药之外，没有任何别的办法去对待心理问题。

第二，拒绝服用任何抗精神病药物。由于许多家长、教师没有接受过医学训练，对药物的作用认识根本不清楚，夸大了药物的副作用，以致谈“药”（指抗精神药物）色变，生怕药物会对学生产生不良后果。

从学校心理咨询工作的角度来看，这两种误区都是可以理解的。当对学生进行心理咨询时，其一，要进行心理诊断，判定学生属于什么性质的心理障碍。若发现是器质性精神问题、精神病，或者是由于躯体疾病而引发的心理问题，咨询人员应及时转介，并且鼓励学生按医嘱服用药物。在药物治疗中，学校心理咨询人员最好不介入；若介入也只能使用支持疗法、认知疗法，不要对药物的作用妄加评论。其二，心理诊断为神经症的学生，我们主张尽可能不用药物。我们在工作中看到许多患神经症的学生走了这样一条道路：心理问题产生——拒绝看心理医生，到医院找医生（多为神经科，少数看精神科医生）——吃药物——长期服药疗效不显著——拒绝服药——要求心理治疗。这给许多学生和家长带来一系列的新问题，也给学生进行系统的心理治疗带来一定的困难。临床的经验告诉我们，对学生的心理问题、心理障碍（包括神经症）使用抗精神类药物要慎重。其三，对于已被医院诊断了的心理障碍或心理疾病的学生前来咨询的情况，心理咨询工作者不要对药物的作用妄加批评。因为对有些严重的心理疾病，如患抑郁症的学生服用抗抑郁药物，可以改变脑内神经递质的变化。这类疾病应该服用药物来根治。而我们有些心理咨询工作者对这类学生服药常常乱指责，影响学生心理疾病的治疗疗效。对于这类情况，处理的原则是：不干涉或增加药物的暗示作用。总之，学校心理咨询机构在进行心理咨询或心理治疗工作时，最好不要使用精神药物。若学生正在服用药物，学校心理咨询人员最好也不去介入，在其服完药物后，再酌情去选择心理治疗方法。

二、对心理治疗和药物治疗关系的思考

心理治疗作为一门科学是运用心理学的有关理论和技术，对来访者进行帮助的过程。从理论上讲，它作为一个独立的手段和技术，与药物没有任何关系。假若两者之间存在关系，则应自心理治疗家们使用药物手段进行暗示和催眠治疗开始。

目前，临床工作者中在使用心理治疗方法的同时也使用药物，可能有以下几种原因。

（1）不懂得心理治疗方法，认为药物是法宝。对于没有受过心理治疗系统训练的各科医生（包括部分精神科医生），临床中遇到心理问题或障碍总感束手无策，只有使用药物来对付各种心理问题。这种方法实质上是一种将心理问题医学化的意识倾向，是在传统的医学模式教育之下造成的。他们认为心理治疗在临床上没有什么作用，只是安慰一下病人还可以，治疗还是药物起作用。

（2）心理治疗无法深入下去，只好用药物来应对。临床上可以看到两种情况，一种是对心理治疗方法没有深入进行研究和系统训练的工作者，对心理问题或障碍只会进行简单的治疗，无法深入下去，只有用药物去对付。另一种情况是对来访者的心理问题形成的原因并不清楚，治疗时不知何种方法最为有效。于是就药物治疗和心理治疗一齐上。

（3）满足病人的心理需求。由于多数来访者对心理治疗和心理咨询没有正确的认识，总是感觉和医生谈谈话不能解决自己的问题。在心理门诊中经常可以看到这种现象：来访者（或病人）心理咨询后没有主动交钱的意识。另一种情况在心理门诊中常见到，许多病人或来访者临走时会拐回来，问医生需要吃什么药。为了满足病人或来访者的心理需求，心理治疗加上药物治疗是一种常见的现象。许多心理医生也认为只要给病人开点药再去收钱才合理，同时也满足病人的心理需求。

（4）出于医院的经济效益考虑，必须使用药物治疗。从目前心理治疗的现状来看，心理治疗和心理咨询的收费标准还比较低。假如一个心理医生一天治疗或咨询的工作时间按8小时计算，每小时咨询1人，8个来访者或病人（事实上也做不到）每人按1小时收费40～60元（据了解我国心理医生收费标准大体相当，部分省市医疗标准规定省级医院心理咨询每人每小时40元）计算，一天一位心理医生的收入每月是难以维持自己的工资的，更谈不上完成医院下达的经济指标了。假如按传统的医学模式给病人开药，给医院带来的经济收入是进行心理治疗收入的几十倍或更多。正是出于这样的原因，许多医院不重视心理治疗和咨询。

然而，笔者作为长期从事心理咨询教学和科研工作的高校教师，根据自己的临床经验认为，心理治疗过程中使用药物不是心理咨询师和心理治疗师应该做的事情。原因如下。

（1）常见疾病可以分为躯体疾病、精神疾病、神经症、心理问题。而这四类之间各有交叉，构成一个相互交集的联结图。躯体疾病、精神疾病，是一个神经生化问题，这是医生的工作范围；而神经症、心理问题则是一个非神经生化问题，是心理医生的工作对象。

一般医生和心理医生工作对象交集最多的是神经症病人，也正是在这个问题上存在该不该用药的争论最多。一般医生（含精神科）针对躯体疾病、精神疾病使用药物毋庸置疑，因为疾病的器质性、神经生化问题必须用药物来解决。而心理医生面对的都是非器质性问题，药物对神经症、心理问题不能起根本作用。临床研究已经证明，药物治疗神经症是没有明显的疗效的。因为没有足够的证据证明它是一个纯生化问题，所以药物对这一类疾病没有太大的作用。

（2）高校非医学背景的心理医生许多没有处方权，即使有处方权，期望用药物来治疗神经症、心理问题，实质上也是将心理、社会问题医学化的一种倾向。此外，精神类药物具有独特性，非精神科医生难以把握，所以心理医生使用药物是混淆自己角色的一种表现。另一方面，非医学背景的心理治疗和心理咨询工作者也不能谈“药”色变，不能过分夸大药物的副作用或贬低药物的作用。面对接受过药物治疗的来访者，心理医生绝不能对药物的疗效妄加评论，以防止新的医源性心病出现。

有医学背景的心理治疗工作者，面对自己的来访者不进行深入的心理咨询和心理治疗探索，而去采用药物治疗，或心理治疗、药物治疗一起进行，都是不科学也是不恰当的。这种做法是形成心理医生职责不明、角色混乱的根本原因。在心理治疗中使用药物来补充心理治疗不足的做法，不是一个明智的选择。随着现代医学模式的深入和中国心理治疗与心理咨询的发展，相信人们对这个问题会有一个公认的答案。

第七章 学校常用的心理治疗技术

心理治疗作为心理疾病患者康复和促使个人发展的最有力的手段，是心理咨询工作者必备的技术。学校心理咨询工作者虽不需要去掌握较复杂的心理治疗方法，但工作的对象决定我们要掌握一切常用的心理治疗方法。

第一节　心理治疗的界定

一、心理治疗的概念

心理治疗主要是通过言语方式来达到治疗目的，即用心理学方法使情绪、人格或行为发生改变的治疗方法。①

北京大学陈仲庚认为，心理治疗是治疗者与来访者之间的一种合作努力的行为，是一种伙伴关系；治疗是关于人格和行为的改变过程。

北京大学医学部许又新认为，心理治疗是医生（或其他专业治疗者）用符号去影响病人，以促使疾病康复或增进病人心身健康为目的的一类治疗。

从以上心理治疗的定义中可以看出，各学派心理治疗家至今尚无完全统一的认识。从广义的角度来看，心理治疗是运用心理学的理论、技术、方法，或采取其他手段改变患者的不正确认知活动、情绪障碍及异常行为，消除其心理问题的治疗方法。狭义的心理治疗是指专业人员运用心理学的理论与技术，治疗心理或躯体疾病的方法。

心理治疗主要包括五个要素：

（1）实施者是受过心理学和医学专业训练的临床心理学工作者和医生。

（2）被实施者是病人（个体或群体），主要是精神、心理疾病和某些躯体病的患者。

（3）心理学的理论、方法和技术，主要是精神分析学、行为主义心理学、完形心理学、人本主义心理学、认知心理学等理论和方法。

（4）中介物是言语、表情、姿态和行为，以及特意安排的情境或药物。

（5）机制是通过影响病人的认知、情绪和行为，调动个体的积极性，促进机体的代偿功能，增强抗病能力，改善或消除病理状态，直到使病情好转或康复。

二、心理治疗的分类

心理治疗的方法很多，根据美国20世纪90年代初期的统计，目前有400多种心理治疗方法，主要用于临床、教育、体育等行业。对这些心理治疗方法从不同的角度可以有不同的分类。

---

① 参见朱智贤主编：《心理学大词典》，北京，北京师范大学出版社，1989。

根据医生与病人的沟通方式可以分为个别心理治疗和集体心理治疗；根据心理现象的实质可分为言语治疗、非言语治疗和行为治疗；根据病人意识范围的大小可分为觉醒状态下的心理治疗、非觉醒状态下的心理治疗和催眠治疗；根据治疗场所的不同可分为门诊治疗、住院治疗、家庭治疗和社区治疗。

第二节　心理治疗的程序和应注意的问题

一、心理治疗的程序

心理治疗是一项专业化和技术性较强的工作，而心理治疗的方法又多种多样，每一种具体的方法都有其特殊的步骤和程序。但是概括起来，其步骤和程序又有相同之处，一般分为治疗初期、治疗中期、治疗后期三个阶段。各阶段有各自的重点，要求学校心理治疗工作者做到心中有数，严格执行咨询或治疗计划。

二、心理治疗方法实施过程中几个应注意的问题

第一，要充分掌握学生的一般情况，在确定无器质性疾病的前提下选择心理治疗方法。

第二，选择适合心理治疗的适应症和对象。学校特别是中小学校进行心理治疗的对象主要是有心理问题和部分有心理障碍的学生。对某些把握不准的心理问题，不要实施心理治疗，以免延误病情，如精神分裂的早期表现、抑郁症等精神疾病。同时，要选择自己非常熟悉或经常使用的方法，不要去选专业性很强而自己又没有把握的方法。如催眠治疗对施术者的要求条件较高，没有接受过系统训练的人不可使用。

第三，进行心理测验，确定心理问题的根源和异常程度。对于青少年的心理障碍，不经过心理诊断难以确定问题的性质及程度。一般需要对患者的性格、情绪、智力进行测量，为明确心理问题及障碍的性质提供依据。

第四，学校心理咨询人员的言行是心理治疗的核心内容之一，咨询师的言谈举止、表情、姿态、态度、行为等都会对病人的心理产生影响。咨询师耐心、和蔼、富有同情心的态度，暖人心田的言语，权威性的解释和暗示，都是心理治疗的重要内容，其作用有时会远远超过药物的作用。

第五，心理治疗的过程也必须遵守保密原则。

第三节　学校心理咨询师常用的心理治疗方法

一、支持性疗法

（一）简介

支持性疗法是目前临床上常用的心理治疗方法之一，不需要特殊的条件和设备，较易

掌握和应用。一般心理辅导或医护工作者通过短期学习，都能较快掌握，可用于临床实践，是普及型心理治疗的重要组成部分。心理辅导或医护工作者应用劝导、启发、鼓励、同情等指导性方式，消除病人的疑虑。用保证、说服、评价等方法帮助和指导病人分析其面临的问题，使其能遵循正确的生活方式，并恢复心身机能平衡。

（二）基本理论

人在受挫后或接受环境所给予的严重压力或灾难后，会产生紧张状态。这种特殊的心理生理状态，不仅表现为焦虑、紧张、知觉过敏、表情不自然、注意力难集中、小动作增多等心理改变，还可有一系列的生理表现，如尿频、心跳、手颤、食欲不振、血压增高、头痛头昏、月经不调等。在心理紧张状态下，人们常通过心理平衡调节系统，采取一系列的摆脱方法。这些方法有的是正确的，有的可能是不正确的。有的心理紧张状态特别严重，超出了心理调节平衡系统调整的能力，就会发展为疾病。生病后的病人毫无例外地一方面焦虑、担心、害怕，另一方面又希望疾病能很快治好。这时，通过支持性心理治疗，增强心理平衡调节系统的机能，增强对心理紧张状态的承受力，支持病人采取正确的摆脱心理紧张状态的方法，以克服病理性的、不正确的方法，支持病人要求迅速治好疾病的心理，指导他去克服那些悲观、焦虑、恐惧、失望的心理，从而使病人与医生能密切配合，取得更好的疗效。

（三）具体方法或步骤

支持性心理疗法可采用个别或集体方式进行，主要以医护人员、心理医生和病人的对话为主，一般有以下步骤。

（1）收集患者的发病原因、家庭情况、社会背景、文化程度等一般性资料。

（2）心理诊断，通过各项检查及有关心理测验，明确心理问题的性质和程度。

（3）在明确问题之后，医护人员可与患者交换意见。谈话时要在安静的房间，最好单独进行。

（4）先由病人谈自己的病情，以及对病情的看法等问题。

（5）医护人员和心理医生根据病人的诉述及诊断的结果，向病人说明问题的性质、原因、治疗措施、预后等问题，并适当结合安慰、鼓励、保证、暗示等方法进行，消除病人对疾病的各种紧张、恐惧、悲观、消极等不良情绪，改变或纠正病人对疾病的错误认识或不正确的态度，从而使病人积极与医生合作，按医嘱医治。在进行分析、说明的过程中，病人有不同的意见，医护人员和心理医生可以保留，切不可与病人辩论争吵。

（6）每次治疗的时间一般以 1 小时为宜，每周不超过 3 次。一个疗程可视情况而定，但一般以不超过 10 次为宜。

（四）适应症

下列情况之一可使用此法。

（1）短期内遭到挫折或严重的灾难，以致产生抑郁、焦虑、惶惑不安、苦闷、紧张的病人。

（2）环境中长期存在矛盾、紧张或压抑，致使内心抑郁不安、心境不佳，感到前途渺茫，甚至产生消极观念的病人。

（3）患有各种躯体疾病，对疾病本质不了解，以至顾虑重重，消极悲观，或长期治疗不愈且对治疗信心不足，甚至对医务人员产生抱怨、抵触情绪的患者。

（4）患有各种心身疾病，对疾病疑惧，而在治疗中又必须解决其心理惹因，或在躯体患有疾病的同时存在心理紧张状态、焦虑抑郁者。

（5）各种神经症患者。首先要对其进行支持性心理治疗，在此基础上再结合药物治疗、物理治疗等，才能收到事半功倍的效果。

（6）对于患有各种顽症、绝症，如恶性肿瘤等的患者，为减少其痛苦及绝望心情，支持性心理治疗也是必不可少的。

二、放松疗法

（一）简述

放松疗法也称放松训练或松弛疗法，是通过一定的程式训练学会精神上或躯体上（骨骼肌）放松的一种行为治疗方法。放松训练是以达到肌肉和精神放松目的而采用的一类行为治疗方法，常常和系统脱敏法联系在一起。但现在它可以独立地作为治疗心理生理障碍的疗法，并且应用日趋广泛。现代放松训练首推的是渐进性肌肉放松训练，放松技术简单易行，在多数情况下，通过训练就可以医治许多疾病，且效果较好。

（二）基本理论

放松疗法是通过人的有意识的主观意志控制机体生理病理机能活动，以期达到降低机体唤醒水平，增强适应能力，调整那些因紧张反应所造成的紊乱的心理生理功能。研究表明，心理应激引起紧张反应与交感神经系统活动增强有关，而放松反应则以交感神经活动降低为特征。交感神经系统活动过度，通过引起过度的紧张反应而成为某些流行的和严重的疾病，如高血压、冠心病、溃疡病等的发展和变化的重要因素。松弛反应则由于有降低交感神经活动兴奋性，以及对抗紧张反应的作用，因而可以使疾病得到治疗和预防。也就是说，在放松状态下通过对神经、内分泌及植物神经系统功能的调节，可以影响机体各方面的功能，从而达到增进心身健康和预防疾病的目的。

（三）注意事项和具体步骤

1. 放松疗法的注意事项

（1）做好放松前的准备工作：在一个与周围环境隔离的房间中进行，室温适中，使病人在训练中不会感到太热或太冷。训练时室内要安静，不能有人说话或走动，有一把使患者坐下来感到舒服的椅子或沙发；放松前松开个人所有的紧身衣物（如腰带、领带等），脱去鞋、帽等。

（2）形成一种舒适的姿势，就是要患者的肌肉可以不必用力而能支撑住身体。患者轻松地坐在一张单人沙发里，双臂和手放在沙发扶手之上，双脚自然前伸，头与上身轻轻靠住沙发后背。

(3) 整个过程切忌吸烟、吃东西，因为这些多余动作，会破坏放松过程。要使患者牢记：放松动作以外的一切多余动作，都会影响放松效果。

(4) 合理安排放松时间。刚开始时，可集中时间数次训练，在家中每日至少两次。随着练习的熟练化，每日可一次。家中可安排在午饭后 1 小时或晚上睡觉前进行，每次 20～30 分钟。

(5) 务必做到持之以恒。这种训练不是一朝一夕的事情，需要经过数周乃至数月的练习，方能收到明显的效果，放松训练的远期疗效依赖于坚持定期练习，这就好像多数药物治疗的疗效依赖于坚持服药一样。

(6) 自我控制力差、过分焦虑、紧张或对该法有疑惑感、神秘感的患者不宜使用该法。另外，对 5 岁以下的儿童、智力发育不全、精神分裂症急性期、病因不明不能进行诊断，以及不愿意接受放松训练的人，不宜作为治疗对象。

2. 放松疗法的具体步骤

(1) 渐进性肌肉放松疗法的具体步骤。

环境要求：安静整洁的房间，光线柔和，房间周围没有噪声。行为治疗者多用会谈室对病人进行肌肉放松训练。

声音要求：训练时，一般是治疗者用语言指示病人放松，说话声音要轻柔、低沉和愉快。

准备工作：让病人靠在沙发上，使自己坐得舒适些。让病人闭上眼睛。

(然后，告诉病人)

“我现在来教你如何使自己放松。为了做到这一点，我将让你先紧张，然后，放松你身上的肌肉群。先紧张后放松的用意在于让你体验出什么是放松的感觉。因为只有知道了什么是紧张的感觉，我们才能更容易体验出什么是放松的感觉，从而学会如何保持这种感觉。现在，我先让你体验一下肌肉紧张的感觉。”

(治疗者用手握住病人的手腕，同时告诉病人)

“请用力弯曲你的前臂与我的拉力形成对抗；请用力回收你的前臂，同时体验肌肉紧张的感受。”(大约持续 10 秒)

“好，请你放松，不再用力，尽量放松，体验感受上的差异。”(停顿 5 秒)

“这就是紧张放松的基本用意。下面我将让你逐个紧张和放松你身上的主要肌肉群。从放松双手开始，然后是双臂、脚、下肢，最后是头部和躯干。”(停一下)

“现在我请你……”

第一步：“深深地吸进一口气，保持一会儿，保持一会儿。”(大约 10 秒)“好，请慢慢地把气呼出来。”(停一会)“现在我们再做一次。请你深深地吸进一口气，保持一会儿，保持一会儿。”(大约 10 秒)“好，请慢慢地把气呼出来，慢慢地把气呼出来。”(停一会儿)

第二步：“现在，伸出你的前臂攥紧拳头，用力攥紧，注意你手上的紧张感觉。”(大约 10 秒)“好，现在请放松，彻底放松你的双手，体验放松后的感觉。你可能感到沉重，轻松，或者温暖，这些都是放松的标志。请你注意这些感受。”(停一会儿)“我们现在再做一次。”(同上)

第三步：“现在，弯曲你的双臂，用力弯曲，保持一会儿，感受双臂肌肉的紧张。”（大约 10 秒）“好，放松，彻底放松你的双臂，体会放松后的感觉，注意这些感觉。”（停一会儿）“我们再做一次。”（同上）

第四步：“现在，开始练习如何放松双脚。”（停 5 秒）“好，紧张你的双脚，用脚趾抓紧地面，用力抓紧，用力，保持一会儿。”（大约 10 秒）“好，放松，彻底放松你的双脚。”（停一会儿）“我们再做一次。”（同上）

第五步：“现在，我们放松小腿部位的肌肉。”（停 5 秒）“请你将脚尖用力向上翘，脚跟向下向后紧压地面，绷紧小腿上的肌肉，保持一会儿。”（大约 10 秒）“好，放松，彻底放松。”（停一会儿）“我们再做一次。”（同上）

第六步：“现在，请注意大腿肌肉。”（停一会儿）“请用脚跟向前、向下压紧地面，绷紧大腿上的肌肉，保持一会儿。”（大约 10 秒）“好，放松，彻底放松。”（停一会儿）“我们再做一次。”（同上）

第七步：“现在，我们注意头部肌肉。”（停 5 秒）“请注意额头的肌肉，皱紧额头，保持一会儿。”（大约 10 秒）“好，放松，彻底放松。”（停一会儿）“现在，请紧闭双眼，用力紧闭双眼，保持一会儿。”（大约 10 秒）“好，放松，彻底放松。”（停一会儿）

“现在，转动你的眼球，从上，到左，到下，到右，加快速度；好，现在朝相反的方向旋转你的眼球，加快速度；好，停下来，放松，彻底放松。”（停一会儿）“现在，咬紧你的牙齿，用力咬紧，保持一会儿。”（大约 10 秒）“好，放松，彻底放松。”（停一会儿）

“现在，用舌头顶住上腭，用劲上顶，保持一会儿。”（大约 10 秒）“好，放松，彻底放松。”（停一会儿）

“现在，请用力把头向后紧靠沙发，用力压紧，用力，保持一会儿，保持一会儿。”（大约 10 秒）“好，放松，彻底放松。”（停一会儿）

“现在，收紧你的下巴，向内收紧下巴，用力，保持一会儿。”（大约 10 秒）“好，放松，彻底放松。”（停一会儿）“我们现在再做一遍。”（同上）

第八步：“现在，请注意躯干上的肌肉群。”（停 5 秒）“好，请你往后扩展你的双肩，用力往后扩展，用力扩展，保持一会儿。”（大约 10 秒）“好，放松，彻底放松。”（停一会儿）“我们再做一次。”（同上）

第九步：“现在向上提起你的双肩，尽量使双肩接近你的耳垂，用力上提双肩，保持一会儿。”（大约 10 秒）“好，放松，彻底放松。”（停一会儿）“我们再做一次。”（同上）

第十步：“现在，向内合紧你的双肩，用力，保持一会儿。”（大约 10 秒）“好，放松，彻底放松。”（停一会儿）“我们再做一次。”（同上）

第十一步：“现在，请抬起你的双腿，向上抬起双腿，用力弯曲腰部，用力，保持一会儿。”（大约 10 秒）“好，放松，彻底放松。”（停一会儿）“我们再做一次。”（同上）

第十二步：“现在，绷紧臀部肌肉，上提会阴，用力上提，保持一会儿。”（大约 10 秒）“好，放松，彻底放松。”（停一会儿）“我们再做一次。”（同上）

（休息两分钟，再从头做一遍）

结束放松：“这就是整个放松过程。现在，感受你身上的肌肉群，从下向上，使每一组肌肉群都处于放松状态。首先（慢），你的脚趾、你的脚、你的小腿、你的大腿、你的臀部、你的腰部、你的胸部、你的双手、你的双臂、你的脖子、你的下巴、你的眼睛，最后是你的额头，全部处于放松状态。”（大约 10 秒）

“请注意放松时的温暖、愉快的感觉，请将这种状态保持一两分钟。然后，我将从‘一’数到‘五’，当我数到‘五’时，请你睁开眼睛，你会感到平静、安祥，精神焕发。”（停一两分钟）

“好，当我数到‘五’时，请你睁开双眼，感到平静、安祥，精神焕发。一，感到平静；二，感到非常平静、安祥；三，感到精神焕发；四，感到非常精神焕发；五，请睁开眼睛。”

（2）自律训练法的具体步骤。

第一，患者坐在安乐椅上或以仰卧位睡在床上。两手放在扶手两边，头轻度前倾。仰卧时，两手放在身体两侧，两脚稍微张开。

第二，两种姿势应该闭目，全身肌肉放松，心情平静、安祥，使注意力高度集中，排除一切杂念。

第三，自律训练法的“六要”自我暗示诱导公式：

第一公式：双手、双脚沉重感（重感公式）

第二公式：双手、双脚温暖感（温感公式）

第三公式：心脏缓慢跳动感（心脏调整公式）

第四公式：呼吸有节奏感（呼吸调整公式）

第五公式：胃部温暖感（腹部温感公式）

第六公式：额部凉感（额部凉感公式）

这是标准练习公式。要求患者把这些公式作为自我暗示的方法，按一定顺序进行默念的自我意念性练习，以引起自身类似催眠的特殊状态。

第四，具体进行的顺序为：第一次只想到右手的沉重感觉，之后是左手、右脚、左脚。每进行 1～2 次后，再做以下的公式（第二公式、第三公式……）。必须注意，采取的方法是一种循环追加的顺序方式进行练习。右手—右手，左手—右手，左手，右脚—右手，左手，右脚，左脚，这样以叠加循环式顺序方式进行重复练习。

注意，在对特殊器官和疾病治疗时，可根据情况增加内容，如支气管炎，可加“喉部凉感”、“胸部温暖感”、“平均呼吸”等方法。

（3）呼吸调整法的具体步骤。当人们感到紧张或面临应激状态时，人的呼吸就会加快，即出现换气过度。过度换气会使过多的氧气进入血液循环从而造成血液中的二氧化碳、氧气的平衡被打破，造成身体上各种各样的不良反应。这时使自己放松的有效方法是调整自己的呼吸。具体做法是：

第一步，双手交叉放在小腹部。

第二步，用鼻子吸气，让你的小腹鼓起来。呼气时胸腔鼓起，小腹瘪下。呼气和吸气时要求缓慢、均匀，均用鼻子呼吸。

第三步，要重复几次，有一定的节律，以一分钟 8～12 次为宜。

（4）简单放松法的具体方法。找到一个比较安静的地方坐下，闭上你的眼睛。想象你的身体逐渐发沉、放松。然后用鼻子吸气，把自己的注意力集中在吸气过程；呼气时，注意力放在自己的心理感受之上。呼吸要求自然、放松。认真去做可以达到放松的目的。

3. 适应症

以上的方法适应于焦虑症、恐怖症、紧张性头痛、入睡困难、高血压等患者，以及需要解除焦虑、紧张状态的人。

三、系统脱敏治疗法

（一）简述

系统脱敏法也称缓慢暴露法，又称交互抑制法，是行为治疗的一项基本技术，由南非精神病学家沃尔普于1947—1948年在维瓦斯特兰大学的实验室中首创。这种方法主要是诱导患者缓慢地暴露于导致神经症焦虑的情境，并通过心理的放松来对抗这种焦虑情绪，从而达到消除神经症及焦虑习惯的目的。

（二）基本理论

沃尔普认为，人或动物的肌肉放松状态与焦虑情绪状态是一对拮抗过程，一种状态的出现会对另一种状态起抑制作用，即所谓的交互抑制。他通过大量的实验得出：当某一刺激情境同时引起两种相互对立的反应时，对正常反应的积极强化，可以起到对异常反应的抑制作用，并最终导致异常反应的消退。

沃尔普认为人类的神经症和动物类似，也是由于不良条件反射形成的。因此，只有系统地去掉条件反射（即系统脱敏），才可能有效地治疗此症。

（三）具体方法和步骤

系统脱敏技术包括三个程序：肌肉放松训练、建立害怕事件层次和实际治疗。系统脱敏可按下列四个步骤进行：

第一步，收集患者的病史和有关心身状态的应激史，明确患者的恐怖症状程度。

第二步，建立患者的害怕事件层次，即将焦虑反应按程度由弱到强排成“焦虑等级”。

建立害怕事件层次有两种方法：首先，在第一次会谈结束之前，让患者描述自己害怕事件的感受度。0为没有任何使自己感到焦虑的情境或事件，100为最感到焦虑的情境或事件。事先准备10张卡片，按等级排列好，然后结合卡片与患者讨论，建立害怕事件层次。其次，医护人员提问，让病人说出害怕的程度，从而建立一个害怕事件层次。

第三步，放松训练，训练患者学会一种与焦虑对抗的松弛反应。

第四步，在患者学会放松及建立害怕事件层次后，可进入实际治疗阶段。

系统脱敏实施可分为想象脱敏和现实脱敏。

想象脱敏是让患者进入想象的导致焦虑的情境并体验焦虑和恐惧，然后停止想象，报告自己的感受度，进行放松后，再想象前面的想象情境，即重复前面的过程。这种逐级抑制由弱到强的不同层次的焦虑，最后达到完全消除焦虑恐惧的目的。想象脱敏的每种感受要做3～4次，每次约需要30分钟，每次治疗时一个害怕情景的想象为5～10秒，间隔30秒左右再重复进行。

现实脱敏是将病人引入害怕事件所描述的现实情境中让其体验焦虑。反复多次后，病人逐渐适应该事件情境，不再感到害怕。然后，再将病人引入另一个害怕事件所描述的现实情境中，以此类推。

(四) 适应症及注意的问题

焦虑性或恐怖性神经症为系统脱敏法的适应症。系统脱敏法应注意以下问题：

(1) 增强患者对治疗的自信心。

(2) 在恐惧刺激时不应回避。

(3) 一定要先学会放松训练。

(4) 制定的害怕事件层次要合理。

(5) 对不能放松的患者，要求想象愉快情景，然后再进入，必要时给予适量抗焦虑药物。

四、厌恶疗法

(一) 简介

厌恶疗法又称恶性条件法，是用引起躯体痛苦反应的非条件刺激与形成不良行为的条件刺激结合，使病人发生不良行为的同时感到身体的痛苦反应，从而对不良行为产生厌恶，并使其逐渐消退。该疗法是一种具体的行为治疗技术。在临床上使用这一技术的代表人物是美国的沃格特林（W. Voegtlin）。

(二) 基本理论

该方法的理论基础是巴甫洛夫的经典条件反射学说和斯金纳的操作条件反射学说。研究表明，错误的与病态的行为，是在生活经历中特别是心理创伤的体验中，通过学习或条件反射固定下来的。通过再学习条件反射和强化手段，也能消除和纠正病态行为或功能障碍，建立健康的行为。

厌恶疗法的一般原理见图 7—1。

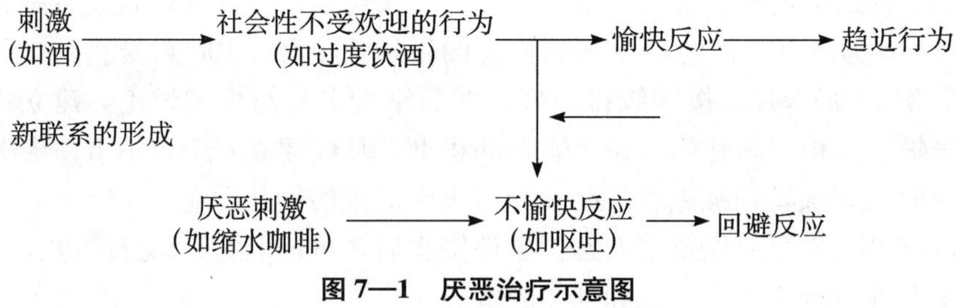

图 7—1 厌恶治疗示意图

(三) 具体方法

厌恶疗法的技术可分为电击厌恶、想象厌恶和药物厌恶三种方法。

1. 电击厌恶法

这种方法较简单，可以控制产生厌恶反应的精确时间和大小程度，常需要借助于一定的设备（厌恶治疗仪），让病人想象某一情境，如饮酒。当病人头脑中已清楚该情境时，请他抬起自己的右手或左手食指示意，治疗者立刻给予电击。休息几分钟，进行第二次。反复进行，次数可以从每日 6 次到每半月一次。每次治疗的时间为 20 分钟。

2. 想象厌恶疗法

让病人先学会放松，告诉治疗的理论和治疗的程序，让病人想象，如饮酒，让他想象自己酒醉后在大众面前做出丑态的表演：如在女性面前脱裤子，赤身裸体，或将饭菜呕吐一地，或呕吐到主人干净的床或被子上。然后停止想象，立刻感到舒服。每次治疗要有10～20次想象。

3. 药物厌恶法

以治疗饮酒过度为例，先让患者呕吐药物，然后让其饮酒，使之呕吐。连续7～10天，每次治疗可进行 2 次。

4. 橡皮筋弹痛法

把数个橡皮筋圆圈套在治疗者的手腕上，当有不良的行为或欲望时，自己立即用力拉动橡皮筋并迅速放开，使之产生疼痛刺激，以抑制不良的行为或欲望。同时也要计算拉弹的次数，直到这种欲望或行为消失为止。以后再次出现时再次拉橡皮筋，如果拉动的次数逐渐减少，说明已经有了治疗效果；如果拉动的次数增多，则要改用其他方法。

（四）适应症与注意事项

厌恶疗法主要用于矫正不良行为（如饮酒、烟、性变态行为）和治疗强迫症。使用该疗法应注意以下问题。

（1）该法会给患者带来不愉快的体验，甚至是痛苦的。因而治疗前要向病人讲清楚，征得患者本人的同意，使其有一个心理准备。

（2）在矫治不良行为时，应注重对正常行为的引导和培养，这是很重要的一点。

五、认识领悟疗法

（一）简介

认识领悟疗法是北京首钢医院钟友彬根据心理动力学理论结合中国的具体情况和多年临床实践于 20 世纪 70 年代末提出的。由于心理动力学源出于心理分析，因此认识领悟疗法又称“中国式的心理分析法”，也有人称之为“钟氏领悟疗法”。

（二）基本理论

钟友彬承认这一疗法是从心理分析和心理动力学疗法派生出来的。它保留了有关潜意识和心理防御机制的理论。他认为，人的幼年经历或遭遇对其个性和日后健康有重大的影响。从成年人的观念、作风和行为中可以看出他幼年所受的影响，本人有时是意识不到的。幼年期的生活经历尤其是创伤体验影响个性的形成，也是成年后形成心理疾病的根源。病人不知道他的病症来自于对幼年经历的不成熟评价，人们幼年早期的精神创伤或幻想引起的恐惧体验虽然被放入潜意识而被遗忘，但并没有消失，成年后在一定的诱发因素作用下，这种幼稚的恐怖情绪即再现出来，病人不自觉地用幼年方式来排除这种幻想和恐怖情绪，临床表现为强迫症。

由于心理疾病的根源是在幼儿期形成的，所以在病人的临床表现中可以看出幼年的影子，具有幼年的心理特点，属于幼年的行为模式，但发病时实际上已达成年，生理发育和智力也达到成人水平。于是便形成了成年的心理活动、行为模式和幼年心理活动、行为模式并存。治疗的原理是把无意识的心理活动变成有意识的，病人真正认识到症状的意义以得到领悟，症状即可消失。钟氏疗法是采用直接和病人一起座谈、分析临床表现的性质，使患者认识到感情和行为的幼稚性，领悟到这些感情和行为原来是幼年儿童的心理和行为模式，是和他的实际年龄和身体不相称的，从而主动放弃这些想法和行为。必要时，也让病人回忆容易忆起的幼年经历作为佐证，但不追究深入无意识的动机。

（三）具体方法和步骤

（1）采用直接会面的交谈方式。在病人同意下可有 1 名家属参加，其他人不能参加。每次会见时间约 60～90 分钟，疗程和间隔时间可协商。凡有书写能力的病人都要在每次会谈后写出医生讲话的内容、对医生解释的理解，并结合自己的病情进行思考，写出体会，提出问题。

（2）初次会见时，要病人及家属叙述症状产生、发展的历史和具体的内容，尽可能在 1 小时内叙述完毕。同时进行躯体和精神检查以确定诊断。若为该疗法的适应症，即可初次讲解，说明他的病是可以治好的。但务必要和医生积极合作。对医生的提示，要联系自己认真思考，要持积极主动态度。疗效高低、好转快慢和自己的努力程度有很大的关系。若初次会谈时间允许，可直接告诉病人他的病态实际上是用幼年的方式排除成人的心理困难或满足成年人的性欲，当前的恐惧情绪是幼年期恐怖情绪的再现等。解释的内容因诊断不同略有出入。

（3）在以后的接触中，可以继续询问病人的生活史和容易忆起的有关经历，但不要勉强回忆“不记事年龄”期的经历。对梦不做过多的分析，主要通过会谈建立病人与医生间的相互信任的良好关系，并使病人相信医生的解释。

（4）用较多的时间引导病人并和他一起座谈分析症状的性质，这些症状大都是和成年人的身体不相称的、幼稚的、不符合成年人思维逻辑规律的情感和行动。有些想法近似儿童的幻想，在健康成人看来是完全没有意义的，甚至是可笑的，只有几岁的孩子才那么认真对待、相信和害怕。有的行为是用幼年取乐的方式来解除成年的苦闷等等。这里要着重解决两个问题，一是各种病人都会有的一般性问题，为什么说症状是儿童的方式，为什么儿童的方式带有成年人的痕迹。钟友彬常举“火柴盒里有只大灰狼”和“拍皮球”的例子加以说明。为什么幼年方式不带有成年人的痕迹呢？钟友彬告诉患者，通常病人有四种年龄：实际年龄、生理年龄、智力年龄、情绪年龄。一般病人的前三种年龄基本相符，但第四种情绪年龄的发展落后于前三种年龄的发展。在通常情况下，情绪年龄不成熟是不明显的，但当遇到重大挫折之后，情绪的恐惧占了上峰，压抑了其他（理智等），产生了退行，以幼年的儿童方式表现出来。但此时因智力是成年人的，所以在幼儿的方式中不带有成人的痕迹，如儿童不懂癌症，成人懂得，情绪是儿童式的，恐怖的内容却可以是成人式的。

二是要解决病人的具体问题。病人在对上述道理理解之后，症状仍然出现，治疗者就要解决他们每个人存在的不同问题，指出某些行为、想法是儿童式的逻辑推理出来的，使病人心服口服。

(5) 当病人对上述解释和分析有了进一步的认识和体会之后，即向病人进一步解释其病的根源在于过去甚至幼年期。对强迫症和恐怖症病人指出其根源在于幼年期的精神创伤。这些创伤引起的恐惧情绪在脑内留下痕迹，在成年期遇到挫折时会再现出来影响病人的心理，以致用儿童的态度对待在成年人看来不值得恐惧的事物。对性变态病人，结合他可以记忆起的儿童性游戏行为，讲明他的表现是用幼儿方式来对待成年人的性欲或心理困难，因而是幼稚的和愚蠢可笑的。

（四）适应症

领悟疗法的适应症是强迫症、恐怖症和某些类型的性变态，如露阴癖、窥阴癖、摩擦癖和异装癖等。

六、森田疗法

（一）简介

森田疗法是日本学者森田正马教于1920年创始的心理疗法，在日本广泛用于治疗恐怖性、强迫性和疑病性神经症为中心的各类神经症，现在也是心身疾病的主要心理治疗方法。近年来，森田疗法受到国际上的重视，被推崇为一种有效的心理治疗方法，有独特的机理和体系。

（二）基本理论

森田认为，神经症的发病基础是病人的疑病素质。具有疑病素质的人生存欲望强，希望健康、幸福、努力向上。但其内省力也较强，常为自己的健康状况、生命安全和精神安宁担心。他们把一般人在某些场合可能产生的感觉（如过度用脑时头昏、紧张时心悸等）误认为是病而恐惧、紧张。注意力越是集中在这些症状上，感觉越敏锐，症状也就越重，形成恶性循环。森田把这一动力过程称为精神交互作用。森田还认为，人的精神活动也存在着一种类似屈肌和伸肌的互相调节的拮抗作用，这种拮抗作用的存在，可以保证人的精神安定和恒定的安全感。因此，和自己理性不符合的观念任何正常人都会有，一闪即过而不留痕迹。有疑病素质而且拮抗作用过强的人，这种观念一旦出现，便固执地反复出现，同时又反复控制，形成拮抗对立，通过精神交互作用，产生强迫观念症。另外，森田认为，有疑病素质的人是“完美主义者”，他们往往在欲求和现实之间，在“理应如此”和“事已如此”之间形成“思想矛盾”，并力图解决那些现实无法解决的矛盾，对不以人的意志为转移的客观现实采取主观强求的态度，促使症状越来越重。

根据上述理论，森田提出了治疗的原理。其要点是：陶冶疑病素质和破坏精神交互作用要达到这个目的，说理是徒劳的。正如从道理上认识没有鬼，但夜间走到坟地时照样感到恐惧一样，单靠理智上的理解是不行的，只有在感情上实际体验到才能有所改变。而人的感情变化有它自己的规律：注意力越集中，情感越加强；听其自然，不予理睬，反而渐渐消退，在同一感觉下习惯了，情感即变得迟钝了。

（三）具体方法或步骤

森田疗法分门诊和住院治疗。

1. 门诊治疗的步骤和原则。

第一，做好躯体检查。明确患者的感受属于功能性障碍，使患者了解症状和本质，指出这种症状不是病的异常，使其充分体验各种感受（主要是焦虑）。当然不是所有人都能做到的，顽固抵抗者也有。

第二，不排除症状，再痛苦也要原样地接受，带着“病”去从事日常生活工作，即“保持原样”。这样做的结果，患者便自然地把痛苦的注意转向无意识的状态，于是所谓苦的滋味便在意识中消失或减弱。

第三，把一切的思想、情感看做自然的心态，接受并肯定其存在。患者往往把自然浮现的思想感情赋予了某种价值，“这样想不行，那样的感情要不得”。结果反而不自然，使自己陷入不可能与可能的心理冲突之中。要指导患者“不管出现什么思想，考虑什么问题，或涌现出哪种感情都不在乎，善恶、优劣、美丑都是没有价值的”。这不是有理无理的问题，而是要认清这是人类的自然心态，要顺其自然。按森田的说法：“凡是自然的都是真实的。”

第四，把人的“本心”导入自然状态。所谓本心与生的欲望不同，而是一种自然实践欲求。患者通过感受（症状）认识自己的真实状态便是自然。一个普通人想了解自己的本心并不容易，对神经症患者来说，为了治愈，本心的自然是必须通过的一关。

第五，患者悟出上述道理后，逐渐进入具体生活关。首先，从处理身边的事物开始，凡自己能做的事，不要别人代做，力求自己完成。其次，不管多么小多么轻的工作都是任务，要高高兴兴地去做，按照别人喜欢的去做。现代人的患得患失观念应完全摒弃。这对一个从性格内向、以自我为中心的患者来说，是脱离自己转为外向的最好途径。

第六，指导患者树立“自己与他人，其心皆同”的观点，即平等观。患者自己做出的苦乐、善恶的区别感是不当的，应该以一首日本民歌指导自己：“像水鸟那样无忧无虑，我的思想就是自由奔放的”。

第七，当“傻子”，不把一切挂在口头上，如果整天去说症状，就会因“把注意力固着于症状”而吃苦。当自己有错误时，为了合理化常进行解释，当对方误解或不十分理解时，可以实际情况加以说明。对患者来说，允许说明，但不允许解释。

第八，指导患者以实事求是的精神面貌面对生活。对事物的看法，由于性格、素质和环境的不同而各异。按森田的观点，人生观可分三类：一是以理想为本位的人生观；二是以感情为本位的人生观；三是以现实为本位的人生观。医生要指导患者丢掉前两者，而力求以现实为主的生活。

第九，医生定期批阅患者的日记，按时还给患者，嘱患者保证下次再写再交。并向家属说明，不要对患者谈病问病，不要以病人对待他们。支持疗法和分析疗法可综合用于不能悟出森田道理的患者，但绝不能以此代替森田疗法。

2. 住院治疗的几个阶段。

第一期：绝对卧床期，4～7 天。病人独居一室，除了吃饭、如厕之外，其余的时间不得下床活动。禁止会客、谈话、吸烟、读书、写字等等。在此期间，病人自然出现各种想法，尤其是对病的各种烦恼和苦闷，因而可使病痛暂时加剧和难以忍受，对治疗表示怀疑。少数病人甚至要求中止治疗出院。病人把所有烦恼的事都想过以后，没有什么可以再想的了，就会感到无聊。所以第一期也叫无聊期。

第二期：轻活动期，4～7 天。仍然禁止交际、谈话、看书、看报、会客等。卧床时间在 7～8 小时之间，白天由护士或医生带出散步或做轻松的活动，晚上开始记日记，但不许写有关病的问题。

第三期：强活动期，4～7 天。可以阅读各种历史、地理、科普书籍。禁止会客、娱乐。参加较重的体力劳动，如割草、农田劳动等。

第四期：生活锻炼期，1～2 周。可以外出参加实际生活和工作，晚上回院居住。写日记，谈体会。为出院做准备。

住院期通常为 60～120 天，也可以为 45 天。

(四) 适应症

森田疗法主要适应各种神经和植物神经系统紊乱、各种心身疾病和心理问题躯体化的患者。

七、生物反馈疗法

(一) 简介

生物反馈疗法又称“生物回授疗法”。它利用现代生理科学仪器，通过人体内生理或病理信息的自身反馈，使患者经过特殊训练后能够有意识地用“意念”控制、消除病理反应，恢复健康。生物反馈疗法是 20 世纪 60 年代末在国外兴起的一种新型的科学心理治疗方法，也是心理治疗的一项突破性进展。生物反馈疗法也是近代医学科学的重大进展，不仅具有良好的临床治疗作用，而且有重大的理论意义，将会对心身医学、医学科学产生较大的影响，有广阔的发展前途。

(二) 基本理论

人的许多行为、习惯、技巧和智能是可以通过学习而获得的。但是人的内脏活动，如血压、心跳、胃肠蠕动、皮肤温度等是不是可以通过学习而改变呢？过去人们认为这些活动受自主神经系统的制约，不受人的意识支配、控制，因此是不能进行学习的。然而，科学实验结果表明，人的内脏活动是可以控制的，人的血压、心跳等内脏反应也都可以经过一番学习，使它们下降或上升、加快或减慢。心理学研究的这一领域就是生物反馈。美国心理学家米勒（Miller）不同意那种传统的认为自主神经系统的反应是非随意的，它们只能通过经典式条件反应引起变化，而操作式的条件反应则不能引起变化的陈旧观点，他于 20 世纪 60 年代初期，开始采用操作式的条件反应学习的方法，首先对动物的内脏反应进行训练研究，并于 1967 年首次获得成功，这就是现在所说的“生物反馈”。

生物反馈的贡献在于它第一次借助于某种仪器设备，使那些原来不能由人来随意控制的人体内脏器官机能系统的活动，进入人的意识中受人的随意控制，这无论是在理论上还是在实践上都有深远的意义。

（三）具体方法或步骤

第一，条件的准备。医护人员事先要准备好必要的生物反馈仪。现在已经应用于治疗的有肌电、皮肤温度、脑电、心电、皮肤电、心率、血压等多种生物反馈仪。治疗需要一个单独房间，一般室温在18℃～25℃，灯光偏暗，陈设整齐，并配置负离子发生器，以保证空气新鲜，不能有干扰。

第二，使病人做好心理准备。生物反馈疗法是一种心理治疗，因此，在训练前应该使病人有心理准备。向病人讲解该病的医学心理学知识，使病人了解该病与认知、情绪和个性特征之间的关系，认识到通过主观努力使全身或局部放松是消除心身过度紧张的最好方法，同时使病人了解仪器安全可靠，无任何疼痛和副作用，是帮助自己学会并迅速达到放松目的的最佳工具。

第三，测定基线数值。在安静状态下对患者心理、生理、生化和症状四个方面的基线进行测定。

（1）心理活动方面的基线数值的测定采用心理测验的方法进行，如各种人格和情绪量表。也可通过仪器测定患者的注意力、思维活动、反应时等多种能力。

（2）生理活动方面可测的项目有呼吸、血压、脉搏、肌电、皮肤电等内容。

（3）生化方面可视情况测定血、尿中的儿茶酚胺含量，唾液 pH 值，电解质等。

（4）主观感觉症状等级的评定，根据现有的症状与患者主观感觉来评定等级。症状等级一般分为 10 级，0 级完全没有症状，10 级症状最强烈。

第四，获得病人的基线数据后，再给病人应激刺激。如要求病人做心算或想象可怕事件，以观察病人的肌紧张反应，特别是头部肌肉反应的程度，并观察应激后恢复的时间。

第五，体位和仪器的安放。训练前解脱一些束缚躯体的物品，如鞋、腰带等。体位采用卧位或座位，采用座位时，头要舒适地靠在沙发背上。电极安放在全身各种部位或易放松部位。一般先安放在前臂或额部。若放在额部，两个记录电极分别放在双目平视时瞳孔上方眉 1 厘米外，一个参考电极放在两记录电极之间。各仪器的使用方法不尽相同，可根据仪器的特性进行使用。仪器的位置放在患者平视中能清楚看到或听到指导信号的桌子上。第一次治疗时，医护人员一定要在旁指导，使病人学会体验肌肉的放松程度与反馈信号变化的关系，了解到自己的意念活动可以影响体内生理信息的变化，从而能做到集中注意力，积极主动地参加到治疗中。

第六，训练应在指导语的引导下进行，指导语的速度、声音及音量要适当，通常用放录音的方式，使患者熟悉后自己默念指导语。

第七，该疗法一般需要 4～8 周，每周训练 2 次，每次要 20～30 分钟，同时要求回家后进行训练 1～2 次。这是不可缺少的步骤。

（四）适应症

生物反馈疗法在医学上的应用可以分为两大类：一类是利用反馈仪的信号来补充、完善体内的反馈联系通路，以达到加强对骨骼肌运动的调节能力和内脏器官活动的随意性调节；另一类是间接作用，即通过反馈训练，改变个体的行为模式，以达到抗应激的作用。

生物反馈疗法主要用于治疗各种心身疾病和神经症。在临床中主要用于治疗高血压、冠心病、溃疡病、偏头痛、紧张性头痛、哮喘、糖尿病、神经症、书写痉挛、神经性皮炎、皮肤瘙痒症、痤疮、失眠症、磨牙症以及中风偏瘫、脊髓损伤、脑性瘫痪、腰背痛等病症。

八、来访者中心疗法

（一）简介

这是一种以人为中心的治疗方法。来访者中心疗法也称“咨客中心疗法”，也有人译为“患者中心疗法”。它是人本主义心理疗法的主要代表。来访者中心疗法是由美国心理学家卡尔·罗杰斯（Carl Rogers）于 20 世纪 50 年代创立的。罗杰斯 1902 年出生于美国伊利诺伊州一个封闭的宗教家庭，早年攻读农业、生物、物理和神学。在神学院时，罗杰斯对心理学和精神病学很感兴趣，接触了行为主义的理论并接受了弗洛伊德学派的心理分析训练。1928 年获硕士学位。1931 年，在获得哥伦比亚大学博士学位后，被防止儿童凶杀协会的儿童研究所聘为心理学顾问，后成为该所的指导者。他埋头临床心理学工作 12 年。1940 年，罗杰斯在俄亥俄州立大学任心理学教授。1942 年出版《咨询和心理治疗》一书，提出了自己关于心理治疗的理论观点。1954 年出版了《来访者中心治疗》一书，为来访者中心疗法奠定了理论基础。罗杰斯被称为心理治疗的开山师。

（二）基本理论

罗杰斯创立的来访者中心疗法是用来反击精神分析理论的治疗方法。他否定了心理分析学派对人悲观消极的看法。在他看来，人的本质是好的，是诚实的，善良的，可以信赖的。这是与生俱来的，而某些“恶”的特性则是由于防御的结果而并非出自本性。而且他认为每个人都可以做出自己的决定，每个人都有着实现的倾向。若能有一个适宜的环境，一个人将有能力指导自己，调整并控制自己的行为，从而达到良好的主观选择与适应。

罗杰斯认为人是理性的，能够自立，对自己负责，有正面的人生取向，因而可以达到独立自主，从而迈向自我实现。心理咨询、心理治疗不是操纵一个消极被动的人格，相反是要协助来访者，让他的内在能力和潜能得以发展。

罗杰斯的来访者中心疗法具有以下特点：

（1）充分相信人有自我实现的潜力，认为来访者的这种潜力在与咨询员建立起融洽的关系后，就能得到释放和发挥。

（2）十分重视咨访间的关系，强调咨询人员应与来访者建立融洽的关系，给来访者以真诚、无条件的绝对尊重。

（3）以来访者为中心，咨询人员不是以权威或专家自居，而是一个有专业知识的伙伴或朋友，把主要责任交给来访者，以来访者为核心。

（4）强调动员来访者自身的潜力，而不是靠挖掘潜意识或改变反应形式来纠正其不正常行为。

(5) 咨询采用非指导性技巧，反对操纵和支配来访者，很少提出问题，避免代替来访者做出决定，从来不给什么回答，任何时候都由来访者确定讲座的主题，不提出需矫正的问题，不发指令，不进行调查、解释或分析，咨询中不采集病史，不下诊断。

(6) 不是把重点放在来访者的过去，而是直接处理来访者现在的情况，尤其是以来访者当前的情绪状态为重点。

(7) 咨询过程集中在来访者的思维和情感上，耐心倾听，注意共情，通过重复来访者所说的话来对其陈述中的情感做出回应，从而使其尽量表达和暴露自己，使其充分体验到情感和自我概念的不协调，从而促进改变。

(8) 咨询成功的标志是来访者人生态度的变化、生活能力不断提高。

(9) 关心的是人格改变的进程，而不是人格的结构。

(10) 把咨访关系看成建设性人际关系的特例，强调同样的原则适用于一切人际关系。

(三) 适应症

来访者中心疗法的适应症是一些因自身出现矛盾和冲突而苦恼的正常人，以及各种神经症。

(四) 具体方法及注意的问题

1. 来访者中心疗法所采用的临床治疗过程

首先，会谈时治疗者不是以一个权威专家的身份来分析和解释来访者在言谈中所暴露的问题，而是以一个朋友的身份鼓励来访者发泄内心的情感，对来访者所说的事情不做任何评价和指引，而是对他所表达的情感做出反应。激发来访者重复他在交谈中表现出来的基本情感，使来访者逐渐认识到自己在这一事件或问题中所克制的消极情感和自我评价。

其次，在治疗过程中治疗者不做解释，很少提问，也不回答问题，而是无条件正面关心病人，使来访者感到温暖。不管他暴露什么情感，总是充分理解和信任，有如治疗者进入来访者当时的情感中，让来访者看到治疗者是真诚的和表里如一的，对他的谈话是感兴趣的。在这样的气氛下，来访者没有顾忌地畅所欲言，逐渐从消极被动的防御性的情感中解脱出来，不再依靠别人的评价来判断自己的价值。由于每个来访者都具有对自我实现的健康态度，所以一旦认识自己问题的实质，就能发挥自己调节和适应环境的潜在能力，改善人际关系，从而达到治疗的目的。

最后，治疗的时间和次数一般不固定，由来访者自己决定，可以采用个别或集体治疗。

2. 采用来访者中心疗法应注意的三个问题

(1) 来访者中心疗法是一种非指导性的方法，治疗者的角色是一种助长者的角色。不要病人回忆压抑在潜意识中的心理症结，而是帮助来访者认识此时此地的现状，由于他缺乏自知不能正确地认识和处理当前环境的现状，拒绝感受当时的情感体验而产生病态焦虑，因此治疗的目的就是让来访者进行自我探索，了解与自我相一致的、恰当的情感，并用此情感体验来指导其行为，也就是靠本身的力量来治疗自己存在的问题。

(2) 治疗者的态度。在治疗或咨询过程中，治疗者的态度对来访者的改变非常重要。

要有同情心，要尊重、理解他们。治疗者是来访者的“镜子”，将他此时此刻的状态反映出来，采用不批判和接纳的态度。治疗者或咨询者要让来访者看到他本人的思想、感情、态度，做到来访者准备说的治疗者都能说出来。

(3) 无条件的接纳和关怀。即不管来访者处在什么处境，治疗者都会关怀他。这样来访者就会愿意去探索过去不想讲的问题。

以上三点是治疗者或咨询者成败的三要素。罗杰斯特别强调治疗者所制造的治疗气氛，以及治疗者与来访者友好的人际关系，从而使来访者可以安全而自由地探索自己的情感、经验与问题。

九、音乐疗法

音乐疗法是利用音乐作为治疗一些临床常见疾病的辅助手段。音乐，即使是最简单的乐谱，也能引起情绪的变化，对人的行为产生很大的影响，这是人类实践和近代医学研究所证明的。

(一) 心理音乐治疗的概念

音乐治疗是运用心理的方法，通过音乐手段来治疗心因性疾病及某些心身疾病的治疗方法。早在18世纪，国外就已开始了对音乐心理治疗的研究。到19世纪40年代，现代音乐疗法开始兴起，50年代产生一门新的学科叫“音乐理疗法”，临床实践始于60年代的美国、英国。音乐可以对人的生理和心理状态产生一系列影响，近年来，国内外有关研究表明，乐曲不同的节奏、旋律、音调和音色，能对人体起到兴奋、抑制、镇痛等不同的作用。如快速的、愉快的旋律可加强肌肉的张力，振奋精神；音调柔和、节奏徐缓的乐曲可产生镇静安神作用，使呼吸平稳；优美的曲子使人感到轻松愉快。不同的曲调也可产生不同的情感效应，有人认为E调安定、D调热烈、C调和蔼、B调哀怨、A调高扬、G调烦躁、F调激荡。

根据多年的实践，这种疗法已为国外广大心理性疾病患者所接受，临床实践证明，这种疗法是切实可行的，且有独特的疗效。

(二) 音乐和健康

自古以来，人类就把音乐当成一种自然药物加以利用，认为它能祛邪降福，不过这种治疗手段都被蒙上一层神秘的宗教色彩。国外学者的大量研究表明，音乐可以调节呼吸、循环、内分泌等系统的生理功能，对精神神经系统有良好的影响；音乐可以改善注意力，增强记忆力，活泼思想和丰富想象力，改善情绪状态，有利于调整人的个性特点和行为方式，消除孤僻儿童与周围环境的情绪和理智阻碍，加强人们对人生意义的认识和自我信心；音乐还具有良好的镇静、镇痛作用。慎重选用对症音乐处方可以消除精神紧张，减轻烦躁不安和焦虑。音乐对心血管系统产生良好的反射作用，可使血管舒张、紧张度降低，从而降低血压及改善心脑供血。国外有报道称，一曲动听的小提琴协奏曲可使血压下降10～20毫米汞柱。音乐还可以使呼吸道平滑肌松弛，减少呼吸道的阻力，起到解痉作用。

（三）音乐治疗机理

音乐治疗疾病是通过生理和心理两个方面的途径来实现的。声音是声波振动，和热能、光能、化学能一样，是一种能量。音乐对人的主要作用是通过物理和化学作用两个方面。一方面，当音乐具有一定规律频率变化的声波振动作用于人体各部位时，会引起人体生理上的反应。各器官部位（如胃收缩、肠蠕动、心脏跳动、肌肉收缩）随之产生有益的共振，使各器官节奏趋于协调一致，从而改变工作紊乱，达到解除疾患、迅速康复的目的。这就是音乐治疗的物理作用。另一方面，优美的音乐音波作用于大脑，提高了神经细胞的兴奋性，通过神经及神经体液的调节，促进人体唾液分泌，加强新陈代谢等作用，使人精力充沛，洋溢青春活力，这就是音乐治疗的化学作用。由此推定，音乐是通过声波有规律的频率变化，作用于大脑皮层，并对丘脑下部、边缘系统产生效应，调节激素分泌，促使血液循环、胃肠蠕动、新陈代谢等，从而改变人的情绪体验和身体机能状态。总之，音乐可以使人的情感得到疏泄，能够陶冶性情、调整心境。参加音乐活动可以唤起未被表现出来的潜在能力，使患者获得自信，进一步了解和接受自己，增强对他人的理解，并矫正其不良的行为、态度和性格，增强适应能力。健康可以影响人的情绪，情绪可以影响健康，情绪的体验在人体内部引起一系列生理生化的变化。如果一个人对于变化着的社会环境和生活事件不能够调整自身的心理活动形式和机体生理机能以进行恰当有效的适应反应，就会导致躯体处于应激状态。这种应激状态的持续可造成身体器官机能崩溃，从而导致一系列的心身疾病。音乐治疗正是利用音乐对人体有益的心理效应缓解躯体的应激状态，提高人的应付能力，使人能有效地适应变化的情绪和紧张的刺激，从而避免了应激状态对人的身心健康的伤害。

（四）治疗者与环境布置

1. 对音乐疗法专业人员的要求

（1）专业知识背景。具备心理学（临床心理咨询理论与技术）、音乐学（乐器、乐曲的专业知识）、音乐教育学（音乐教学法、特殊儿童教育学）等知识。在欧美各国，凡从事音乐疗法的专业人员须经过专业资格考核，取得音乐治疗师的资格才能上岗。

（2）专业素质。第一，一般心理咨询师的共有素质：有非语言的表现力、丰富的感受力、对个人内心世界的洞察力及没有偏见地客观分析问题的能力；具有较强的共感性，情感丰富。第二，特有素质：喜欢享受音乐，具有一定的乐器演奏经验和歌唱技术，有乐感、创造性、丰富的想象力和敏捷的反应能力等。

2. 治疗设施和构成

（1）治疗室。不宜过大，否则声音易扩散，效果不明显，甚至可能引起治疗对象的害怕情绪；但过小则声音共鸣不佳，给人受限制的感觉。最佳为 18～30 平方米，团体疗法为 40～50 平方米。

（2）室内布置。干净整洁，不紊乱，有一些玩具、装饰品，以没有强烈刺激为好，墙壁色彩柔和。箱式橱柜中放小型乐器和玩具，黑板一块，镜子一面，另有椅子（折叠式）、洗手间、日历、钟等。

(3) 乐器。包括晃动、摇动乐器，如沙铃等；打击乐器，如鼓、木琴、水杯、编钟等；按键类乐器，如钢琴、电子琴等；吹奏类乐器，如口琴、笛子、萨克斯管等；弹弦类乐器，如古筝、古琴、吉他等；拉奏类乐器，如小提琴、二胡等。

治疗室中乐器配置的原则：第一，与儿童手指发展相应的敲奏乐器；第二，能引发治疗对象的兴趣、诱发身体活动的乐器；第三，乐器的音色优美；第四，具有大众化特点，能进行团体合奏；第五，配以游戏用具、运动器具（跳箱、蹦蹦床、垫子、转椅）、笔记用具（图画纸、铅笔、黑板等）、音响（录音机、磁带）等。

（五）适应症

音乐是人类不可缺少的精神食粮，有选择的音乐能给人以欢娱和快慰，有规律系统的音乐治疗能解除人的心理疾患，从而起到良好的治疗作用。实践证明，心理音乐疗法对下列病症有明显的治疗效果，如神经症、原发性高血压、冠心病、肥胖症、消化性溃疡、支气管哮喘、糖尿病、甲状腺机能亢进症、斑秃、口腔疾病、某些妇科疾病等。

心情忧郁时，可选用莫扎特《第40交响曲（B小调）》、西贝柳斯《忧郁圆舞曲》、格什文《蓝色狂想曲》第二部分。

情绪急躁时，可选用韩德尔组曲《焰火音乐》、罗西尼歌剧《威廉·退尔》序曲中的《风暴》。

心绪不安之时，可选用巴赫《幻想曲和赋曲（G小调）》、圣桑交响诗《死亡舞蹈》、斯托拉夫斯基舞剧组曲《火鸟》第一乐章。

悲观厌世时，可选用韩德尔清唱剧《弥赛亚》、贝多芬《命运交响曲（G小调）》、柴可夫斯基《悲怆交响曲（D小调）》第一乐章。

自卑时，可选用贝多芬《第五钢琴协奏曲（皇帝）（降E大调）》、瓦格纳歌剧《汤豪金》序曲、奥涅格管弦乐《太平洋231》。

（六）音乐疗法应注意的问题

音乐疗法的主要手段是听音乐，然而听音乐不是听声音，其音乐必须是医生所开的音乐处方中指定的。音乐处方的确定则需要经音疗专家长时间从治疗机理点着眼，从临床实践参数中印证总结出来。如由个人爱好选取一些流行歌曲来听，往往会得到适得其反的治疗效果，这一点是务必引起注意的。

在心理辅导中，由心理辅导教师制定音乐疗法的实施方案。我国在这方面的研究不多，大多数的资料都来自国外。因而对不同情况的学生要选适合他们的音乐，同时也要注意总结自己的经验。

第八章

心理测量的技能和方法

第一节 心理测量概述

一、心理测量的发展

对学校心理辅导工作者来说，不论是进行心理诊断，还是进行心理咨询和心理治疗，都要以心理测验为基础。因此，从事心理辅导或心理咨询的人员必须掌握有关心理测量的理论和技术。而心理测验作为测量工具的一种，主要用于测量人的智力、能力倾向或人格特征及人格差异。

心理测验是一种在标准的情境下，抽取个人行为样本来进行分析和描述的方法，或者说，是对个体行为样本进行客观的、定量的和标准化的测定。心理测验作为研究心理现象的科学方法，已广泛应用于临床诊断。心理测验应该是心理辅导和临床咨询工作的手段、必备工具。通过各种心理测验可以客观地对患者的心理状态以及认识过程、情绪、意志、兴趣、性格、气质、行为等方面进行评估，是临床诊断和科研工作必不可少的方法。

心理测验由美国心理学家 F. 高尔顿于 1869 年首创。1905 年，法国心理学家 A. 比奈和 T. 西蒙编制出世界上第一个智力测验量表，此表于 1908 年、1911 年进行了两次修订。此后，智力测验盛行于欧美各国，形式增多，如斯坦福—比奈量表、韦克斯勒量表等。目前智力测验已广泛用于鉴别智力高低，挑选职工、士兵，评定心理机能。心理测验的主要特点是“标准化”，测验量表的制定、实施、计分方法及解释都须有一定的程序和严格的要求，不同于一般的考试。测验时有用器械或实物的，也有用文字或图表的。常见的心理测验有智力测验、性格测验、品格测验、能力测验、成绩测验等。

二、心理测验在心理诊断中的应用

心理测验从产生起，就一直被广泛运用于临床之中，已成为咨询、诊断、治疗的一个组成部分。随着社会的飞速发展，心理因素引起的疾病和各种心理障碍越来越多，在学校心理辅导和临床中就需要对人的心理状况进行心理诊断。而在心理诊断中，心理测验占有十分重要的地位。我们了解一个人的方式有很多，如谈话、观察、听取周围人对他的评价等，但这些都不能取代心理测验。因为测验可以对心理现象的某些特定方面进行系统评定，并且测验一般采用标准化、数量化的原则，所得到的结果可以参照常模进行比较，避免了一些主观因素的影响。

心理测验在临床中主要用于心理评估、诊断。临床中对躯体疾病，可以通过生理、生化指标来判断有无器质性病变。但对无器质性病变的心理疾病，或心身疾病的心理障碍，从生理、生化指标上却很难直接确认。这就必须借助于心理测验来进行，其作用主要表现在以下几个方面。

(1) 智力评估。心理咨询和临床中常对患者或学生的能力水平进行鉴定，或对脑器质性损害及退行性病变进行诊断，智力测验是重要的参考指标。

(2) 人格异常判定。许多学生的心理障碍和疾病的致病原因与人格因素密切相关。人的人格异常和缺陷指标可通过各种人格测验来判断其异常程度及人格中哪些具体的方面异常，为心理问题和疾病的诊治及康复服务。

(3) 行为评定。患者的行为的异常程度和症状的表现水平需要通过评定量表来评估。

(4) 情绪评定。心理问题、心理障碍和心身疾病都伴有一定的情绪反应，尤其是以焦虑及抑郁为突出。在许多医院和学校中，老师、医生常意识到学生、病人中的情绪成分，但繁重的工作压力和生物医学模式的影响，使他们不可能去区分情绪在疾病、心理问题中所起的作用是属于何种情绪障碍，因而就要使用各种测量或评定情绪的量表来判断。

(5) 心理诊断。对智力、记忆、思维、感知有无障碍或障碍的程度，需要进行诊断，以便为进行药物和心理治疗奠定基础。

三、心理测验的分类

据统计，目前心理测验量表已有 1409 种。根据标准的不同可将它们分为不同的类型。

(一) 根据功能来分

(1) 能力测验，包括智力测验、发展量表和特殊才能的测验。

(2) 人格测验，临床中常用的有明尼苏达多项人格测验 (MMPI)、艾森克个性问卷 (EPQ)、16PF、加州心理调查表，以及主体统觉测验 (TAT)、罗夏墨迹测验。

(3) 神经心理测验，主要用于在测量不同部位和性质的脑损害时，所损害的特征性心理功能，为临床的诊断、治疗和预后提供依据，著名的有 H—R 成套神经心理测验和 L—N 成套测验。

(二) 根据测验的对象来分

(1) 个别测验，是主试和被试一对一进行，如韦氏智力测验。

(2) 团体测验，一次可以对多个被试进行测验，如 EPQ、16PF、MMPI。

(三) 根据测验的方法来分

(1) 问卷法，测验多采用结构式提问方式，让被试以“是”或“否”在有限的几种选择上做出回答，如 EPQ、MMPI 及评定量表，多采用问卷的形式。

(2) 作业法，通过让被试进行实际操作，测量感知觉和运动等操作能力。

(3) 投射法，在此种测验中，刺激没有明确的意义，问题模糊，对被试的反应也没有明确规定。它是对深层心理的倾向性测查，如 TAT 图片测试。

第二节 心理测量中应该掌握的几个理论参数

一、信度

信度又称可靠度，指的是测量的一致性程度。一个好的测量工具必须稳定可靠，即多次测量的结果要保持一致，否则便不可信。信度用系数来表示。一般来说，系数越大，一致性越高，测得的分数也越可靠；反之则不然。在临床中使用心理测验时，要看标准化的测验手册，其中都有说明本测验的信度。无信度或信度不高的测验不可采用。

二、效度

效度是指测量的正确性，即一个测验或量表能够测量出其所要的东西的程度。效度所要回答的基本问题是：一个测验测量什么特性？它对所要测量的特性测得有多准？它反映工具的有效性、正确性如何？如测量一个患者的智力，如果选用的工具不是公认的智力测验量表，而是某门功课的考题，经过这样几次测量，虽然得分可能一致（信度高），但得到的却是一个人掌握知识的水平而不是智力。所以选用测验时要看其效度。

三、常模

在工作中对于测量后得到的分数应与经过标准化的常模进行比较，而后才能进行正确判断。常模是测验取样的平均值，即正常或平均的成绩。有了常模，一个人的测验成绩才能通过比较看出是优是劣、是正常还是异常。如正常人的体温一般不超过37.4℃，血压范围在95～60/60～94毫升汞柱范围，这些参数可以作为生理常模。标准化的心理测验都有可供参考的常模。

由于人的心理现象较生理活动更为复杂，所受的影响因素更多，所以每一种心理测验工具都要建立自己的常模，甚至同一量表在不同的国家、地区应用或随着时间的变迁，都要重新建立常模，这样才能保证测量结果的可靠性和准确性。

建立常模是一个复杂的科研过程。首先是要选择有代表性的样本，即随机抽样，这是建立常模的依据。取样要符合统计学的原则，否则会导致测量失真。其次是对标准化样本进行测量，所使用的工具也应和最后应用的工具相一致。最后是将测量结果进行统计处理（详见有关心理测验专著）。

第三节 心理咨询师的心理测验技能标准要求

中华人民共和国劳动和社会保障部于2001年3月颁发了《心理咨询师国家职业标准（试行）》（以下简称《标准》），这是我国首次由政府统一制定的行业标准。作为学校的心理辅导和心理咨询工作者，都要按照国家这一标准去执行。

一、心理咨询员的技能要求

《标准》规定从事心理咨询的初级人员，在心理测验的技能中应该达到以下要求。

（一）智力测验的要求

（1）能掌握韦氏智力测验，包括韦氏成人智力测验、韦氏儿童智力测验、韦氏幼儿心理测验三套方法、步骤和结果的初步处理。

（2）能进行瑞文智力测验；

（3）能进行比奈—西蒙测验。

（二）人格测验的要求

（1）能进行 MMPI—2（明尼苏达多项人格）测验。

（2）能进行 16PF 测验。

（3）能进行 EPQ 测验。

（4）能进行 CPAI 测验（中国人个性测量表）。

（5）能进行 UPI 测验（大学生人格问卷）。

（三）心理评定量表

（1）掌握 SCL—90 测验；

（2）掌握 SAS 测验；

（3）掌握 SDS 测验。

（四）群体心理测验的实施要求

《标准》要求心理咨询员能在心理咨询师的指导下，见习团体心理测验。

（五）心理咨询员的其他辅助工作要求

能协助上级咨询师进行文档处理工作。

二、心理咨询师的技能要求

（一）对量表的分数与转换的技能要求

（1）能编制量表。

（2）能进行建立测验分数的转换。

（3）能把握建立常模的过程。

（二）对测验的信度、效度与项目分析的要求

（1）能进行信度分析。

（2）能进行效度分析。

（3）能进行项目分析。

（三）对测验结果的解释技能的要求

（1）能根据智力测验的一般原则进行解释。

（2）能根据人格测验的一般原则进行解释。

（3）能根据心理评定量表的一般原则进行解释。

第四节　心理测验实施的方法和条件要求

尽管心理测验有用且有效，但在心理辅导、心理咨询和临床中绝不能滥用。因为心理测验是一种比较严谨的科学技术手段。其理论的提出、工具的制定，都要经过大量反复的论证和修改。最后在实际应用时，还要不断修订常模和验证效度。所以在使用测验时要考虑实施的方法和条件，以及使用测验者的资格。有权使用心理测验的人需要有一定的心理学知识，并经过专项测验工具的使用培训（测验编制单位或有资格培训的单位）。心理测验不是娱乐和游戏手段，也不同于一般的生理学测量方法。因为它涉及人的高级的心理功能，使用时稍有不慎，就会产生不良后果。使用心理测验的人员务必持有心理测验或心理评价资质证书，否则将给心理测验界带来难以弥补的灾难。因此，在心理辅导、心理咨询的过程中要注意以下几个问题。

一、心理测验实施的基本条件

1. 测验的选择

选择测验除要看测验的名称和作者，还必须考虑每个测验的特殊功能：选择测验的目的是什么，选择的测验能够起什么作用、适用年龄范围，以及信度、效度和常模是全国的还是地区的。

2. 要严格按标准指导语进行

当根据目的选择某一测验后，要注意指导语的严格使用。一般标准化的测验对指导语和施测的步骤有严格的规定。主试事先要熟悉本项测验的理论，熟练掌握手册内容。实施过程中的每一步都要按指导语进行，不可有任意性。处理结果最好选用测验编制者设计的计算机软件，以减少手工统计处理的误差。

3. 测验的环境及解释结果

在实施测验时，一般要在专用房间内进行；在团体测验时，事先要做好一些准备，并多准备一些问卷、笔，以防出现问题。个别实测主试要面对被试，时间最好选在被试精神状态最佳时。整个过程周围应安静，不能有干扰。非主试人员不可在场，实施中不允许有人打扰。

4. **测验的结果务必要按测验手册的处理方法进行**

结果由有心理测验资格的专业工作者进行解释，绝不可简单地将测验分数告诉被试本人，更不能将结果告诉“第三者”，这涉及隐私权问题。

二、提高测验效果的条件

1. **与被试建立友好信任的关系**

主试和被试的友好信任态度关系到测验结果的准确性。因而在实测时主试要主动对被试表示关心、热情、同情、友好并尊重他们。在测验中要有耐心，被试有了困难要设法帮助解决，加以鼓励，以增加被试完成测验的信心。对被试提出的问题给予必要的回答，对在测验中出现的各种问题要做记录，以供解释结果时参考。

2. **几种特殊情况的处理**

（1）对于不合作的被试，主试一定要耐心讲清楚测验的意义，以及在心理辅导、心理咨询和临床诊断、治疗中的作用，以争取合作。

（2）防止被试夸大自己的问题。测验过程中主试要有敏锐的观察力，对故意装病或夸大自己心理问题的被试，或不认真做测验的被试，要加以注意，并指出这样会对结果产生不良影响。在解释结果时也要考虑这个因素。

（3）对被试施测后的结果要严格保密，测验工作者有为其保密的责任和义务。

三、心理测验使用者的资格问题

测验的选择、施测、计分和解释都必须由受过专门训练的心理学工作者或医生来进行；不经过培训无权使用心理测验。同时心理测验工作者也要注意以下两点。

1. **保密**

包括两个方面。一是对测验材料的保密。测验的工具、手册、资料均属科研保密材料，应有人专门保管。二是对测验结果材料的保密。测验的结果只供心理诊断参考，不经被试本人同意，不得向任何人和机构公布。

2. **保证被试的合法权益**

不经被试本人同意，不得向有关部门提供证词、查询。

第五节　心理咨询师常用的几种心理测验技能和要求

一、智力测验的相关知识

（一）智力和智力单位

“智力”一词应用较广泛，但不同的人对智力概念的理解不同，到目前为止，尚没有一个公认的标准定义。智力测验，一般是由编制者按其认定的智力定义来组织编排测验材料。但所有的智力测验实际上都是分别测验各种能力的。不过，由于不同的智力测验所包括的性能不尽相同，故测验方法也不完全一样。

智力单位是在智力测验中衡量智力高低的尺度，最常用的是用智商（IQ）来表示。智商有两种，一种是比例智商，即 IQ=MA/CA×100。其中，IQ 为年龄智商，MA 表示智龄，CA 表示实龄。如果一个儿童的心理年龄等于实足年龄，他的智商为 100，代表智力水平一般。如果智商超过 100，说明儿童的智商水平高；低于 100 则说明儿童的智商水平低。IQ 在 120 以上称超常，IQ 低于 70 以下一般为低常。用智龄和实际年龄的比率来代表智商，叫比率智商（ratio IQ）。

比率智商有一个明显的缺点。人的实际年龄逐年在增加，而他的智力发展到一定阶段却可能稳定在一个水平上。这样，采用比率智商来表示人的智力水平，智商将逐渐下降。这和智力发展的实际情况是不相符的。

另一种为离差智商，即 IQ=15Z+100=15（X−M）/S+100，式中，S 为同年龄组平均分数的标准差，X 为个体测试分数，M 是同龄组的平均数，100 为平均 IQ，标准差为 15。例如，某施测年龄组的平均得分为 80 分，标准差为 5，而某人得 85 分，他的得分比他所在的年龄组的平均得分高出一个标准差，Z=（85−80）÷5=1，他的智商 IQ=100+15×1=115，说明他的智商比 84%的同龄人要高；如果某人的得分比团体平均分低一个标准差，Z=−1，他的智商 IQ 为 85，说明他的智商只比 16%的同龄人高，而低于一般人的水平。智商的分布情况见表 8—1 和图 8—1。

表 8—1　智商在人口中的分布

IQ	名称	百分比
130 以上	极优异（very superior）	1.33
120～129	优异	11.30
110～119	中上（hight average）	18.10
90～109	中等（average）	46.50
80～89	中下（low line）	14.50
70～79	临界（border line）	5.60
69 以下	智力缺陷（mentally retarded）	2.90

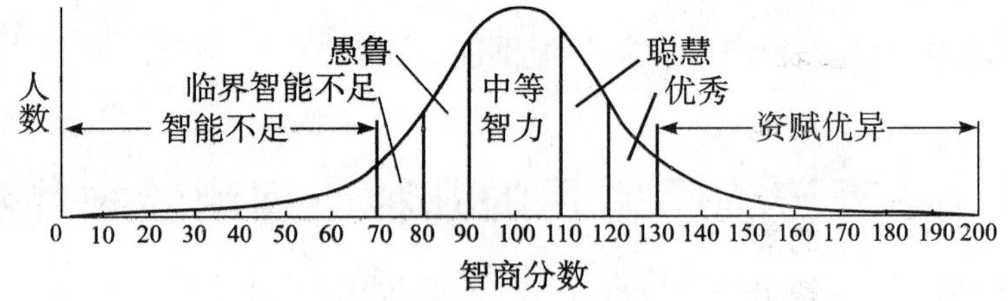

图 8—1　智力分布图

由于离差智商是对个体的智商在其同龄人中的相对位置的度量，因而不受个体年龄增长的影响。例如，一个孩子在测验中得分高于平均数 3 个标准差，那么，不论他的年龄有多大，他的智商总是 148。同样，一个智力平常的儿童，他的智商总是 100。离差智商克服了比率智商的弊病，但也存在问题。它容易造成对智力的绝对水平的误解。例如，一个人离差智商在70岁和在30岁时可能都是100，而智力的绝对水平并不相同，70岁时的智力应比30岁时的智力低一些。

（二）智力测验

智力测验是一种重要的心理诊断技术，它不仅能够对人的智力水平的高低做出评估，而且可以在某种程度上反映出病人有关的其他精神病理状况。因此，智力测验在临床工作中十分重要。

1. 比奈量表

1905年，比奈（Alfred Binet）和西蒙（Herbert Simon）合作编制了智力测验最早的智力量表，这也是世界上第一个用于评估人的智力水平的智力量表。我国目前正式使用的比奈量表是1981年北京大学吴天敏教授第三次修订的《中国比奈测验量表》，该量表适用于2～18岁儿童。整个量表共51道题，每岁3个试题。使用起来较方便，时间较短。

2. 韦氏智力测验

该量表是由美国大卫·韦克斯勒（David Wecbsler）所编制。共有3套：韦氏成人智力测验，适用16岁以上的成人；韦氏儿童智力测验，适用于6～16岁的儿童；韦氏幼儿智力测验，适用于4～6.5岁的幼儿。这三套智力测验是目前国际心理学界和医学界公认的最具权威性的智力测验工具。

这三套量表已由我国心理学家龚耀先、张厚粲教授分别修订。中国—韦氏成人智力量表（WAIS—RC）和中国—韦氏幼儿智力量表（C—WYCSI）由湖南医科大学龚耀先教授修订完成；韦氏儿童智力量表由北京师范大学张厚粲教授修订完成。目前医学界、心理学界常使用这三套量表，它们均属个别测验。

3. 瑞文标准推理测验

它是由英国心理学家瑞文（J. C. Raven）于1938年设计的非文字智力测验。自问世以来许多国家对它进行了修订，直至现在仍在广泛使用。它有重要的理论和实用价值，可以进行跨文化研究。瑞文标准推理测验可用于智力诊断和人才的选拔与培养，适用于5.5～70岁的正常人、聋哑人和智力迟钝的人。该量表可以个别实施，也可团体实施，使用方便、省时省力，结果直观简单，有较高的信度和效度。

4. 婴幼儿智能发育量表

婴幼儿智力测验，确切地说，就是对两三岁以前儿童精神发育的评定。所谓精神发育是相对于身体发育的一些行为而言的，它包括动作、感知觉、语言、适应行为、社交行为等。智力一般指抽象思维的能力、解决问题的能力，而两三岁以前的儿童还没有很好地表现出来，应该说“婴幼儿智力测验”是一个泛指的概念，所以有人将此称为“发育商”。目前，临床中常用的量表有：

（1）格塞尔发展量表。格塞尔是婴幼儿量表的创始人，他根据数十年对婴幼儿心理行为的系统观察，于1940年发表了格塞尔发展量表。这个量表适用年龄为4周至3岁。有四个行为领域的项目，这四大领域是运动、适应、语言、个人社会交往。该量表在小儿科和儿童保健部门应用较广，主要用做智力诊断。

(2) 丹佛发展筛选测验（DDST）。丹佛发展筛选测验是美国人弗兰肯伯与多兹制定的。它的目的是做智力筛选，而非诊断。筛选是筛出一个智力落后的大致范围，然后对筛查出来的可疑落后者，再进行诊断性的检查。这样可以节省时间，提高效率。DDST 适用于初生至 6 岁的儿童，共有 105 个项目，分别在运动、语言、精细动作、适应性、个人—社会行为等行为领域内，中国学者已将此量表进行了修订。

二、智力测验量表的操作技能要求

(一)《中国比奈智力测验》的操作要求

1. 简介

《中国比奈智力测验》是《第二次订正中国比奈西蒙测验》（陆志伟、吴天敏，1936）的修订本，是北京大学吴天敏教授于 1982 年主持修订的，适用对象为 2～18 岁的儿童。

这次修订在内容方面删改了一部分试题，增加了一部分试题；在评定成绩的方法上，把以实足年龄除以智力年龄求智商的方法改为以个人成绩与他所在群体的常模成绩相比较的结果为智商。虽然放弃了原有的年龄量表，但保留了按年岁范围计算智商的方法。在第二次修订中，一个项目往往有不止一个年龄标准，以致用起来很不方便。第三次修订取消了这种编制方法，改为每岁 3 个项目，从 2 岁到 18 岁共 51 个项目，以由易到难的顺序进行排列。施测时，先根据受试者的年龄从测验指导书附表中查到开始的试题，然后按指导书进行测验，通过 1 题记 1 分，连续 5 题不通过就停止测验。将受试者答对题目的分数，加上承认他能通过的题目的分数，便得到测验总分。最后，根据实足年龄和总分，从指导书的智商表中查得受试者的智商。该测验每测一人约需 20 分钟。

此外，为了节省测试时间，吴天敏还编制了《中国比奈测验简编》。该简编由 8 个项目组成，全部选自第三次修订的《中国比奈智力测验》。由于简编项目较少，所以使用方便省时，每测一次仅需 20 分钟。然后根据实得分和实足年龄，再利用转换表查其智商，便可得出被试智商的高低。由简编得出的智商虽然比较粗略，但还比较可信。

2. 测验的实施

(1) 测验开始之前，主试让被试或替被试填写记录纸上的简历，并签上自己的姓名。请主试签名是为了日后遇有情况不清之处，好请主试协助解决。

(2) 施测时，先根据被试的年龄从测验指导书的附表中查到开始的试题，然后按指导书的实施方法进行测验。

(3) 对照着记录纸，一个题一个题地做，熟读各试题的指导语，要求能在指导被试做每个试题时，自然而准确地说出，至少能在边读边说的情况下进行，不至于张口结舌或自行编造。

3. 测验计分

(1) 通过 1 题记 1 分，连续 5 题不通过停止测验。将被试答对的题目分数，加上承认他能通过的题目的补加分数，便得到测验的总分。

(2) 根据被试的实足年龄和总分，从指导书的智商表中查到相应的智商。

(3) 实足年龄要计算好。实足年龄＝测验时的年月日－被试的出生年月日

4. 注意事项

(1) 按测验要求，准备好一切物品，包括秒表、卡片、测验用的记录纸等，特别要多准备点铅笔、橡皮和小刀。

(2) 要主动迎接被试，请对方坐下。主试对被试保持一般的和善态度。在测验过程中，对于被试的有关试题内容的探索性问题，要使用中性语言。比如，对他说："你自己想一想。"对于被试的答案，不论对错，都不要有肯定或否定的神态，以免影响他的测验结果。

(3) 施行测验之前，应安排好一间安静的房子，内设一张桌子、两个凳子。施测时主试与被试对坐。主试可将指导书立在面前，以免被试窥视主试的记录，思想受到扰乱。

(4) 主试必须按照各试题的时限控制时间，不可随意延长或缩短。时限不包括主试用的时间。

(二) 韦氏智力测验

我国目前使用的韦氏智力测验，都是经过修订而成的。它包括三套，即韦氏成人、韦氏儿童和韦氏幼儿智力测验。

1. 韦氏幼儿智力测验

中国韦氏幼儿智力测验由湖南医科大学第二附属医院的龚耀先、戴晓阳于1985年主持修订完成，简称C—WYCSI。分别制订了城市和农村儿童使用的两套量表。这两套量表分测验相同，但是项目却不尽一致，目的是缓解文化经济背景的影响。C—WYCSI适于4～6.5岁的儿童，测验分为：知识测验（城市23题，农村21题）、图片测验（城市44项，农村42项）、算术测验（城市和农村均为21题）、图片概括测验（两个样本都是16个题，但顺序有异）、领悟测验（城市18个题，农村15题）、动物下蛋测验（城市和农村一样）、图画填充测验（两个测验各为25题，顺序有异）、迷津测验（两者相同）、视觉分析测验（两者都是22题）、临摹几何图形（两者相同）、木块图案测验（两者相同）。

(1) 测验环境要求。最好在儿童熟悉的地方，幼儿园、学校和家庭都可以，但是必须有适合儿童的桌椅。原则上不能有第三人在现场，以免干扰测验工作。

(2) 操作技术。施测者必须有熟练的操作技术，包括指导语、测验器材的放置方法、计时、记录、每个分测验的停止规定、取得儿童的合作、处理测验中的意外事件、计分标准、结果计算方法、结果解释、报告书写等。

合格的施测者，还要善于同被试建立协调关系。

每次测验前，都要温习一下测验手册，检查一下器材。在测查过程中，可以参考手册，但要机警一些，不要只盯着手册，而不注意对儿童的观察。

(3) 记录书写。测验记录的书写也是C—WYCSI测验的一个重要步骤。记录必须真实，有如下几条要牢记心中：

1) 每一项目的记录都要正确、字迹清楚。

2) 有些测验开头免做的项目，不要忘记加分。

3) 在计算粗分时，查对项目的附加分，校对动物下蛋分的换算工作。

4）每一测验的粗分核实后填入记录纸第一版的总结表格各相应栏内。

5）计算好儿童的出生年龄。

6）换算量表分和智商要准确无误。

2. 韦氏儿童智力测验

韦氏儿童智力测验中国修订本是由北京师范大学张厚粲和北京师范学院（现在的首都师范大学）林传鼎共同完成的。该量表适合于 6～16 岁的儿童，由 12 个分量表组成，分为两大部分，即言语量表和操作量表。内容如下：

第一部分，言语量表。包括：知识测验；相似性测验；算术测验；词汇测验；领悟测验；数字广度测验（此测验可代替任何一种言语测验）。

第二部分，操作量表。包括：画图填充测验；图片排列测验；木块图案测验；拼图测验；译码测验；迷津测验（此测验可代替译码测验）。

（1）关于测验的程序和时间。整个量表包括言语测验和操作测验各 6 个。言语测验中的“背数”和操作测验中的“迷津”属于备用测验，分别供某一同类测验失效时使用。

言语测验和操作测验交叉进行，为的是使整个测验过程更加有趣并富于变化。指导书和计分纸都是按照这个规定编排测验程序的。

每名儿童施行 10 个测验大约需用时 55～80 分钟。要尽可能使全部测验一次施行完毕。如有困难，可分两次进行。但间隔时间不得超过一周。

（2）关于测验的场所。测验不论设在哪里，都必须保证良好的照明和空气调节，并避免噪声或其他外界干扰。桌椅大小、高低要适合，桌面要平整。

施测时，在一般情况下，室内除主试和被试外不得有第三者在场。必要时，可加主试助理一人。主试和被试隔桌对坐。

（3）测验开始前应注意的事项。检查 12 个测验中应用的所有材料（放在工具盒内，详见每个测验的施行说明）和一般工具：秒表（或带秒针的手表）、计分纸和迷津、译码测验纸。要保证全部施测手续正常进行。

主试代被试填写计分纸，第 1 页上应由被试提供事实，其中学业成绩应向学校查询。同儿童被试交谈过程中应注意建立并保持友好关系，解除儿童被试的紧张和不安的心理状态。

实足年龄应准确计算，必须落实到几岁、几个月、几天，缺一不可。

（4）测验过程中应注意的事项。本量表大多数测验的计分规则都是客观的，不需要对儿童的回答做任何主观解释。但是关于“类同”、“词汇”和“理解”三个测验的大部分项目及“常识”测验的部分项目，其计分则可能要求主试做出判断。为此，对这些测验项目，主试必须在计分纸上写下儿童被试的答案，待测验过后进行评分，以保证计分的准确性。

按照计分规则所得的每一个测验的分数叫原始分。主试应将这些分数登入计分纸封面上相应的原始分栏内。原始分汇总后经统计加工，才能求出量表分，再换算为智商。

被试的上学期语文和数学成绩应由主试向有关的班主任查明，填入相应的空格内。计分纸封面下方留有备注栏，供记录测试过程中可能遇到特殊问题时使用，例如，被试的不合作态度、测验中断的原因、语言障碍、左撇子（写字、取物用左手）等等。

3. 韦氏成人智力测验

韦克斯勒成人智力量表早已为世界各地的心理学家、职业咨询专家广泛使用，并有各种形式的修订本。我国从1981年起，在湖南医科大学第二附属医院龚耀先教授主持下，对WAIS—R进行了修订，这次修订以WAIS为原本，分别制订了城市和农村两个版本，简称WAIS—RC。

（1）操作的标准程序。每一个标准化测验都有标准的操作程序，进行测验时务必按标准程序进行。除非在临床应用时，因某些特殊情况，在不得已的情况下方可进行适当的变动。

在操作中国韦氏成人智力量表时，一定要按照该量表的标准程序进行。这些程序均在手册中有规定，所有采用此量表的人员，一定要阅读手册。如对W—BI或WAIS有经验，要注意本量表与前面两个量表的不同点，不能用前者的方法来操作后者。进行心理测验的共同原则，必须先检查要使用的测验工具，按应用的顺序组织材料，有一个合适的测验房间。

主试必须受过个别和团体测验的训练，掌握了本量表的测验技术——提问技术、鼓励回答的技巧、书写回答格式及方法、计分方法、计分标准、原始分（粗分）换算标准分（量表分）的方法、计算智商的方法、对结果做解释等。

（2）本修订量表的特点。第一，对不适合我国文化背景的分量表和项目，做了修改或更换，在难度等级上和原项目接近，并经过预测进入WAIS—RC；第二，保留了大部分施测方法和指导语，在个别地方做了修改或补充，并根据城市和农村两个版本的不同要求，完全更换了词汇测验，相应的施测方法和指导语也做了修改；第三，修改了部分计分标准，比原计分标准更细。

（3）进行测验的顺序。一般都是按先言语测验（知识、领悟、算术、相似性、数字广度、词汇）后操作测验（数字符号、填图、木块图、图片排列、图形拼凑）的顺序，在标准化取样时是如此进行的，所以测验时也如此进行。但在个别情况下可适当改变一下，例如，遇到言语有障碍（如口吃）的被试，为了解除其紧张情绪，不妨先做一两个操作测验。对那些特别紧张、害怕做不好而失面子的被试，除了鼓励以外，也可以先从他有把握做好（估计）的测验开始。通常都是一次做完，但对那些容易疲劳的被试（如脑器质性患者）和动作迟缓者，测验可分次完成。

在每个分测验中，题目都是按难度顺序排列的。算术、图片排列、木块图案、图形拼凑、数字符号都是有时间限制的。另一些测验不限制时间，应让被试有适当充裕的时间来回答。对于有时间限制的项目，以反应的速度和正确性作为评分的依据，超过规定时间即使通过也计0分，提前完成的，按提前时间的长短计奖励分。不限时间的项目，则按反应的质量给予不同的分数，有的项目通过时计1分，未通过计0分；有的项目按回答的质量，如概括的深度计0.1或2分。

（三）中小学生团体智力筛选测验（中国修订本）

1. 测验简介

该测验是以美国蒙策尔特（A. W. Munzert）编制的“IQ-self-test”为蓝本，经过在上海的试用修订而成的。每题无时间限制，但总测验限时45分钟（指导做法及练习时间外加5分钟左右，小学生可适当增加练习时间）。

在上海修订试用的基础上，本测验进一步制定出代表全国六大区域8～17岁儿童的全国常模。根据标准化样组的常模数据，经各项心理测验标准化的检验，说明本测验修订的全国常模的信度、效度方面都达到了所要求的指标。同时，由于它实施简便、省时，所以可作为中小学校对学生进行大规模智力调查或教育科学实施的测评的理想工具。

2. 适用对象

该测验为“纸—笔”测验，适合于小学三年级至高中三年级的学生智力筛查之用。

3. 实施过程

第一步，要求学生准备好笔，并且要求填好基本情况。待学生安静下来后，主试按照指导语的要求念给学生或让学生自己大声念。第二步，要求学生做练习，主试答疑，指导学生做练习。第三步，等到全部学生都做完后，全体学生再一起开始下一题。

4. 评分标准

该测验采用“1”、“0”两极评分的方法，答对得1分，答错或不答得0分。然后将各题得分相加得出测验的原始分，最后根据原始分数和年龄的关系查常模表，将原始分转换为智商。

三、人格测验量表的操作技能要求

人格测验对临床心身疾病和心理障碍的诊断极为重要。目前常见的人格（个性）测验很多，但大体上可分为问卷测验和投射性测验两类。

（一）艾森克个性问卷（EPQ）

EPQ由英国心理学家H.J.艾森克夫妇编制，目前在国际上的应用十分广泛。我国引进并修订了两种，北方有北京大学陈仲庚修订版85题，南方有湖南医科大学第二附属医院龚耀先修订版88题。该量表由四个分量表组成，E量表为性格倾向性，N为情绪性，P为变态心理倾向性或精神质，L为效度量表，已广泛应用于临床。量表有适用于儿童和成人两种形式。通过该量表测验，可以查出气质类型，判定心理健康程度。该量表省时省力，备有计算机处理软件，可用于临床心身疾病的常规检查。

1. 实施方法

EPQ的成人和儿童问卷包括P、E、N和L这四个量表，各量表又分别包括不同数目的项目。每一项目只要求被试回答“是”或“不是”（或“否”）。一定要做回答，不能遗漏。发卷后向被试说明回答的方法，便由他自己逐条回答。可以个别进行，也可以团体进行。

为了节约问卷纸和方便计分，将回答纸与问卷分开。问卷上印有所有项目，儿童答卷印有题号和“是”与“不是”（成人答卷印有“是”与“否”）。被试对问卷的每一个题目都必须答“是”或“不是”。

在问卷上印有指导语，在实施时一定要让被试读懂指导语，然后再去做题。

与答卷套齐，然后逐条回答，只需在“是”或“不是”上画“√”便可（问卷可反复使用，每一个被试每次只用一张答卷）。回答完毕后，一定让被试检查是否有遗漏。

2. 计分方法

手工计分法。事先做好 4 张计分套板，将计分板套在答卷上便可计算各量表的得分。如果规定答“是”，某人在此画了“√”，便计 1 分，如果划了“不是”便不计分；同理，如果规定答“不是”，在划了“不是”时计 1 分，划了“是”不计分，最后统计各量表的总分。修订后的问卷，成人和儿童均为 68 项。P、E、X 和 L 量表在成人和儿童量表中分别包括 23、22、24、20 和 28、25、25、22。各量表的项目数即它们的最高分，没有或绝少有人得最高分的，同样也没有或绝少得 0 分的。各种年龄和不同性别有各自的平均分数作为常模，且可根据此常模对某一被试的得分来做个性描述。

（二）明尼苏达多项人格测验（MMPI）

1. MMPI 量表简介

MMPI 属于人格调查表，但它偏重病理心理、人格方面，是由美国明尼苏达大学哈撒韦（S. R. Hathaway）和麦金利（J. C. Mckinley）1943 年编制的。调查表为每个被测的个性特点提供客观评价，而这些正是临床医师和心理学工作者所关注的。该量表多年来一直被广泛使用，应用范围也扩展到各个领域，如人类学、心理学、医学、社会学等。MMPI 有 566 个题目，临床常用其中 399 个。在临床中的作用主要是协助医生对病人的精神状况做出诊断并确定病情轻重，对于疗效判定及病情预后也有一定的参考价值。该量表适用于 16 岁以上的成人，中国科学院心理研究所宋维真教授等对该量表进行了修订，使它成为我国临床中常用的权威性量表之一。

在临床应用上采取了 10 个量表，缩写如下：

HS（hypochondriasis）疑病

D（depression）抑郁

Hy（hysteria）癔病

Pd（psychopathic deviate）精神病态

Mf（masculinity-femininity）男性化—女性化

Pa（paranoia）妄想狂

Pt（psychasthenia）精神衰弱

Sc（schizophrenia）精神分裂症

Ma（hypomania）轻躁狂

Si（social introversion）社会内向

除此以外还有四个效度量表：

L 说谎分数，分数高表示答案不真实。

F 诈病分数，分数高表示诈病或确系严重偏执。

K 校正分数，分数高表示一种自卫反应。

Q 疑问分数，不能回答的问题或者用“?”代表。

2. 施测方法

（1）测验方法。被试条件：年满 16 岁，具有小学毕业的文化水平，没有什么影响测验结果的生理缺陷者均可参加此测验。也有一些研究者认为，如果被试合作并能读调查表上的每个问题，13～16 岁的少年也可完成此测验。但是少年被试往往由于年轻，生活经历较短，对问题的内容不易理解，会影响测验结果。因此成年人和少年的测验结果是不能相比的。

另外，被试的临床表现也是重要因素之一，填答此调查表是个需要较长时间而又枯燥的任务，如果一个人焦虑或情绪不稳定，经常表现出对完成这个任务不耐烦，这时，可将测验分成几次完成。如果一个人较慌乱，不能理解指导语并按照指导语去做，可以用录音带或由一个固定的人将题目读给被试听，由被试或主试记录下反应，这样可得到满意的结果。

（2）测验条件。虽然进行此测验不像某些智力测验那样需要严格训练，但是不要忘记个性的测定是一个严肃的工作。测验开始时，只有一个简单指导语，然后由被试自己对题目进行回答。在这种情况下，有些被试很想从主试那里得到一些暗示，因此，主试一定要注意自己的态度和所说的每句话，切勿因自己的疏忽而影响测验结果。

如果是没有经过特殊训练的心理测验工作者施测，他们（医生、护士或其他工作人员）在熟悉调查表的全部材料情况下，也可进行此项工作。这个工作可以作为接受病人入院时的常规手续。例如，向病人说明："你要认真地回答这些问题，医师需要了解关于你的情况，以便更好地进行治疗。"进行测验之前，一定要让被试知道这个测验的重要性以及对他的好处，以便得到他的合作。如果有的被试仍然轻率行事或不愿暴露自己，主试就要凭自己的经验尽可能弄清情况，做好工作，争取被试的合作，并详细记录测验时被试的表现。

另外，应该向被试讲清楚，如果他遇到什么问题不能回答，可以空下来，但应尽可能回答，不要让空着的问题太多。还要告诉被试不要对每个问题做过多的考虑，个性各有不同，对每个问题的回答无所谓正确与不正确、好与不好。如果被试问道，有些想法以前有过，而现在没有了，该如何回答，可告诉他以目前状况为准。

（3）操作方法。有两种主要形式。第一种为卡片式，即将 550 个题目分别印在 550 张小卡片上，让被试根据自己的情况，将卡片分别投入贴有"是"或"否"及"无法回答"标签的盒内。

第二种为问卷式（或称"分组式"），将 566 个题目印在问卷上，让被试在另一张纸上，根据自己的情况，在相应题号的空格内划上记号，不能回答则不划。此种形式可对一个以上的被试同时进行。

1966 年发表的 MMPI 的修订版，内容无改变，只是题目排列次序不同。与临床量表有关的题目集中在 1～399 个题目内，400～566 题与另外一些研究量表有关。

除以上两种操作形式外，还有供特殊被试用的录音带形式及各种简略式（题目少于 399 个）。但无特殊情况时，一般都采用 399 题或 566 题的问卷式。

在进行本测验时，主试必须熟悉测验的全部材料（包括调查表的内容、简介及指导语），了解被试的情况（如被试的理解力、识字能力及身体情况）。进行测验的房间的亮度与温度都要适当，并且尽可能地安静。问卷必须是整洁的，不要有涂抹痕迹。要准备好铅笔、橡皮。

在开始测验时，首先把问卷封面的指导语读给被试听，并说明做完全部测验大约多长时间。如果被测验的人数较多，可利用板书讲解测验方法。测验开始后，主试要看一下每个被试是否在答案纸上把姓名、性别、住址等项填写好，所答题目号数与答卷上的题号是否符合等等。如果是分段进行，一定要在每次答完的最后一题上做上记号。如果只做 399

题，事先在第 399 题后面画一条横线，以表示到此为止。

(4) 计分方法。计分方法有两种：一种是用计算机计分，将答卷输入机器内，自动计算出结果来，这种计分方法需有特制的带磁性铅笔及固定型号的答卷纸；另一种方法是人工计分，这种计分方法，需借助 14 张模板，每个量表一张，Mf 为两张，男女各一张。每张模板上均有一定数量的和题号相应的计分圆洞。具体步骤如下：

第一步，将答卷纸按被试性别分开。

第二步，将答卷纸上同一题标有两种答案的题号用颜色笔划去，算做没有回答，与“无法回答”的数目相加，作为 Q 原始分数。如果超过 30 分则答案无效。如重复题前后不一致超过 4 个，则应考虑此答卷的可靠性。

第三步，将每个量表的模板依次覆盖在答卷上，对准。数好模板上有多少圆洞并画上记号，这个数目就是此量表的原始分数，然后登记在答卷纸上此量表的原始分数栏内。

第四步，在 Hs、Pd、Pt、Sc、Ma 的原始分数上分别加上一定比例的 K 分，如 Hs＋0.5K，Pd＋0.4K、Pt＋1.0K、Sc＋1.0K、Ma＋0.2K。例如，某个被试 K 量表原始分数为 10 分，则在其 Hs 原始分数上加 5 分、Pd 加 4 分、Pt 加 10 分、Sc 加 10 分、Ma 加 2 分。

第五步，将各量表的原始分数登在剖析图纸的原始分数栏内，并在图中找出该被试在每一量表中所得的原始分数点，各点相连即成为剖析图。Hs、Pd、Pt、Sc、Ma 则登记加 K 后的分数。但要注意将剖析图按性别分为男女两种。

随着计算机的普及，现在国内外很多心理测验已用计算机代替了纸笔测验。只要将 MMPI 的项目、操作方法、打分标准编成程序，输入计算机。被试面对显示器，注视着呈现的每一条项目，然后在按键上做出“是”或“否”的反应。当整个测验进行完毕后，打印机就将该被试的测验结果全部打印出来。这样做虽然对主试来说可以节省计算结果的时间，但在经济上开支较大。

（三）卡特尔 16 项人格因素测验（16PF）

1. 简介

该测验由美国心理学家卡特尔（Raymond B. Cattll）编制。16PF 由 187 个题目构成，可对人的 16 种性格特质进行测量。16PF 可作为了解心理障碍的个性原因及心身疾病判断的重要手段之一，对人才的选拔和培养也有参考价值。该量表适用于 16 岁以上成人。使用时可用模板和计算机处理，是一种省力省时、使用方便的临床量表之一。

2. 测验的实施方法

(1) 实施前的要求。正式测验前首先要和被试之间建立良好的人际关系，努力防止被试因某种动机的驱使，故意曲解题意、拒绝回答、故意说谎。要求工作人员在施测之前进行简短的说明，告之诚实对被试的好处，以得到被试的良好配合。

(2) 引导被试理解问卷前的简短说明，让他们自己默读或主试朗读。务求让被试对问卷前的说明有真正深刻的认识，真正愿意合作。

(3) 引导被试做 4 个例题的练习，对例题可以讨论、说明，使被试掌握测验的方法和要求。

(4) 测验前要求被试必须在答卷上先填好姓名、年龄、文化程度、测验日期等栏目所要求的内容，方可进行测验。

(5) 上述各项工作做好后，方可打开问卷。告诉被试按说明的要求认真而迅速地回答。主试要及时巡视，发现并矫正不正确的回答方式。

(6) 收回问卷时，要检查答卷有无遗漏或一题答了三个或两个答案的。如有上述情况，要立即补救。

(7) 对有文化的人来说，要求在 45～60 分钟左右做完。对文化水平低或有疾病、缺乏耐心的被试，可在他们困难时帮助说明题意，但是不能暗示答案。

(8) 特别强调不准在问卷上做题。只能在答卷纸上回答，一定要保证问卷上干净，以便下次使用。

(9) 对合乎要求的问卷，可以用模板或计算机处理。

(四) 主体统觉测验 (TAT)

该测验是一种投射性测验，由美国哈佛大学心理学家摩尔根 (C. D. Morgan) 和默利 (H. A. Marray) 等于 1935 年编制而成。全套测验共有 19 张内容不明确的图片，另有 1 张白色的卡片。图片内容多为人物，兼有部分景物。让被试凭想象去编故事，不加任何限制 (见图 8—2)。通过测验，可以揭示被试掩盖的个性特征。

图 8—2　主体统觉测验图

(五) 罗夏墨迹测验 (RIT)

该测验是由瑞士精神病学家罗夏 (H. Rorschach) 于 1921 年建立的。它由 10 张模糊的墨迹图形 (有些是彩色) 组成，经过测验，被试将其内省活动投射出来，从而可做出判断 (见图 8—3)。罗夏测验的主试需经过特殊训练，罗夏测验对诊断心身疾病、受压抑的情绪有重要的作用。

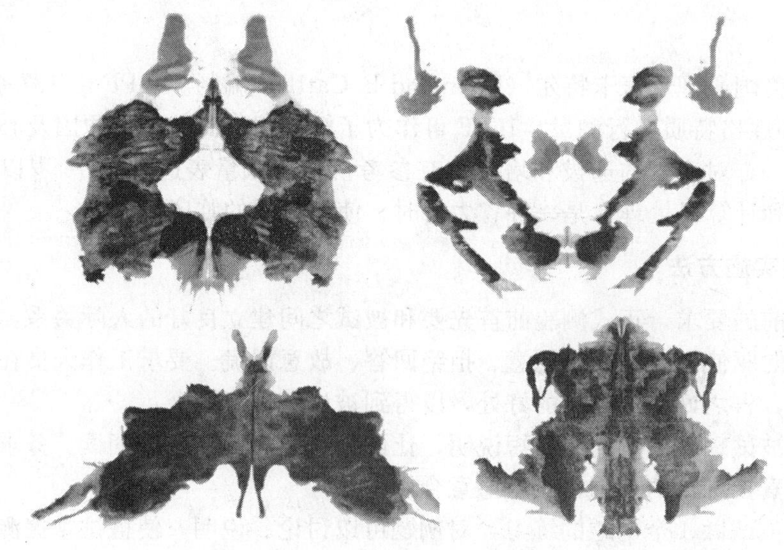

图 8—3　罗夏墨迹测验图

四、神经心理测验

神经心理学是近二三十年心理学中的一个新的学科分支，它的研究对象是心理现象和大脑结构的相互关系。通过大量的大脑损伤病例来进行行为观察和分析，是神经心理学研究的主要途径。通过心理学测验方法测定脑损伤病人的思维、记忆、注意、言语、感觉—运动技能、个性等多方面的心理能力，形成了一些有效的、专门的神经心理测验。神经心理测验的目的是：

（1）为大脑损伤病例给出定位诊断的症状学依据；

（2）提出药物和外科等其他治疗的疗效判定标准；

（3）给出预后评定的根据；

（4）为制定高级神经机能的神经康复治疗程序和措施提供心理学依据；

（5）测查操作本身也可转变为训练作业。

神经心理学测验通常包括个别能力测验、记忆测验、思维测验和成套的神经心理学测验等。有时还要加上成套的智力测验。

目前我国已完成了成人及幼儿的成套神经心理测验的修订，但该测验过于烦琐和费时，限制了大规模推广使用。它包括六种测验内容：

（1）范畴测验（测量概念形成、抽象和综合能力）；

（2）触觉操作测验（测量触觉分辨、运动觉、上肢协调能力、手的动作以及空间记忆能力）；

（3）音乐节奏测验（测量警觉性、持久注意、分辨非言语的听知觉和不同节奏顺序的能力）；

（4）词语声音知觉测验（测量持久注意、听觉和视觉综合及分辨能力）；

（5）手指敲击测验（测量双手的精细动作和速度）；

（6）连线测验（测量运动速度、视扫描、视觉运动综合、精神灵活性、字与数系统和从一系统向另一系统转换的能力）。

五、评定量表

评定量表以实用为目的，简便易行，所以临床中主要用于临床心身疾病、情绪障碍和精神病人的诊断和疗效判定。在综合医院和心理门诊中，医生常常意识到疾患中的心理成分，但又难以捉摸，因此工作中迫切需要一些较为简便的筛选量表。常用的评定量表有以下几种。

1. 成人智残评定量表

我国湖南医科大学第二附属医院龚耀先和解亚宁 1986 年编制了“成人智残评定量表”，适用于 16 岁以上的成年人。它按照智力低下的国际通用诊断标准分为四级，取生活能力、学习和工作能力、时空和人事定向能力以及社交能力等指标来制定分级量表。评定过程要按照手册严格执行。

2. 90 项症状自评量表（SCL—90）

90 项症状清单（Symptom Checklist 90，SCL—90），又名症状自评量表（Self-repor-

ting Inventory），有时也叫做 Hopkin's 症状清单（HSCL）。现版本由德罗格蒂斯（Derogatis）编制于 1973 年。近年，德罗格蒂第斯又编制了一个 51 项的文本，称为“简易症状问答”（Brief Symptom Inventory，BSI）。但后者的应用时间尚短，还难以做出确切的评价。SCL—90 在国外应用甚广，20 世纪 80 年代引入我国，随即广泛应用，在各种自评量表中是较受欢迎的一种。该量表 90 项症状分属于九个范畴，即躯体化、强迫观念和行为、人际敏感性、抑郁、焦虑、敌视、恐怖性焦虑、妄想观念、精神病性。每一症状分 0～4 五种程度或 1～5 级，用于了解病人问题的范围，并用于计划治疗、评估疗效及观察症状的消失情况。

本量表适用对象为心理门诊中 16 岁以上的来访者或病人。

（1）项目和评定标准。本量表共 90 个项目，包含有较广泛的精神症状学内容，从感觉、情感、思维、意识、行为，直至生活习惯、人际关系、饮食睡眠等，均有涉及。它的每一个项目均采取五级评分制。

1）无。自觉并无该项症状（问题）。

2）轻度。自觉有该项症状，但对自评者并无实际影响或影响轻微。

3）中度。自觉有该项症状，对自评者有一定影响。

4）相当重。自觉常有该项症状，对自评者有相当程度的影响。

5）严重。自觉该症状的频度和强度都十分严重，对自评者的影响严重。

这里所说的“影响”，包括症状所致的痛苦和烦恼，也包括症状造成的心理社会功能损害。“轻”、“中”、“重”的具体定义，则应该由自评者自己去体会，不必做硬性规定。SCL—90 没有反向评分项目。

（2）评定注意事项。在开始评定前，先由工作人员把总的评分方法和要求向自评者交代清楚。然后让他做出独立的、不受任何人影响的自我评定，并用铅笔（便于改正）填写。对于文化程度低的自评者，可由工作人员逐项念给他听，并以中性的、不带任何暗示和偏向的方式把问题本身的意思告诉他。一次评定一般约需 20 分钟。还应注意，评定的时间范围是“现在”或者是“最近一个星期”。在评定结束时，工作人员应仔细检查自评表，凡有漏评或者重复评定时，均应提请自评者再考虑评定，以免影响分析的准确性。SCL—90 的适用范围颇广，但主要用于成年的神经症、适应障碍及其他轻性精神障碍患者，不适合于躁狂症和精神分裂症。

（3）统计指标。单项分：90 个项目的个别评分值；总分：90 个单项分相加之和；总均分：总分/90；阳性项目数：单项分＞2 的项目数，表示病人在多少项目中呈现“有症状”；阴性项目数：单项分＝1 的项目数，即 90 个项目数减去阳性项目数，表示病人“无症状”的项目有多少；阳性症状均分：阳性项目总分/阳性项目数。另一计算方法为：（总分减去阴性项目数）/阳性项目数，表示病人在所谓阳性项目中，即“有症状”项目中的平均得分，反映该病人自我感觉不佳的项目其严重程度究竟介于哪个范围。

因子分：共包括 9 个因子，其因子名称及所包含项目如下。

1）躯体化。包括 1、4、12、27、40、42、48、49、52、53、56 和 58，共 12 项，主要反映主观的身体不适感。

2）强迫症状。包括 3、9、10、28、38、45、46、51、55 和 65，共 10 项，反映临床上的强迫症状群。

3）人际关系敏感。包括6、21、34、36、37、41、61、69和73，共9项，主要指某些个人不自在感和自卑感，尤其是在与他人相比较时更突出。

4）抑郁。包括5、14、15、20、22、26、29、30、31、32、54、71和79，共13项，反映与临床上抑郁症状群相联系的广泛的概念。

5）焦虑。包括2、17、23、33、39、57、72、78、80和86，共10项，指在临床上明显与焦虑症状相联系的精神症状及体验。

6）敌对。包括11、24、63、67、74和81，共6项，主要从思维、情感及行为三个方面来反映病人的敌对表现。

7）恐怖。包括13、25、47、50、70、75和82，共7项，与传统的恐怖状态和广场恐怖所反映的内容基本一致。

8）偏执。包括8、18、43、68、76和83，共6项，主要指猜疑和关系妄想等。

9）精神病性。包括7、16、35、62、77、84、85、87、88和90，共10项，其中有幻听、思维播散、被洞悉感等反映精神分裂样症状的项目。

10）其他。包括19、44、59、60、64、66及89，共7项，未能归入上述因子，它们主要反映睡眠及饮食情况。在有些资料分析中，将之归为“其他”。

（4）常模和分界值。国内量表协作组曾对全国13个地区1 388名正常成人的SCL—90进行了分析，主要结果见表8—2。

表8—2　　全国13个地区1 388名正常成人SCL—90统计指标结果

统计指标	均分±标准差	因子分	均分±标准差
总分	1.29±38.76	躯体化	1.37±0.48
总均分	1.44±0.43	强迫	1.62±0.58
阳性项目数	24.92±18.41	人际关系	1.65±0.51
阴性项目数	65.08±18.33	抑郁	1.50±0.59
阳性项目均分	2.60±0.59	焦虑	1.39±0.43
		敌对	1.48±0.56
		恐怖	1.23±0.41
		偏执	1.43±0.57
		精神病性	1.29±0.42

资料来源：季建林主编：《医学心理学》，上海，上海医科大学出版社、复旦大学出版社，2001。

表8—2中男（724名）女（664名）间总体并无显著差异，仅发现强迫和精神病性两因子分男略高于女、恐怖因子分女略高于男，但差别甚微，在实际工作中性别因素可忽略不计。年龄因素的影响较性别大些，主要是青年组（18～29岁）各项因子分除躯体化因子外，均较其他年龄组高。

SCL—90量表作者提出了分界值。按上述常模结果，总分超过160分，或阳性项目数超过43项，或任一因子分超过2分，可考虑筛查阳性，需进一步检查。由于该量表内容量大，反映症状丰富，能较准确评估病人自觉症状特点，故可广泛应用于精神科和心理咨询门诊中，作为了解就诊者或受咨询者心理卫生问题的一种评定工具；亦可调查不同职业群体的心理卫生问题，从不同侧面反映各种职业对个体心理健康的影响。

附：

症状自评量表

(SCL—90)

姓名＿＿＿＿＿＿性别＿＿＿出生年月＿＿＿＿＿＿

所在学校＿＿＿＿＿＿＿＿所在班级＿＿＿＿＿＿年级＿＿＿

指导语：以下表格中列出了有些人可能有的病痛或问题，请仔细阅读每一条，然后根据最近一星期以内（或过去一周中）下列问题影响你或使你感到苦恼的程度，在方格内选择最合适的一格，画一个“√”。请不要漏掉问题。

举例

下列问题对您影响如何？

	从无	轻度	中度	偏重	严重
	0	1	2	3	4
1. 背痛	√	□	□	□	□

	从无	轻度	中度	偏重	严重
	0	1	2	3	4
1. 头痛	□	□	□	□	□
2. 神经过敏，心中不踏实	□	□	□	□	□
3. 头脑中有不必要的想法或字句盘旋	□	□	□	□	□
4. 头昏或昏倒	□	□	□	□	□
5. 对异性的兴趣减退	□	□	□	□	□
6. 对旁人责备求全	□	□	□	□	□
7. 感到别人能控制您的思想	□	□	□	□	□
8. 责怪别人制造麻烦	□	□	□	□	□
9. 忘性大	□	□	□	□	□
10. 担心自己的衣饰及仪态的端正	□	□	□	□	□
11. 容易烦恼的激动	□	□	□	□	□
12. 胸痛	□	□	□	□	□
13. 害怕空旷的场所或街道	□	□	□	□	□
14. 感到自己的精力下降，活动减慢	□	□	□	□	□
15. 想结束自己的生命	□	□	□	□	□
16. 听到旁人听不到的声音	□	□	□	□	□
17. 发抖	□	□	□	□	□
18. 感到大多数人都不可信任	□	□	□	□	□
19. 胃口不好	□	□	□	□	□
20. 容易哭泣	□	□	□	□	□
21. 同异性相处时感到害羞不自在	□	□	□	□	□

22. 感到受骗，中了圈套或有人想抓住您 □ □ □ □ □
23. 无缘无故地突然感到害怕 □ □ □ □ □
24. 自己不能控制地大发脾气 □ □ □ □ □
25. 怕单独出门 □ □ □ □ □
26. 经常责怪自己 □ □ □ □ □
27. 腰痛 □ □ □ □ □
28. 感到难以完成任务 □ □ □ □ □
29. 感到孤独 □ □ □ □ □
30. 感到苦闷 □ □ □ □ □
31. 过分担忧 □ □ □ □ □
32. 对事物不感兴趣 □ □ □ □ □
33. 感到害怕 □ □ □ □ □
34. 您的感情容易受到伤害 □ □ □ □ □
35. 旁人能知道您的私下想法 □ □ □ □ □
36. 感到别人不理解您、不同情您 □ □ □ □ □
37. 感到别人对您不友好，不喜欢您 □ □ □ □ □
38. 做事必须做得很慢以保证做得正确 □ □ □ □ □
39. 心跳得很厉害 □ □ □ □ □
40. 恶心或胃部不舒服 □ □ □ □ □
41. 感到自己比不上他人 □ □ □ □ □
42. 肌肉酸痛 □ □ □ □ □
43. 感到有人在监视您、谈论您 □ □ □ □ □
44. 难以入睡 □ □ □ □ □
45. 做事必须反复检查 □ □ □ □ □
46. 难以做出决定 □ □ □ □ □
47. 怕乘电车、公共汽车、地铁或火车 □ □ □ □ □
48. 呼吸有困难 □ □ □ □ □
49. 一阵阵发冷或发热 □ □ □ □ □
50. 因为感到害怕而避开某些东西、场合或活动 □ □ □ □ □
51. 脑子变空了 □ □ □ □ □
52. 身体发麻或刺痛 □ □ □ □ □
53. 喉咙有梗塞感 □ □ □ □ □
54. 感到前途没有希望 □ □ □ □ □
55. 不能集中注意 □ □ □ □ □
56. 感到身体的某一部分软弱无力 □ □ □ □ □
57. 感到紧张或容易紧张 □ □ □ □ □
58. 感到手或脚发重 □ □ □ □ □
59. 想到死亡的事 □ □ □ □ □

60. 吃得太多	□	□	□	□	□
61. 当别人看着您或谈论您时感到不自在	□	□	□	□	□
62. 有一些不属于您自己的想法	□	□	□	□	□
63. 有想打人或伤害他人的冲动	□	□	□	□	□
64. 醒得太早	□	□	□	□	□
65. 必须反复洗手、点数	□	□	□	□	□
66. 睡得不稳不深	□	□	□	□	□
67. 有想摔坏或破坏东西的想法	□	□	□	□	□
68. 有一些别人没有的想法	□	□	□	□	□
69. 感到对别人神经过敏	□	□	□	□	□
70. 在商店或电影院等人多的地方感到不自在	□	□	□	□	□
71. 感到做任何事情都很困难	□	□	□	□	□
72. 一阵阵恐惧或惊恐	□	□	□	□	□
73. 感到在公共场合吃东西很不舒服	□	□	□	□	□
74. 经常与人争论	□	□	□	□	□
75. 单独一人时神经很紧张	□	□	□	□	□
76. 别人对您的成绩没有做出恰当的评价	□	□	□	□	□
77. 即使和别人在一起也感到孤单	□	□	□	□	□
78. 感到坐立不安、心神不定	□	□	□	□	□
79. 感到自己没有什么价值	□	□	□	□	□
80. 感到熟悉的东西变成陌生或不像是真的	□	□	□	□	□
81. 大叫或摔东西	□	□	□	□	□
82. 害怕会在公共场合昏倒	□	□	□	□	□
83. 感到别人想占您的便宜	□	□	□	□	□
84. 为一些有关性的想法而很苦恼	□	□	□	□	□
85. 您认为应该因为自己的过错而受到惩罚	□	□	□	□	□
86. 感到要很快把事情做完	□	□	□	□	□
87. 感到自己的身体有严重问题	□	□	□	□	□
88. 从未感到和其他人很亲近	□	□	□	□	□
89. 感到自己有罪	□	□	□	□	□
90. 感到自己的脑子有毛病	□	□	□	□	□

3. 焦虑自评量表（SAS）和抑郁自评量表（SDS）

（1）焦虑自评量表（SAS）的测验技能。该量表包含20个项目，分四级评分，特点是使用简便，能相当直观地反映病人抑郁或焦虑的主观感受。使用者不需经过特殊训练。目前多用于门诊病人的粗筛选、情绪状态评定以及调查、科研等。

本量表适用对象为具有焦虑症状的成年人，同时，它与SDS一样，具有较广泛的适用性。

评定方法及注意事项。在自评者评定之前，要让他把整个量表的填写方法及每条问题的含义都弄明白，然后做出独立的、不受任何人影响的自我评定。在开始评定之前，先由工作人员指着SAS量表告诉他："下面有20条文字，请仔细阅读每一条，把意思弄明白，然后根据您最近一星期的实际情况，在适当的方格里画"√"。每一条文字后有4个方格，分别代表没有或很少（发生）、小部分时间、相当多时间、绝大部分或全部时间。”

如果自评者的文化程度太低而不能理解或看不懂 SAS 问题内容，可由工作人员念给他听，逐条念，让自评者独立地做出评定。一次评定，一般可在 10 分钟内填完。

评定时应该注意的问题：

第一，评定的时间范围，应强调是“现在或过去一周”。

第二，在评定结束时，工作人员应仔细地检查一下自评结果，应提醒自评者不要漏评某一项目，也不要在相同一个项目里打两个“√”（即不要重复评定）。

第三，SAS 应在开始治疗前先让自评者评定一次，然后至少应在治疗后（或研究结束时）再让他自评一次，以便通过 SAS 总分变化来分析自评者症状的变化情况。如果需要在治疗期间或研究期间评定，其间隔可由研究者自行安排。

自评结果分析。SAS 的主要统计指标亦称总分。由自评者评定结束后，将 20 个项目的各个得分相加，即得粗分（raw score）；经过下式换算：$y=\text{int}(1.25x)$，即用粗分乘以 1.25 以后取整数部分，就得到标准分（index score，y），或者可以查表做相同的转换。必须着重指出，在 SAS 的 20 个项目中，第 5、9、13、17、19 条共 5 个项目的计分，必须反向计算，举例来说：

9. 我觉得心平气和，并且容易安静地坐着。

没有　　　　小部分　　　　相当多　　　　全部时间

□　　　　　□　　　　　□　　　　　□

按前面一般规定，应记为“1、2、3、4”，但它属于反向计算的项目，则必须记为“4、3、2、1”。

SAS 的应用评价。首先，SAS 是一种分析病人主观症状的相当简便的临床工具。量表作者对 36 例神经官能患者进行 SAS 评定，同时用 HAMA 量表做询问检查，两表总分的 Pearson 相关法的相关系数为 0.365，Spearman 等级相关的系数为 0.341，结果表明 SAS 的效度相当高。国外研究认为，SAS 能较准确地反映有焦虑倾向的精神病患者的主观感受。而焦虑则是心理咨询门诊中较常见的一种情绪障碍，近年来，SAS 已作为咨询门诊中了解焦虑症状的一种自评工具（见表 8—3）。

表 8—3　　不同精神疾患的 SAS 总分

诊断	例数	总分均值	标准差
焦虑症	22	58.7	13.5
精神分裂症	25	46.4	12.9
抑郁症	96	50.7	13.4
人格障碍	54	51.2	13.2
正常对照组	100	338	5.9

其次，对中国正常人 1 158 例常模研究结果，正评题 15 项单分均值 1.29 ± 0.985，反向 5 个项目均分 2.08 ± 1.71，20 项总分均值 29.78 ± 0.46 可作为常模总分均值之上限。

最后，全国部分量表协作组对 129 例神经衰弱、焦虑症和抑郁性神经症者进行了检查，得出 SAS 的平均总分为 42.98 ± 9.94. 其中神经衰弱为 40.52 ± 6.62 分，48 例焦虑症为 45.68 ± 11.23 分。经 F 值检验的结果无显著意义，$p>0.05$，表明自评性焦虑症状量表 SAS，无法区别三类神经症的严重性和特殊性，必须同时应用其他自评量表，如自评 Cesd

或 SCL—90 量表及他评 HAMA 或 HAMD 量表等，这样才能有助于神经症的临床分类。

附：

焦虑自评量表（SAS）

姓名　　　　　　　　　性别　　　　　　　　　年龄

填表注意事项：下面有 20 条文字，请仔细阅读每一条，把意思弄明白，然后根据您最近一星期的实际感觉，在适当的方格里画"√"，每一条文字后有 4 个方格，表示：A 没有或很少时间；B 少部分时间；C 相当多时间；D 绝大部分或全部时间；E 由工作人员评定。

	A	B	C	D		E
1. 我觉得比平常容易紧张或着急	□	□	□	□	1	□
2. 我无缘无故地感到害怕	□	□	□	□	2	□
3. 我容易心里烦乱或觉得惊恐	□	□	□	□	3	□
4. 我觉得我可能发疯	□	□	□	□	4	□
5. 我觉得一切都很好，也不会发生什么不幸	□	□	□	□	5	□
6. 我手脚发抖	□	□	□	□	6	□
7. 我因为头痛、颈痛和背痛而苦恼	□	□	□	□	7	□
8. 我感觉容易衰弱和疲乏	□	□	□	□	8	□
9. 我觉得心平气和，并且容易安静坐着	□	□	□	□	9	□
10. 我觉得心跳得很快	□	□	□	□	10	□
11. 我因为一阵阵头晕而苦恼	□	□	□	□	11	□
12. 我有晕倒发作，或觉得要晕倒似的	□	□	□	□	12	□
13. 我吸气呼气都感到很容易	□	□	□	□	13	□
14. 我的手脚麻木和刺痛	□	□	□	□	14	□
15. 我因为胃痛和消化不良而苦恼	□	□	□	□	15	□
16. 我常常要小便	□	□	□	□	16	□
17. 我的手脚常常是干燥温暖的	□	□	□	□	17	□
18. 我脸红发热	□	□	□	□	18	□
19. 我容易入睡并且一夜睡得很好	□	□	□	□	19	□
20. 我做噩梦	□	□	□	□	20	□

（2）抑郁自评量表 SDS。抑郁自评量表（Self—Rating Depression Scale，SDS）由 Zung 编制于 1965 年（见表 8—4），为美国教育卫生福利部推荐的用于精神药理学研究的量表之一，因使用简便，应用颇广。

表 8—4　　　　　　　　　　　　**自评抑郁量表**

序号	量表中症状项目的内容	引出症状
1	我觉得闷闷不乐，情绪低沉	忧郁
2*	我觉得一天中早晨最好	晨重晚轻
3	我一阵阵哭出来或觉得想哭	易哭
4	我晚上睡眠不好	睡眠障碍
5*	我吃得跟平常一样多	食欲减退
6*	我与异性密切接触时和以往一样感到愉快	性兴趣减退
7	我发觉我的体重在下降	体重减轻

续前表

序号	量表中症状项目的内容	引出症状
8	我有便秘的苦恼	便秘
9	我心跳比平常快	心悸
10	我无缘无故地感到疲乏	易倦
11*	我的头脑跟平常一样清楚	思考困难
12*	我觉得经常做的事并没有困难	能力减迟
13	我觉得不安而平静不下来	不安
14*	我对将来抱有希望	绝望
15	我比平常容易生气激动	易激惹
16*	我觉得做出决定是容易的	决断困难
17*	我觉得自己是个有用的人，有人需要我	无用感
18*	我的生活过得很有意思	生活空虚感
19	我认为如果我死了，别人会过得好些	无价值感
20*	平常感兴趣的事我仍然感兴趣	兴趣丧失

*反向评分题。

项目和评定标准。SDS含有20个项目，每个项目及其引出的症状见表8—5。SDS按症状出现频度评定，分四个等级：没有或很少时间、少部分时间、相当多时间、绝大部分或全部时间。若为正向评分题，依次评为1、2、3、4；反向评分题（文中有*号者），则评为4、3、2、1。

表8—5　SDS项目及引出症状

	很少	有时	经常	持续
1. 我感到情绪沮丧、郁闷	1	2	3	4
2. * 我感到早晨心情最好	4	3	2	1
3. 我要哭或想哭	1	2	3	4
4. 我夜间睡眠不好	1	2	3	4
5. * 我吃饭像平时一样多	4	3	2	1
6. * 我的性功能正常	4	3	2	1
7. 我感到体重减轻	1	2	3	4
8. 我为便秘烦恼	1	2	3	4
9. 我的心跳比平时快	1	2	3	4
10. 我无故感到疲劳	1	2	3	4
11. * 我的头脑像往常一样清楚	4	3	2	1
12. * 我做事情像平时一样不感到困难	4	3	2	1
13. 我坐卧不安，难以保持平静	1	2	3	4
14. * 我对未来感到有希望	4	3	2	1
15. 我比平时更容易激怒	1	2	3	4
16. * 我觉得决定什么事很容易	4	3	2	1
17. * 我感到自己是有用的和不可缺少的人	4	3	2	1
18. * 我的生活很有意义	4	3	2	1
19. 假若我死了，别人会过得更好	1	2	3	4
20. * 我仍旧喜爱自己平时喜爱的东西	4	3	2	1

资料来源：陈力：《心理障碍与精神卫生》，131页，北京，人民卫生出版社，2000。

实施方法。表格由评定对象自行填写，在自评者评定以前，要让他把整个量表的填写方法及每条问题的含义都弄明白，然后做出独立的、不受任何人影响的自我评定。如果自评者的文化程度太低，不能理解或看不懂SDS问题的内容，可由工作人员逐条念给他听，让自评者独自做出评定。一次评定可在10分钟内填完。

应注意的问题：

第一，评定的时间范围，应强调评定的时间范围为过去一周。

第二，评定结束时，工作人员应仔细检查一下自评结果，提醒自评者不要漏评某一项目，也不要在相同一个项目里打两个“√”（重复评定）。

第三，如用以评估疗效，应在开始治疗或研究前让自评者评定一次，然后至少应在治疗后或研究结束时让他再自评一次，以便通过两次总分变化来分析该自评者的症状变化情况。其时间间隔可由研究者自行安排。

第四，要让调查对象理解反向评分的各题，SDS有10项反向项目，如不能理解，会直接影响统计结果。

统计指标和结果分析。SDS的主要统计指标的总分，要经过一次转换。待自评结束后，把20个项目中的各项分数相加，即得到总粗分，然后通过公式转换 $y=\text{int}(1.25x)$，即用粗分乘以1.25后，取其整数部分，就得到标准总分。国内量表协作组曾对我国正常人1 340例进行SDS评定，其中男705名，女635名。评定结果总粗分为33.45±8.55，标准分为41.88±10.57，性别和年龄对SDS影响不大。按上述中国常模结果，SDS总粗分的分界值为41分，标准分为53分，和国外一般意见的40分和50分甚为接近。

第六节　智力测验和人格测验的解释技能

一、成人智力测验的解释技能

（一）总智商（FIQ）的分析

FIQ的高低为我们提供了有关被试认知能力水平的概括，高分常提示被试一般智力较好，低分则提示被试一般智力较差。然而，IQ值常常不是该被试的“真正”值，而是估计值。通常可用测得的IQ值加减5（85%～90%的可信度水平）的方法判断IQ值的波动范围，如测得某被试的IQ值为105时，他的IQ值便在100～110的范围内变化。因此，在报告中分析被试的智力水平时，不能只看测得的IQ值，更要考虑它的可信度水平。

（二）分量表的平衡性

分别计算言语智商（VIQ）和操作智商（PIQ）是韦氏成人智力测验的一个特点。一般可以VIQ大于、等于或小于PIQ以及二者相差到何种程度而决定其意义。例如，优势半球有损害，则VIQ明显低于PIQ；非优势半球有损害，则PIQ明显低于VIQ；若是弥漫性损害，其表现与非优势半球损害时相似。所谓明显降低，即相差到0.05或0.01的显著水平。有人总结，不同年龄阶段相差的意义不同，各年龄组相差到10分，IQ便达到0.05水平，相差13分，IQ便达到0.01水平，但在45岁以上相差12分，IQ便达到0.01

水平（Newland 等，1967）。而韦克斯勒本人提出 VIQ 与 PIQ 的差异达 15 分时才有意义，考夫曼（Kaufman，1975）则认为达到 12 分便可以解释了，表 8—6 列出了 VIQ 与 PIQ 差异显著时的意义。

表 8—6　　VIQ 与 PIQ 差异时的意义

VIQ>PIQ	PIQ>VIQ
言语技能发展较操作技能好	听觉加工模式发展较视觉加工模式好
可能在完成实际行动或任务上有困难	可能操作能力差
可能有运动性非言语技能缺陷	操作技能发展较言语技能好
视觉加工模式发展较听觉加工模式好	可能有阅读障碍
可能有言语的缺陷	可能有听觉性概念形成技能缺陷

资料来源：郭念锋主编：《心理咨询师》（下册），245 页，北京，民族出版社，2002。

（三）比较各分测验的差异

韦氏智力量表的另一特点是，整个测验是由多个侧重反映某一方面能力的分测验组成，分析它们的强点和弱点（即剖析图分析），便可进行智力特点的诊断。具体方法主要有三种：

（1）各言语分测验的量表分与言语量表的平均分比较。

（2）各操作分测验的量表分与操作量表的平均分比较。

（3）各分测验的量表分与全量表的平均分比较。

下面以某被试的 WAIS—RC 测验结果为例，介绍具体分析方法（见表 8—7）。

表 8—7　　分测验与量表分比较剖析图

言语测验	量表分	操作测验	量表分
知识	14—S	数字符号	16—S
领悟	5—W	图画填充	6—W
算术	18—S	木块图	10
相似性	7—W	图片排列	8—W
数字广度	12	物体拼凑	16—S
词汇	13		

资料来源：郭念锋主编：《心理咨询师》（下册），246 页。

分析步骤和内容如下：

（1）分别计算出言语、操作和全量表的平均分。本例言语量表的均值为 12 分，操作量表的均值为 11 分，全量表的均值为 11 分。

（2）比较各分测验量表分与各平均分的差异。可根据考夫曼（1975）介绍的加减 3 分的简易方法，只要分测验高于平均分 3 分以上，即可认为该测验是强点（strength），在表中相应分数旁标上“S”；而低于平均分 3 分以下时可以认为该项测验是弱点（weakness），在表中相应分数旁标上“W”。

（3）若需要深入了解被试能力强弱的情况和影响因素，则还需进一步进行智力和能力强弱的逐步分析。

（四）V—P 差异没有实际意义的若干情况

在操作部分我们所讨论的 V—P 差异的各种解释都是以一个假设为前提，即言语和操作智商各与一个成为整体的心理维度相应。下面我们将要指出，在某些情况下 V—P 差异不具有任何实际意义，不能提供关于这个被试的有用信息。

1. 智商不与因素分数相对应

言语和操作智商分别被用做言语理解和知觉组织的因素分数，但量表和因素之间不是完全对应的。算术和数字广度其实不属于言语因素，而数字符号也不应归入知觉组织。通常这种细微的不一致性对 V—P 差异的解释无关紧要，但测验者应警惕特殊情况的出现。在某种情况下，量表因素的不一致性对于分数轮廓的正确解释是至关重要的。请考虑表 8—8 中算术和数字广度分数对被试 V—P 差异的影响。

表 8—8　　某被试的 WAIS—RC 测验结果

言语测验	量表分	操作测验	量表分
知识	12	数字符号	8
领悟	10	图画填充	8
算术	4	木块图	10
相似性	9	图片排列	11
数字广度	5	物体拼凑	9
词汇	13		

资料来源：郭念锋主编：《心理咨询师》（下册），246 页。

2. 言语能力对操作能力缺陷的补偿

言语能力非常好的被试有时可以用他们的优势去补偿其非言语能力的不足。图画填充和图片排列是两个常常受言语能力影响的操作测验。虽然过多的口述会影响完成作业的速度，但这种言语中介会提高在这些测验上的得分。表 8—9 是言语能力补偿非言语能力的一个例子。

表 8—9　　某被试的测验结果

言语测验	量表分	操作测验	量表分
知识	14	数字符号	8
领悟	12	图画填充	16
算术	18	木块图	10
相似性	11	图片排列	15
数字广度	12	物体拼凑	7
词汇	13		

资料来源：郭念锋主编：《心理咨询师》（下册），第 246 页。

3. 轮廓中得分的分散

每当言语或操作量表内部的分测验分数非常分散的时候，V—P 差异就毫无意义。言语分测验内部分数的分散意味着被试的言语理解能力不是决定言语测验分数的首要因素，其他一些变量显得更为重要。同样的逻辑也适用于操作量表。不论是言语量表还是操作量表不代表单一能力都使 V—P 差异失去意义。

4. 再测效应

无论出于什么原因在几个月内再次施测韦氏测验，第二次测验所得到的总智商和 V—P 差异都是值得怀疑的。对各年龄水平的被试来说，一个月之内的第二次测验的总智商会比第一次高出 7 分左右。这种再测效应在言语量表和操作量表上的增分量也不同。言语智商的增加量通常为 3.5，而操作量表的增加量通常为 9.5。所以，第二次施测所得到的 P>V 的差量会比第一次增加 6 分，从而有可能使原来不显著的 V—P 差异变为显著的，或者掩盖实际存在的显著的 V—P 的差异。

（五）注意事项

（1）从智商开始解释并不意味着把这个总分提高到首要地位。相反，言语智商和操作智商之间的差异、量表分轮廓上的多处起伏或测验分数与外在变量（如疲劳、焦虑和文化背景不佳等）之间的可能关系都会大大降低总智商作为被试智力水平指标的恰当性。有时即使一个被试的言语智商、操作智商和总智商很接近，而且量表分的轮廓中只有几处不明显的波动，过分注重总智商也是不恰当的。

（2）需要指出的是，VIQ 与 PIQ 的差异的意义是相对的，不是绝对的，因为影响 VIQ 与 PIQ 差异的因素很多。一般情况下，正常人可相差 9～10 分，其 IQ 高，VIQ>PIQ；IQ 低，PIQ>VIQ。IQ 在 80 分以下时，PIQ>VIQ 达 11 分以上。

（3）在比较各分测验的差异时，计算是按年龄量表分进行的，并且是自身的比较。如果与他人的成绩相比较，应以 10 分为平均数，即 13 分及以上为强项，7 分及以下为弱项。

二、韦氏儿童智力测验的解释技能

从韦氏儿童智力测验的结构来看，它的利用价值可以分为两个方面：第一，是言语测验和操作测验两项得分比较的利用；第二，是各项测验项目得分比较的利用。

（一）言语测验和操作测验的比较作用

言语测验优秀者适合于更多地运用言语方面的专业；操作测验优秀者，可以认为具有在技能方面的能力倾向。

（1）在正常人群中，两者之差一般是 8～14 分。其差在此之上，可用于能力倾向诊断，在职业指导上是很重要的。

（2）一般说来，在有精神障碍的情况下，可以看到操作测验比言语测验得分更低。这似乎是所有类型的精神病及神经症所共有的现象。

（3）在低能及青春期的异常人格（除精神病外）中，好像操作测验显示出较高的成绩。

（4）对民族差异的研究有益。

（二）各测验项目得分的比较

1. 诊断剖析图

在记录用纸的第一面有剖析图的记录栏里，这个各测验项目的得分差别被图示出来。由于各测验项目的平均是 10 分，所以根据比它优还是劣，可以定出相对的得分位置。若在各测验项目之间出现了很大的凹凸情况，在诊断上是应该注意的。

2. 诊断

将各个人得分间的差别与某个人的全体得分的平均值进行比较，可以作为一种诊断。

用10去除总得分（评价分合计）所得值，即评价分平均值，可以看做这个人的预想得分水平。根据各测验项目的成绩偏离此预想水平有多大，可诊断各测验项目间的差别，还可分别求平均来比较言语测验和操作测验。

根据各年龄人群的实验结果，调查每个测验项目成绩的一般倾向，可以对精神病、神经症、低能、异常人格等进行诊断。

3. 用于鉴别低能儿

整个测验的IQ在69分以下，一般被认为是低能儿。但也有必要考虑言语测验和操作测验的比较。低能儿一般在操作测验中可获得更好的分数。

三、中小学生团体智力测验的解释技能

对于团体智力分数的解释一定要慎重，这个分数只是一个筛选分数，如果要详细了解一个人的智力情况，最好进行韦氏智力测验。

查表得出智商（IQ）分，可根据表8—10了解不同的智商分数属智力的哪一类别。

表8—10　智力分类表

类别		IQ	理论分布
极优		≥130	2.2
优秀		120—129	6.7
中上（聪明）		110—119	16.1
中等（一般）		90—109	50
中下（迟钝）		80—89	16.1
边缘		70—79	6.7
弱智	轻度	55—69	2.2
	中度	40—54	
	重度	25—39	
	极重	<25	

四、EPQ问卷的解释技能

如果使用计算机处理数据，结果可以直接打印出来。例如：

艾森克个性问卷（成人）

EPQ（Adult）

结果报告

姓名：李××	性别：女	年龄：36岁
量表	粗分	量表分
E量表	4	38
P量表	1	31
N量表	19	66
L量表	16	58

也可以打印出剖析图及E和P的关系图，如图8—4和图8—5所示。

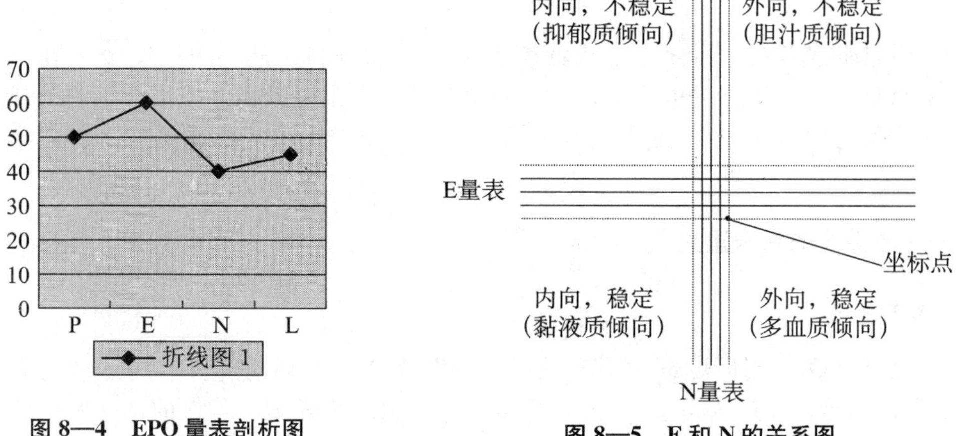

图8—4　EPQ量表剖析图

图8—5　E和N的关系图

解释各量表时，要参考以下具体各个量表的意义。

（1）E量表。表示性格的内外倾向。测验分数升高，说明性格趋于外向；分数低于平均水平，说明性格趋于内向。外向的人爱交际，朋友多，喜欢人多的场合；渴望常有兴奋的事情，喜欢冒险，向外发展；行动常受冲动的影响，喜欢实际的工作，回答问题迅速；随和、乐观、好动、不踏实，喜欢说笑。内向的人与此相反，安静、离群、内省，不愿与人接触；保守，思前顾后，不凭一时冲动；不愿意发生兴奋的事情，遵守生活规律，处事严谨；稍有点悲观，踏实可靠，价值观符合伦理标准。

（2）N量表。表示情绪的稳定性。测验分数升高显示存在焦虑、紧张、易怒，伴有抑郁；睡眠不好，常有心身不适的主诉；情绪表现过分，对各种刺激的反应都很强烈，难以平静；适应环境的能力较差，常带偏见。情绪稳定的人，N量表的分数偏低。

E和N这两个量表所说明的人格维度具有明显的两极性，两极之间是一种人格维度的谱系。E和N这两个量表的测验分数，在剖析图的图谱上可构成一种人格维度的特殊模式；这种特殊的模式，在临床分析中具有重要的价值。

（3）P量表。表示心理状态是否正常。测验分数升高表现为孤独、不关心他人；常有麻烦，在任何环境中都适应不好；还可能表现残忍、不人道，缺乏同情心，感觉迟钝；对人有敌意，具有攻击性；喜欢做一些古怪的不平常的事情，有冒险的行为。低分者能与人相处，能较好地适应环境，态度温和，善解人意。

P分高的儿童古怪、孤独，是常有麻烦的儿童，对同伴和动物缺乏人类感情，进攻，仇视，即使是对很亲近的人。这样的儿童缺乏是非感，不考虑安危，对他们来说，从没有社会化概念，根本无所谓同情心和罪恶感及对人的关心。

（4）L量表。用于测验评估一个人的掩饰程度。在使用EPQ量表时要注意分清楚使用的是什么版本。EPQ项目较少，原版为101个问题，陈仲庚教授的修订本为85个问题，龚耀先教授修订的儿童问卷本和成人问卷本都是88个问题。这些修订问卷，测验手段简便易行，内容也较适合于中国国情。特别是龚耀先教授修订的两个版本，在我国南方和北方的测验样本中，都显示有较好的信度和效度。因此，EPQ作为人格的评估工具，在临床评估、心理健康调查和其他领域都具有重要的应用价值。

五、MMPI 测验结果的解释技能

MMPI 测验结果的解释是一个比较复杂的工作。当测验结果整理后，下一步就是根据结果，对被试的个性特点进行评定。为了使用方便，许多学者将临床量表用符号代替（要求记住各个符号的意义）。各量表的数字符号，及每个量表分数提高的意义可以参考下列说明。

（一）各量表的临床意义

1. 效度量表

（1）疑问（Q）：对问题毫无反应及对“是”和“否”都进行反应的项目总数，就是“无回答”的得分。一般人得 0～5 分，高得分者表示逃避现实。若在前 399 题中原始分超过 22 分，则提示临床量表不可信。有资料报道，高 Q 分很可能成为无能力、神经症、精神病的指标。

（2）说谎（L）：L 量表是由那些社会所称赞的行为或情绪有关的问题所组成的，是追求尽善尽美的回答。其用途是为了识破被试故意想让人把自己看得理想些。L 量表共 15 个题目。高得分者总想让别人把他看得要比实际情况更好，他们连每个人都具有的细小短处也不承认。L 量表原始分超过 10 分时，就不能信任 MMPI 的结果。

有研究表明，L 量表的得分与教育水平、智力、社会经济地位以及心理的洗练程度有关。越是受过良好教育，有知识、老练、社会地位高的人，在 L 量表上就显示出越低的得分。例如，大学生的典型 L 量表得分是 0 或 1 分。但是，实际测验中 L 得分在 6 分以上者，最好避免使用。

（3）诈病（F）：共 64 个题目，多为一些比较古怪或荒唐的内容。分数高表示被试不认真、理解错误，表现出一组互相无关的症状，或在伪装疾病。如果测验有效，F 量表是精神病程度的良好指标，其得分（T 值在 65 以上）越高暗示着精神病程度越重。

（4）防御（K）：共 30 个题目，是对测验态度的一种衡量，其目的有两个：一是为了判别被试接受测验的态度是不是隐瞒，或是防卫的；二是根据这个量表修正临床量表的得分，即在几个临床量表上分别加上一定比例的 K 分。

研究表明，F 得分与 K 得分的关系是被试防卫态度好坏的指标，在 F～K 的值为正，而且超过 11 分的情况下，则预测为精神异常；在 F～K 的值为负，并超过 12 分的情况下，则可认为被试故意要别人把自己看得好些，并想隐瞒。

2. 临床量表

（1）疑病（Hs）：共 33 个题目，它反映被试对身体功能的不正常关心。得分高者即使身体无病，也总是觉得身体欠佳，表现出疑病倾向。量表 Hs 得分高的精神科患者，往往有疑病症、神经衰弱、抑郁等临床诊断。

（2）抑郁（D）：共 60 个题目，它与忧郁、淡漠、悲观、思想与行动缓慢有关，分数太高可能会自杀。得分高者常被诊断为抑郁性神经症和抑郁症。

（3）癔病（Hy）：共 60 个题目，评估用转换反应来对待压力或解决矛盾的倾向。得分高者多表现为依赖、天真、外露、幼稚及自我陶醉，并缺乏自知力。在高度的精神压力下伴有身体症状。他们表现出低水平的心理修养，并把心理问题作为躯体问题来解决。若是精神科患者，往往被诊断为癔症（转换性癔症）。

（4）精神病态（Pd）：共50个题目，与社会行为有关，表现出反抗、破坏家庭关系、冲动，在遵守制度和法律上有困难，滥用酒精或药物等，可反映被试的性格偏离。高分数的人为脱离一般的社会道德规范，蔑视社会习俗，常有复仇攻击观念，并不能从惩罚中吸取教训。表现出个性上的障碍为外露、善交际、可爱，但却是虚伪、做作、爱享受、好出风头、判断力差、不可信任、不成熟、好攻击、爱寻衅滋事。他们在婚姻及家庭关系中，经常处理不好并违反法律。在精神科的患者中，多诊断为人格异常，包括反社会人格和被动攻击性人格。

（5）男性化—女性化（Mf）：共60个题目，主要反映性别色彩。高分数的男人表现敏感、爱美、被动、女性化，他们缺乏对异性的追求。低分的男性好攻击、粗鲁、爱冒险、粗心大意、好实践及兴趣狭窄。高分的妇女被看做男性化、粗鲁、好攻击、自信、缺乏情感、不敏感。低分的妇女表现为被动、屈服、诉苦、吹毛求疵、理想主义、敏感。在极端的高分情况下，则应考虑有同性恋倾向和同性恋行为。

（6）妄想狂（Pa）：共40个题目，高分提示具有多疑、孤独、烦恼及过分敏感等性格特征。他们的行为表现是敌意的和好争论的，同时不太服从心理治疗。如T超过70分则可能存在偏执妄想，尤其是合并F、Sc量表分数升高者。极端的高分者被诊断为精神分裂症（偏执型）和偏执型精神病。

（7）精神衰弱（Pt）：共48个题目，高分数者表现紧张、焦虑、反复思考、强迫思维、恐怖以及内疚感，他们经常自责，感到不如人和不安。Pt量表与D和Hs量表同时升高则是一个神经症测图。

（8）精神分裂症（Sc）：共78个题目，高分者（70～80分）常表现出异乎寻常的或分裂的生活方式，如不恰当的情感反应、少语、特殊姿势、怪异行为、行为退缩与情感脆弱，可有不寻常或奇怪的想法，判断力差及怪僻（不稳定）的情绪。极高的分数者（T＞80）可表现出妄想、幻觉、人格解体等精神症状及行为异常。几乎所有的精神分裂症患者都有80～90分的得分，如只有Sc量表高分，而无F量表T分升高，常提示为类分裂性人格。

（9）轻躁狂（Ma）：共70个题目，高分数者表现出内向、胆小、退缩、不善交际、屈服、过分自我控制、紧张、固执及自罪。低分数者表现出外向、爱交际、富于表情、好攻击、健谈、冲动、不受拘束、任性、做作，在社会关系中不真诚。

（二）两个高得分的组合类型

从大量MMPI的临床研究发现，患者MMPI剖析图中往往出现两个或两个以上的高峰。经过有关专家反复验证，进一步提出了两点编码的解释。两点编码就是将出现高峰的两个量表的数字符号联结起来，分数稍高的写在前面。例如，21/12，前者为2量表高于1量表，后者为1量表高于2量表，但二者均为1、2量表的两个高峰，其意义相同。现将经常遇到的两点编码形式的意义简单介绍如下。

12/21：出现这种测图的患者常有躯体不适，并伴有抑郁情绪。这组高分者可诊断为疑病症或抑郁性神经症。如为127测图，则可诊断为焦虑性神经症；如为128测图并伴有F量表高分者，可诊断为精神分裂症未分化型。

13/31：这种组合的精神病患者，往往被诊断为疑病症或癔症，尤其是在量表 2 比量表 1 和量表 3 得分低许多的情况下，可做出典型转换性癔症的诊断。

18/81：这种组合的精神病患者，有时被诊断为疑病症或癔症，尤其是在量表 2 比量表 1 和 3 得分低许多的情况下，可做出典型转换性癔症的诊断。

23/32：这种组合者通常诊断为抑郁性神经症，如有 F 量表高分或量表 8 高分，则诊断为重性抑郁症。这类患者对心理治疗反应欠佳。

24/42：具有这种测图的人常有人格方面的问题，有的可诊断为反社会人格。当合并量表 8 与量表 6 同时高分时，这种人十分危险。

26/62：此种测图者常有偏执倾向，可能的诊断有抑郁性神经症、被动专横人格（尤其为 Pa、Pd、D 测图者明显）、偏执状态或早期的偏执型精神分裂症，少数病例为更年期偏执。

28/82：此类测图常见于精神病患者，如 F 量表 T 分高于 70，可诊断为重性抑郁症、更年期抑郁或分裂情感性精神病。如这种测图不能提示有精神病，可诊断为分裂性人格伴抑郁或抑郁性神经症（287 测图）。对这种人要预防其自杀企图。

29/92：常见的诊断为躁郁性精神病与循环性人格。

34/43：这种人以长期严重的易怒情绪为特征，诊断有癔症性人格、混合性人格障碍、被动专横人格和爆发性人格。

38/83：具有这种测图的人有焦虑与抑郁感，有时表现出思维混乱。常见的诊断为精神分裂症，或癔症（尤其在 F 量表、SC 量表 T 分都不超过 70 分时）。

46/64：这种组合的人是不成熟、自负和任性的，对别人要求过多，并责怪别人对他提出的要求。可能的诊断有被动—攻击人格、偏执型精神分裂症和更年期偏执。

47/74：这种人对别人的需求不敏感，但很注意自己行为的后果，极易发生自怨自艾。可能的诊断为焦虑性神经症或病态人格，心理治疗效果甚微。

48/84：有这种测图的人，行为怪异，很特殊，常有不寻常的宗教仪式动作，也可能干出一些反社会行为。这种人一般诊断为精神分裂症（偏执型）、不合群人格、分裂样病态人格、偏执病态人格。

45/94：这种组合者最显著的特征是完全不考虑社会的规范和价值，常有违反社会要求的行为。常见的诊断为反社会型人格。

68/86：这种人表现多疑，不信任，缺乏自信心与自我评价，他们对日常生活表现退缩，情感平淡，思想混乱，并有偏执妄想。如 Pa、Sc 量表 T 分均升高，F 量表 T 分也超过 70 分，可以说是一个偏执型精神分裂症测图；如 F 量表 T 分未升高，Pa、Sc 量表 T 分稍高，可诊断为偏执状态或分裂性人格。

69/96：有这种测图的人可表现极度焦虑，神经过敏，并有全身发抖等特征，当其受到威胁时易退缩到幻想中去。典型的诊断是躁郁性精神病，如 Pa、Ma 测图伴 F 量表和 Sc 量表高分，则可诊断为偏执型精神分裂症或分裂情感性精神病。

78/87：这种人常有高度激动与烦躁不安等表现，缺乏抵抗环境压力的能力，并有防御系统衰弱的表现。其诊断应结合临床，一般 Pt Sc/Pt 测图诊断为焦虑性神经症、强迫性神经症、抑郁性神经症，以及人格异常。如量表 ScT 分明显高于量表 Pt，则可能诊断为精神分裂症。

89/98：这种测图倾向于活动过度、精力充沛、情感不稳、不现实及夸大妄想者。诊断为精神分裂症与躁郁症，分裂情感性精神病亦有可能。

以上对基本量表中出现两个高峰的解释，系我国学者结合国外文献报道而做出的。[①]

六、16PF 测验结果的解释技能

次元人格因素及特殊演算公式的应用。

1. 次元人格因素

（1）适应与焦虑性＝（38＋2L＋30＋4Q4－2C－2H－2Q3）÷10

低分者生活适应顺利，通常感觉心满意足，但极端低分者可能缺乏毅力，事事知难而退，不肯努力奋斗。高分者通常易于激动、焦虑，对于自己的境遇常常感觉不满意，高度的焦虑不但会降低工作的效率，而且也会影响身体的健康。

（2）内向与外向性＝（2A＋3E＋4F＋5H－2Q2－11）÷10

低分者内向，通常羞怯而审慎，与人相处多拘谨不自然。高分者外向，通常善于交际，不拘小节，不受拘束。

（3）感情用事与安详机警性＝（77＋2C＋2E＋2F＋2N－4A－6I－2M）÷10

低分者情绪多困扰不安，通常感觉挫折气馁，遇到问题需经反复考虑才能决定，但平时较为含蓄敏感，温文尔雅，讲究生活的艺术。高分者安详机警、果断刚毅，有进取精神，但常常过分现实，忽视了许多生活的情趣，遇到困难有时不经考虑，不计后果，贸然行事。

（4）怯懦与果断性＝（4E＋3M＋4Q1＋4Q2－3A－2G）÷10

低分者常常人云亦云，优柔寡断，受人驱使而不能独立，依赖性强，因而事事迁就，以获得别人的欢心。高分者独立、果断、锋芒毕露、有魄力，常常自动寻找可施展所长的环境或机会，以充分表现自己的独创精神。

2. 16PF 的应用

（1）心理健康者的人格因素。公式：C＋F＋（11－0）＋（11－Q4）

心理健康标准分通常介于 0～40 分之间，均值为 22 分，一般不足 12 分者情绪颇不稳定，仅占人数的 10%。担任艰巨工作的人都应有较高的心理健康标准分。

（2）从事专业而有成就者的人格因素。公式：2Q3＋2G＋2C＋E＋N＋Q2＋Q1

总分可介于 10～100 分之间，平均为 55 分，67 分以上者应有其成就。

（3）创造力强者的人格因素。公式：2（11－A）＋2B＋E＋2（11－F）＋H＋2I＋M＋（11－N）＋Q1＋2Q2

总分可介于 15～150 分之间，分数在 88 分以上者属于创造力强者范围，应有其成就。

（4）在新的环境中有成长能力者的人格因素。公式：B＋G＋Q3＋（11－F）

总分可介于 4～40 分之间，均值为 22 分。不足 17 分者仅占人数的 10%左右，从事专业或训练成功的可能性极小。27 分以上者，则有成功的希望。

---

① 参见郭念锋主编：《心理咨询师》，北京，民族出版社，2002。

3. 16个因素的名称和高分、低分人格特征

(1) 因素A。高分者：开朗、热情、随和、易于建立社会联系，在集体中倾向于承担责任和担任领导。推销员、企业经理、商人、会计、教士、社会工作者等多具有此种特质。在性方面倾向于自由、早婚。在职业中容易得到晋升。典型人物如狄更斯、富兰克林、罗斯福。

低分者：保守、孤僻、严肃、退缩、拘谨、生硬。在职业上倾向于从事富于创造性的工作，如科学家（尤其是物理学家和生物学家）、艺术家、音乐家和作家。典型人物如达尔文、威尔逊、爱迪生、牛顿、奥斯汀、张伯伦、弥尔顿、卡莱尔、塞缪尔·约翰生（英国作家）。

(2) 因素B。这是一个智力因素，并非产生于因素分析。高分者较聪明，低分者较迟钝。

(3) 因素C。高分者：情绪稳定、成熟、能够面对现实，在集体中较受尊重，较少患慢性病。容易与别人合作，多倾向于从事技术性、管理性工作，如飞行员、空中小姐、护士、研究人员、优秀运动员。不容易罹患精神疾患。典型人物如华盛顿、阿尔弗烈德大帝（英格兰西撒克斯国王）、俾斯麦。

低分者：情绪不稳定、幼稚、意气用事。当在事业和爱情中受挫时情绪沮丧，不易恢复。多为会计、办事员、农工、艺术家、售货员、教授等。身体易罹患慢性疾病。婚姻稳定性较差。典型人物如尼采、波德莱尔（法国诗人）、莫泊桑、切利尼（意大利雕塑家）、尼禄（罗马暴君）、柯勒律治（英国浪漫主义诗人）、哈姆雷特。

(4) 因素E。高分者：武断、盛气凌人、争强好胜、固执己见。有时表现出反传统倾向，不愿循规蹈矩，在集体活动中有时不遵守纪律，社会接触较广泛，有时饮酒过量，睡眠较少，不太注重宗教信仰，在婚后更看重独立性。在学校学习期间，学习成绩一般或稍差。在大学期间可能表现出较强的数学能力。在职业上倾向于飞行员、竞技体育运动员。创造性和研究能力较强，经商能力稍差。典型人物如恺撒、威廉二世、克列孟梭（第一次世界大战时法国主战派总理）、卢瑟福、路易十六、希特勒、巴斯德。

低分者：谦卑、温顺、随和。职业选择倾向于教士、咨询顾问、教授、医生、办事员。典型人物如释迦牟尼、维伯（英国改良社会主义者）、达尔文、莎士比亚、忏悔者爱德华（中世纪路信宗教的英国国王）以及许多著名宗教领袖。

(5) 因素F。高分者：轻松、愉快、逍遥、放纵，身体较健康，经济状况较好，性方面自我约束力较差，社会联系广泛，在集体中较受人注目。在家庭中，夫妻相互独立性较强，在职业上倾向于运动员、商人、飞行员、战士、空中小姐、水手。惯犯中具此种特质的人较多。不容易得各种精神疾患和冠心病。典型人物如包斯威尔（英国作家）、惠特曼、王尔德（英国作家）、惠斯勒（美国画家）、威尔斯（英国作家）、伏尔泰等。

低分者：节制、自律、严肃、沉默寡言。职业上倾向于会计、行政人员、艺术家、工程师、教士、教授、科研人员等。不容易犯罪。在经济生活、道德行为、体育活动等方面都较谨慎，不喜欢冒险。学术活动能力比社会活动能力强一些。典型人物如帕斯卡、达尔文、狄更生（美国女诗人）、约伯（俄国主教）、丁尼生（英国诗人）、欧文（英国诗人）。

(6) 因素G。高分者：真诚、重良心、有毅力、道德感强、稳重、执著、孝敬尊重父

母、对异性较严谨、受到周围人的好评、社会责任感强、重视宗教、工作勤奋、睡眠较少，在直接接触的小群体中自然而然地成为领导性人物。在职业上倾向于会计、教士、民航驾驶员、空中小姐、百货经营经理等。很少有违法犯罪行为。宗教先知和宗教领袖多具有此特质。典型人物如勃朗宁、丁尼生、吉卜林（英国作家）、华盛顿、林肯、纳尔逊（英国海军统帅）、康德、列奥尼达（古斯巴达将领）、南丁格尔等。

低分者：自私、唯利是图、不讲原则、不守规则、不尊重父母、对异性较随便、缺乏社会责任感、轻视宗教。在职业上倾向于艺术家、社会工作者、社会科学家、竞技运动员、作家、记者等。具有此种特质的人可能有违法行为。那些声名狼藉的人多具有此特质。典型人物如卡萨诺瓦（意大利作家、间谍，以放荡不羁闻名）、切利尼（意大利雕塑家）、卡廖斯特罗（意大利魔术师、江湖骗子）等。

(7) 因素 H。高分者：冒险、不可遏制、在社会行为方面胆大妄为，副交感神经占支配地位。在职业上倾向于竞技体育运动员、商人、音乐家、机械师等。典型人物如西奥多、罗斯福、丘吉尔、杰克逊（美国总统）、理查一世、邓肯。

低分者：害羞、胆怯、易受惊怕，交感神经占支配地位。在职业上倾向于牧师、教士、编辑人员、农业工人。典型人物如狄更斯、卡文迪许。

(8) 因素 I。高分者：细心、敏感、依赖。通常身体较弱、多病，不太爱参加体育锻炼，遇事优柔寡断、缺乏自信。儿童期间多受到家庭的溺爱和过分保护，很少喝酒，一般女性得分高于男性。在职业上倾向于美术、牧师、教士、教授、行政人员、生物学家、社会科学家、社会工作者、编辑。在学习上，语文优于数学。典型人物如柯勒律治、华兹华斯（英国浪漫主义诗人）、王尔德、罗素、罗斯福夫人（富兰克林·罗斯福的夫人）。

低分者：粗心、自立、现实。通常身体较健康，喜爱参加体育活动，遇事果断、自信。职业上倾向于物理学家、工程师、飞行员、电气技师、销售经理、警察等。典型人物如吉卜林、塞缪尔·约翰生、马克·吐温、拿破仑、彭斯（苏格兰诗人）、林白（美国著名飞行员）。

(9) 因素 L。高分者：多疑、戒备、不易受欺骗，易困、多睡眠。在集体中与他人保持距离，缺乏合作精神。职业上倾向于艺术家、编辑、农业工人、管理人员、创造性科学研究人员。有时有自杀、同性恋、违法、吸毒等行为。典型人物如克里奥拉努斯、木尼狄克、阿诺德（美独立战争叛将）、蒙蒂兹（声名狼藉的爱尔兰美女）、亚历山大大帝、斯大林、巴顿（美国将军）、戴高乐。

低分者：真诚、合作、宽容、容易适应环境，在集体中容易与人形成良好关系。职业上倾向于会计、飞行员、空中小姐、炊事员、电气技师、机械师、生物学家、物理学家。典型人物如托马斯（基督教虔修派最著名代表人物之一）、居里夫人、艾森豪威尔、伯里克利（希腊政治家）。

(10) 因素 M。高分者：富于想象，生活豪放不羁，对事漫不经心。通常在中学毕业后努力争取继续学习而不是早早就业。在集体中不太被人们看重。不修边幅，不重整洁，粗枝大叶，经常变换工作，不易被晋升。具此种特质的人大多属于艺术家。另外，具此种特质的人大多有吸毒、同性恋、违法方面的行为。典型人物如斯宾诺莎、福楼拜、乔治·博罗（英国旅行家）、卡洛尔（英国童话作家）、凡高、杰克·伦敦、埃尔·格列柯（西班牙超现实派画家）、毕加索、史文朋（英国诗人）、拜伦。现代“嬉皮士”多具此种特质。

低分者：现实，脚踏实地，处事稳妥，具忧患意识，办事认真谨慎。典型人物如胡佛、鲍尔温（英国前首相）、卡内基、柯立芝。

（11）因素N。高分者：机敏、狡黠、圆滑、世故、人情练达、善于处世。不易罹患精神疾患。在社会中容易取得较好的地位。善于解决疑难问题，在集体中受到人们的重视。职业上倾向于心理学家、企业家、商人、空中小姐等。典型人物如卡萨诺瓦、欧·亨利（美国小说家）、辛普森夫人、米歇尔、阿伦（英国作家）、迪斯累里（英国首相）、劳合·乔治（英国首相）、罗斯柴尔德（英国动物学家）、梅特涅（奥地利首相）、伏尔泰等。

低分者：直率，坦诚，不加掩饰，不留情面，有时显得过于刻板，不为社会所接受。在社会中不易取得较高地位。职业上倾向于艺术家、教士、汽车修理工、矿工、厨师、警卫。其典型人物如托尔斯泰、第欧根尼（希腊哲学家）、陀斯妥耶夫斯基、卢梭、约翰·班扬（英国清教徒传道士）、克鲁鲍特金（俄国无政府主义者）等。

（12）因素O。高分者：忧郁、自责、焦虑、不安、自扰、朋友较少。在集体中既无领袖欲望，亦不被推选为领袖。常对环境进行抱怨，牢骚满腹。害羞、不善言词、爱哭。职业上倾向艺术家、教士、农工。典型人物如豪斯曼（英国作家）、爱伦·坡（美国诗人）、陀斯妥耶夫斯基、丘吉尔等。

低分者：自信、心平气和、坦然、宁静，有时自负、自命不凡、自鸣得意，容易适应环境，知足常乐。职业上倾向于战斗飞行员、竞技体育运动员、行政人员、物理学家、机械师、空中小姐、心理学家。典型人物如成吉思汗、斯大林、罗伯斯庇尔以及许多成功的行政领袖。

（13）因素Q1。高分者：好奇，喜欢尝试各种可能性，思想自由、开放、激进，接近进步的政治党派，对宗教活动不够积极，身体较健康，在家庭中较少大男子主义。职业倾向于作家、会计、工程师、教授。典型人物如A·赫胥黎（文学家、神秘主义者）、J·赫胥黎（生物学家、社会活动家）、赖特（建筑师）、萧伯纳、易卜生、布律内尔（工程师和发明家）、威尔斯（英国小说家）、马克思、理查德·施特劳斯、拿破仑。

低分者：保守，循规蹈矩，尊重传统。职业倾向于运动员、教士、农工、机械师、军官、音乐家、商人、警察、厨师、保姆。典型人物如丘吉尔、维多利亚女王、法朗士、高尔斯华绥（英国作家）、布赖恩（美国民主党领袖）、道格拉斯、黑格（英国元帅）。

（14）因素Q2。高分者：自信、有主见、足智多谋、遇事勇于自己做主、不依赖他人。职业上倾向于艺术家、工程师、科学研究人员、教授、作家。典型人物如哥白尼、林白、鲍布、霍普（美国著名演员）、牛顿、班廷（加拿大医生，诺贝尔奖获得者）、门肯（美国政治评论家）、嘉宝（美国电影演员）、巴斯德等。

低分者：依赖性强，缺乏主见，在集体中经常是一个随波逐流的人，对于权威是一个忠实的追随者。职业上倾向于空中小姐、厨师、保姆、护士、尼姑、社会工作者。典型人物如阿尔弗雷德、奥斯丁（英国诗人）、饶勒斯（法国社会主义者）、施莱辛格（美国历史学家）、柯西金（苏联总理）、兰克（美国心理学家）、拉斯基（英国政治家）、霍法（美国劳工领袖）。

（15）因素Q3。高分者：较强的自制力，坚强的意志力，较坚定地追求自己的理想，有良好的自我感觉和自我评价，通常注重性道德，饮酒适度。在集体中，可以提出有价值的建议。职业上倾向于大学行政领导、飞行员、科学家、电气技师、警卫、机械师、厨师、物理学家。典型人物如威尔逊（美国总统）、纽博尔特（美国诗人）、金斯利（美国小说家）、山本五十六、恺撒、布莱（英国海军将领）、罗伯斯庇尔、吉卜林等。

低分者：不能自制，不遵守纪律，自我矛盾，松懈，随心所欲，为所欲为，漫不经心，不尊重社会规范。不太注重性道德，饮酒无节制。在职业上倾向于艺术家。典型人物如吉斯林（第二次世界大战中挪威卖国者）、克吕格（瑞典金融投机家）、木尼狄克、阿诺德、尼禄、罗宾汉、第欧根尼、比尔兹利（英国画家）。

(16) 因素 Q4。高分者：紧张，有挫折感，经常处于被动局面，神经质，不自然，做作。在集体中很少被选为领导，通常感到不被别人尊重和接受，经常自叹命薄。在压力下容易惊慌失措，多患高血压症，职业倾向于农业工人、售货员、作家、记者。典型人物如麦克百、爱德华八世、威尔斯、奥本海默（美国物理学家）。

低分者：放松、平静，有时反应迟钝，不敏感，很少有挫折感，遇事镇静自若。职业倾向于空中小姐、飞行员、海员、地理学家、物理学家。典型人物如马修、阿诺德（英国诗人）、伊壁鸠鲁、毛姆（英国作家）。

上述人格特质因素是各自独立的，每一种因素与其他因素的相关度极小。由于这些因素的不同组合，就构成了一个人不同于其他人的独特个性。将 16 个分量表的得分放在一起，可以得到关于受测者个性的剖析图。在卡特尔 16 种人格特质测验的经验效度资料中，包括 50 种不同职业的剖析图类型和“职业方程式”，这些方程是通过对不同职业组的测验结果的回归分析得到的。这些方程可以被用来评价受测者在不同职业上的发展潜力，作为就业咨询的参考因素之一。效度标准资料中还包括 50 种不同精神心理疾患的典型剖析图，这些剖析图可以作为心理诊断的一种参考。要详细分析一个人的性格，需要参考 16PF 手册进行分析。

七、SCL—90 的结果分析

分析 SCL－90 总分的结果时，要注意以下几点。

第一，以总分反映病情的严重程度。量表总分能较好地反映病情严重程度，这是设计心理评定量表的最基本假设。也就是说，病情越轻，总分越低；病情越重，总分越高。一个好的量表，应该能正确地反映病情严重程度。两者的相关程度也可以作为检验量表效度的重要指标之一。按全国常模结果，总分超过 160 分，可考虑筛洗阳性，需进一步检查。

第二，以总分变化反映病情演变。以治疗前后量表总分的改变反映疗效，是量表总分最主要的用途之一。就具体病人而言，其疗效可以用总分的减分率评估。一般认为减分率大于或等于 50％为显效、大于或等于 25％为有效。减分率的计算公式：减分率＝（治疗前总分－治疗后总分）/治疗前总分。

第三，用计算机处理结果时，也要学会综合分析。

第九章
心理健康教育活动的形式和内容

第一节　中小学心理健康教育的方式

目前，我国中小学开展心理健康教育的方式多种多样，曾出现过四种模式：心理治疗模式—心理咨询模式—心理讲座模式—心理辅导模式。有学者认为，心理辅导的工作也应由心理卫生模式向心理教育模式转变，并针对目前心理辅导的现状和发展，提出了发展性心理辅导模式。其心理健康教育的方式有以下几种形式。

一、开设心理课

开设心理教育课是目前各类学校进行心理健康教育所采用的一种方法。讲授的内容包括普通心理学、心理卫生学、心理健康教育课以及各种讲座等，都是给学生传授心理科学知识的有效方法。教育部从 1998 年秋季起，将心理健康教育内容引入初一思想政治课教材（目前有人教版和地方版两种版本，内容大体相同），并制定了课程的标准，这是向心理素质教育课程化迈出的重要一步。中学政治课教师成为承担心理健康教育的主力军。学校思想政治课是开展心理健康教育的一条重要途径，这是国家对中学生进行心理健康教育的一种统一要求。

有的学校又另外开设了“心理素质课”，为期 1～3 学年，每周 1 学时。内容有认识心理素质、自我完善心理素质、开发心智潜能、提高活动效率、促进心理健康、克服心理问题，以及教育过程中出现的阶段性的问题，如考试紧张等。

许多老师都认为只有通过上述专门的心理课教育，才能保证学生掌握连续的心理学知识，使学生的心理素质得以全面的训练和提高。但是，现在在心理辅导的过程中也存在许多问题。最明显的是，老师试图通过讲授心理学知识来消除学生的心理问题，表现在让学生背诵心理学概念等。更多的是组织考试，心理健康教育课又成为学生背诵、考试的内容，不仅没有达到提高学生素质的目的，反而又增加了学生的学习负担。如笔者曾到中学调查，学生可以按照老师的要求背诵什么是心理、什么是情绪、锻炼心理品质的方法有哪些，结果学生考试的分数很高。当问到学生遇到挫折该怎么办时，许多学生都感到茫然。我们发现学生并没有理解教材的内容。这种教和学的方法与国家改编《思想政治》和开展心理健康教育的指导思想是完全相悖的。另一方面，老师讲授的方法很多，而学生的讨论、游戏、角色扮演等活动很少，结合现实的活动就更少。

实践证明，对学生开设心理课、举办心理讲座是学校开展心理健康教育活动初期的有效形式，也是老师最能接受的一种形式和开端。但是，这种形式的作用是有限的。开设心理辅导课，可以拓宽学生的知识面，但不能直接转换成学生心理素质的提高。

二、个别辅导

个别辅导是以个别学生为对象，以学生问题和需要为基础，用尊重、接纳、理解的态度和科学的方法，通过聆听、疏导、咨询、活动等途径，予以适当的启发和诱导，使学生能由自我了解而发展正常人格的方法。个别辅导实质上是一种个案研究，可分为了解、分析和辅导三步。

个别辅导不同于传统的个别教育，也不同于学校的心理咨询。传统的个别教育是由教师根据学校的德育要求来转化学生的思想品德，强调教育的共性。心理咨询是由学生主动向心理咨询者请求的个性完善方面的帮助，比较强调学生的个性。而个别辅导则是两者兼有。个别辅导教师（心理辅导者）主动地与学生讨论和协商，有针对性地鼓励和引导学生自我认识、自我进取、自我完善，以帮助学生解决在自身发展和对社会环境的适应中产生的困难和问题，发展学生的心理潜能和完善个性，从而成为使学生自身素质全面提高的一种教育方法。

任何一所学校在开展心理辅导时无论以什么途径为主，如果不以个别辅导相配合，则其辅导工作都是不完整的。

三、小组辅导

小组辅导是班级辅导活动的基本形式。以6～8人自愿结合为宜。首先调查学生的心理问题，把具有相近心理问题的学生归为一组。比如，在学习方面针对学习能力弱、兴趣低、习惯差、态度不端正等问题设立“学习能力”、“学习兴趣”、“学习习惯”、“学习态度”小组，利用学校、社会上的有利条件在课外对各小组分别开展心理座谈、经验介绍、讨论等，把问题逐类解决。

活动的方式可由学生自行选择讨论法、游戏法、宣泄法，让学生在小组中学会交往，学会合作，学会游戏规则教育。小组辅导的方式把具有相似问题的学生集中在一起辅导，可消除学生的自卑心理，并可收到相互激励、相互帮助的功效。

四、团体辅导

团体辅导是以班级为单位，以全班同学为对象，以学生情况和需要为前提，以学生为中心和主体，针对学生共性问题而开展的辅导活动。它由教师根据学生中的问题引导学生设计一定的活动情境，让学生围绕某一共性的心理问题，用游戏、表演、会议等形式来完成辅导活动。每个人在团体中都可以受到其他许多成员的鼓励和接纳，在人际互动的团体情境中，个人有机会改变自己的行为。这种方式的目的在于使团体成员对自己及别人内心的感受和动机知觉，提高观察力，要求成员把个人内心的感受，包括自我怀疑、敌意、互不关心等坦率地表露出来。

团体辅导的人数，根据问题的种类、性质及表现的程度而定，辅助的次数取决于目标的实现。一般而言，较适合团体辅导的学生是那些在发展上有困难或是愿意将其困惑问题在团体中提出的学生。对那些具有个性问题，不愿公开其心理问题的学生，不宜采用团体辅导的方式。

五、学科渗透

学校开展心理健康教育的辅导工作应该是“全方位”的渗透。所谓渗透，是指在学校教育、教学内容上，在组织教育、教学过程中，渗透心理健康教育的原则。各科教师都应该挖掘教材中的心理素质的对应点，结合教材内容有的放矢地进行心理辅导。这是真正的心理健康教育的主战场，也有利于在学校营造促进学生心理健康教育的环境氛围。学校心理辅导如果单靠心理辅导教师开展工作，则孤掌难鸣，势薄力单。学科渗透是一种全员性策略，每位教师都是心理健康教育的辅导者。

学生良好的心理素质的培养，不是单靠一两次活动就可以的。它必须渗透在学校的教育活动和课堂教学中，才能有所依托。实践证明，学科渗透可以扩大教育领域，并可提高可行性、针对性，中小学各科教师针对自己的学科特点、教材内容进行心理教育。学科渗透的内容是广泛的，涉及课堂教学的各方面，从优化学生学习的外部因素看，包括课堂气氛的营造、课程渗透心理辅导等，从优化学生学习的内部因素来看，包括学习动机激发、学习策略训练、学习习惯培养等。

1. 创设积极的课堂心理气氛

课堂心理气氛对学生学习具有潜在影响。和谐、合作的气氛有助于学生积极参与课堂教学活动，使课堂教学得以生动活泼地开展。而紧张对抗的气氛则会大大抑制学生学习的热情，从而使得课堂教学刻板生硬、死气沉沉。课堂心理气氛的营造涉及众多的因素，如教师的领导方式是权利方式、民主方式，还是放任自流方式，师生关系是亲近的还是冷漠的，是宽松的还是紧张的，等等。上海市南洋中学经过实践探索，提出优化课堂心理环境有三条途径，即创造和谐气氛，激发兴趣和鼓励成功。

2. 课程渗透心理辅导

即在德育课程（思想品德课、公民课、社会课等）、智育课程（语文、数学、外语等）、体育课程、美育课程中渗透心理辅导的目标、内容和方法技术。

3. 学习动机激发

学习动机激发可分为外部动机激发和内部动机激发。外部动机激发可以通过奖赏、惩罚、创设课堂气氛等方法，给学生以学习动力，它是教师在教学中常用的激励手段。内部动机激发包括归因训练、角色转换、成功体验、兴趣培养等等。

4. 学习策略训练

帮助学生学会学习是当代的教育潮流。当代社会是终身学习的社会，一个现代公民要能在社会上立足，并为社会做贡献，就得活到老学到老。学会学习就是要学生掌握有效的学习策略和自我调控学习过程的能力。

5. 学习习惯培养

培养学生良好的听课习惯、作业习惯、预习复习习惯以及合理安排作息时间的习惯。

学科渗透对于教师是一项富有挑战性的工作，需要教师努力学习理论、钻研理论、勇于实践；同时它又是富有创造性的工作，为教师才华的施展提供了广泛的舞台。

六、家庭辅导

家庭是以血缘关系为纽带、为联系的教育的心理共同体。家庭是影响学生心理健康的一个重要因素，孩子的心理问题往往与家长的人格教育方式和家人的观念密切相关。家庭对学生人格发展的影响，从某种意义上说，比学校更为持久，更为深远。在家庭里，子女与父母以血缘为纽带的亲子关系，不论从情感上还是利益上都是师生关系、同伴关系所无法替代的。父母是孩子的第一任教师，家庭是孩子的第一所学校。父母的观念、态度与行为潜移默化地影响着孩子的成长。部分家长由于忙于自己的工作和家务，对子女疏于关心和指导。有的家长虽对子女溺爱有加，但不能及时解决一些心理问题。还有的家长无视子女本身的身心基础，提出过高的要求，独断专横。

针对不同的家庭情况，各地都充分利用家长学校，向家长普及中小学生的心理学知识，指导家长掌握科学的家教方法和对孩子进行心理辅导的方法，帮助家长提高家教水平，为孩子消除来自家长诱发的心理困惑。

因此，应该把家庭心理辅导看做整个学校心理辅导的一个组成部分，一个重要支持系统。家庭心理辅导既包括学校对家长进行心理辅导，也包括教会家长对学生进行心理辅导，但重点是后一项。家庭心理辅导的内容有：

(1) 辅导家长改进与子女的沟通方式。沟通对家庭成员的情感维系、气氛融洽有着重要作用。通过亲子沟通分享快乐、倾诉烦恼、表达爱心，能使孩子经常保持心情愉悦，也可以配合学校帮助孩子解决一些心理困扰。

(2) 辅导家长树立正确的教养观念。目前家庭教育的不良倾向：一是过分重视学业成绩，轻视学生良好个性的心理培养；二是对孩子过度保护，过度溺爱，这不利于学生的成长。家长树立正确的教养观念，就要纠正这些不良倾向。

(3) 辅导家长营造良好的家庭文化氛围。它包括创设安静的学习环境，满足孩子求知的兴趣，父母休闲活动要提高格调与品位。尤其不要阅读低级庸俗读物，不要收看不健康的录像，以免侵蚀孩子的思想。另外，父母的言行举止也要健康、文明，以促进孩子健康文明的生活方式与价值观念的形成。

(4) 对特殊家庭的分类辅导。有不少学生来自离异家庭、单亲家庭、寄养家庭等。这些家庭环境不利的学生容易产生情绪困扰或行为问题，学校要重视对这些来自特殊家庭的学生的心理辅导。

七、心理咨询

心理咨询是学校心理健康教育的重要组成部分。中小学生在成长中出现的各种心理问题或困惑，需要通过心理咨询来帮助学生解决。心理咨询在具体实施的过程中有两种方式，即个别咨询和团体咨询。在实施个别咨询时，咨询人员要经过专业训练，严格按心理咨询的基本要求和过程去做。团体咨询目前是我国运用最多、最具有特色的心理辅导课程，实施时要有具体的目的、内容和方法，要求辅导者掌握。

团体咨询是在团体情境中提供心理帮助与指导的一种心理咨询形式。它是通过团体内的人际交互作用，促使个体在交往中通过观察、学习、体验，认识自我、探讨自我、接纳自我、调整和改善与他人的关系，学习新的态度与行为方式，以发展良好的生活适应的助人过程。

团体咨询一般有三个阶段：开始阶段、中间阶段或运作阶段、结束阶段。

一般而言，团体咨询与治疗方式是由1～2名指导者主持，根据求助者问题的相似性，组成小组，通过共同探讨、训练、引导，解决成员共有的发展课题或心理问题。团体的规模因参加者的问题性质不同而不等，少则3～5人，多则十几人到几十人。

团体咨询不是个别咨询与治疗的简单拓展，也不仅仅是为了节省时间和人力。团体咨询与治疗有其独到之处。其作用可以概括为如下几点（G. Corey，1994；樊富珉，1998）。

（1）团体为个人提供了一面镜子。

（2）成员可从其他参加者和指导者的反馈中获得益处。

（3）成员接受其他参加者的协助，也给予协助。

（4）团体提供考验实际行为和尝试新行为的机会。

（5）团体情境鼓励成员做出承诺并用实际行动来改善生活。

（6）团体中的互动行为帮助成员了解他们在工作上、家庭上的功能，并显示出如何追求其在社会上的地位。

（7）团体的结构方式可以使成员得到归属的满足。

团体咨询与治疗有其独特的优点。团体咨询与治疗是通过团体来指导个人，通过团体活动协助参加者发展个人潜能，学习解决问题及克服情绪和行为上的困难。心理学研究证明，人类的许多问题和冲突可以在社会活动中被确认，因此团体工作不仅可以反映人性的冲突和不适应，而且可以提供矫正的影响力。目前，团体咨询与治疗已在学校、家庭、医院、企业、军队等众多的社会领域中得到广泛的应用，成为心理咨询的一种新的发展趋势。

团体心理咨询也有其局限性。有多数人在场的情况下，求助者容易产生顾虑，不愿暴露自己的想法。所以，团体咨询只能解决一些共同存在的表层心理问题，深层的问题则需要通过个别咨询单独加以解决。

专题咨询和现场咨询也属于团体心理咨询的范围。专题咨询是就部分人提出的某一共同问题进行磋商、讨论和分析，寻求该种心态产生的根源和解决办法；也可由咨询工作者结合有关的心理学知识进行中心发言，加以帮助和开导。现场咨询是咨询工作者就求助者存在的共同问题，深入到班组、宿舍或其他活动场所，对他们提出的问题和存在的疑虑给予帮助的一种形式。由于是在活动现场进行咨询，所以气氛更加宽松和自然。

八、活动训练

在课外活动中有针对性地对学生进行心理训练是心理辅导的一种重要方式。心理训练是一种实用的技术。开展生动活泼的活动，可促进人际交往，建立团队合作、友爱互助的人际关系，体验集体生活的乐趣，显示才能和爱好，促进身心和谐发展。活动训练课可遵循趣味性、可行性、发展性和序列性的原则。采取制订计划（规定活动的目的、内容、过程）、保证时间、保证人员、保证地点、保证场地、积极宣传、及时指导和认真总结的操作策略。

附：**心理辅导专门活动实例——人际沟通**

（初中一年级上学期）

一、单元名称：我们都是好同学

二、时间：两节课

三、单元目标

（1）增进同学间彼此的认识。

（2）了解同学间和睦相处的重要性。

（3）促进彼此的交往，建立良好的友谊。

四、实施方式：访问、介绍、比赛、短剧表演、唱歌

五、准备工作：课前安排桌椅成圆形，制作《友情》歌曲的歌词挂图

六、实施程序

（1）进行"相互访问活动"。全班学生围成圆圈，两人一组，互相做自我介绍。自我介绍的内容包括两部分：第一部分是基本材料，如姓名、年龄、家庭状况等；第二部分是关于自己的嗜好、兴趣、个性等方面的情况。

（2）介绍被访问者情况。访问完毕后，每个学生介绍被访问的同学，再由被介绍者补充。教师提醒全体学生要注意听介绍，并力求记住班上各位同学的特征，以便进行认人比赛。

（3）认人比赛活动。首先，教师将班上学生分成两组，对每个学生编号。让每组同学一一上台说出对方组同一编号者的姓名、年龄、家庭状况、嗜好、兴趣、个性等。说对一项得一分，直到两组学生轮完为止。然后，由教师统计两组成绩。得分高的那一组获胜，得分低的那一组同学唱一首歌。

（4）短剧表演。教师将学生分成两组，各组自行设计短剧两则。以下是两则实例。

短剧一　好同学相处实例

小红：小明！下课了，你要去哪？

小明：我想去商店买一本作文本，要不要一起去？

小红：好啊！我有空，陪你去好了。

小明：谢谢你。对了，星期六下午有空吗？到我家一起做功课好不好？做完了功课，我们一起去看场电影。

小红：好啊！我回去问妈妈，妈妈答应了，我就去你家写功课，然后去看电影。

小红和小明两人牵着手一起去商店，显出很开心的样子。

短剧二　同学间吵架实例

小李：小叶，你昨天的数学题做好了没有？

小叶：哦！数学题呀！我早就做好了。

小李：我有一道题不会做，你来教教我好吗？

小叶：你自己想一想，多简单的题呀，还问人，我一下子就想出来了。

小李：拜托嘛，我实在想不出解法，告诉我吧！

小叶：你想不出来啊！你简直太笨了！

小李：你太自私了！不告诉我也就算了，还骂我笨，我去告诉老师！以后我再也不想理你了。

小叶：谁稀罕！你不理我，我也不理你！

小李和小叶因为一道数学题而处得不愉快，从此，两人形同陌路人，再不打招呼了。

(5) 学生讨论，教师讲评。同学表演完毕后，学生可围绕短剧中的情节发表意见。然后老师讲评，并做结论：学校就像个大家庭，同学们就像家中的兄弟姐妹一样，彼此要相互尊重，相互忍让。只有这样，大家才能和睦相处，校园生活才能变得愉快。

(6) 唱《友情》歌曲。教师将歌词挂图展示给学生看，和学生一起讨论歌词的意义，并带领学生唱，直到唱会为止。歌词如下。

友　情

友情，人人都需要友情，不能孤独走上人生旅程，要珍惜友情可贵，失去的友情难追。诚恳，相互勉励，闪耀着友情的光辉。永远、永远让那友情温暖你的心。

七、补充活动

(1) 进行“瞎子旅行”活动。

首先，将教室桌椅布置成几个障碍物，其余桌椅靠墙。

其次，将学生分成两人一组，让其中一人当盲者，一人当明者。盲者以手帕蒙眼，明者搀扶盲者一只手，以话语引导前进。在进行过程中，可自我介绍性地交谈。时间限制为两分钟。稍后，更换盲者为明者，明者为盲者，再进行两分钟的类似活动。

最后，回到座位，自由发言，讨论刚才的感受。

(2) 进行“感情交流”活动。

首先，教师将班上学生分成数组，各组排成一列，坐在座位上。

然后，每人准备一支圆珠笔，用厚纸板剪成若干个“红心卡”（如心形，中心挖去直径为1.2厘米的圆圈)。教师说明规则如下：

第一，传递红心时，只能以笔传递，途中若红心卡落地，必须交由第一人重新做起。

第二，在接送中，传送红心卡的同学要对后面的同学说“我把心送给你”，接受者要说声“谢谢”。如无这些词语，不能行动。

第三，教师口哨一响，开始比赛。第一个人传递给第二个人，第二个人再传下去，以最先接送完毕的那一组为优胜。

第四，每组回到原始座位上去，讨论刚才活动的感受。

资料来源：刘华山：《学校心理辅导》，120～123页，合肥，安徽人民出版社，2001。

第二节　心理健康教育的实施方法

一、一般研究方法

(一) 测验法

测验法就是用标准化的量表来测量被试的智力、性格、态度、兴趣以及其他个性特征的方法。测验的种类很多，按一次测量的人数，可把测验分为个别测验和团体测验；按测验的目的，可把测验分为智力测验、特殊能力测验和人格测验。目前常用的智力量表有韦氏儿童智力测验、韦氏成人智力测验、中小学团体智力测验、瑞文标准推理测验。人格测验有16PF、MMPI、YG测验、A型性格。评定量表有SCL－90、SAS、SDS、EMBU。

需要说明的，一是目前测验的量表种类繁多，在使用时要选用有信度、效度和全国常模的量表，三者缺一不可；二是测验实施者必须具备心理测验的资格，否则难以保证测验的准确。这是一个极为严肃的工作，不可乱用。

目前心理健康教育多在学校为学生建立心理档案。心理测验是必不可少的，要慎重选择使用。同时，对测验结果要正确对待和保密，否则就失去了测验本身的意义。

(二) 个案研究法

个案研究法指采用各种方法收集有效的完整资料，对单一的个人进行深入研究的方法。一个完善的个案研究包括姓名、性别、出生年月、学校、班级、父母职业、家庭背景、生活经历、兴趣爱好、个性特点、学习状态、人际关系、身体状况等。

(三) 作品分析法

人们的不同劳动产品显示着人们不同的心理特点。作品分析法就是通过分析人们的劳动产品来研究其心理状态及个性特点的一种方法。学生的作品如日记、作文、图画、运算、考卷、墙报稿、手工作品、模型等都表现着学生不同的心理特点，甚至单是作业本的封面，其干净程度、年级姓名的写法，对分析了解学生的能力、性格都是很有意义的。在使用中，注意和其他方法互相配合使用。

二、心理辅导课程教学法

心理辅导课是中小学心理健康教育的一条重要途径，心理辅导课程化也是今后的发展方向和趋势。心理辅导作为一门课程，具体实施时应重点掌握心理辅导课程的独特的教学方法。心理辅导课有别于其他学科，它重在活动，重在学生的参与，通过师生共同活动达到辅导的目的。

(一) 心理辅导课常用的方法

心理辅导课常用的方法有讲座、演讲、讨论或辩论、座谈、对话、心理小剧、角色扮演法、训练法、综合法、测验法、情景法、榜样引导法、行为强化法、价值观辨析法。在教学过程中可灵活运用。

1. 角色扮演法

角色扮演法是一种通过行为模仿或行为替代来影响个体心理过程的方法。简单地说就是让学生以一种类似游戏的方式，表演出自己的心理或行为问题，进而起到增进自我认识、减轻或消除心理问题、发展心理素质的作用。例如，一个考试成绩不好的学生，对自己的能力缺乏信心，畏惧学习。辅导教师可以让他扮演进入考场的学生，从而了解自己内心感受和问题的所在，再通过角色的转换，扮演考试成功者，使他尝试新的行为和获得新的体验。

在心理教育课程中，可应用的角色扮演方法有以下几种。

(1) 哑剧表演。这种表演是一种非言语的表演。辅导教师提出一个主题或一个情景，要求学生不用言语而用表情和动作表演出来，让学生充分利用肢体、面部、身段等表情达意，学会非言语交往。表演可以是一人或多人的，如表演“同学见面”、“生气时”、“幸福时刻”、“等待”等等。这种方法可以促进学生非言语沟通能力的发展。哑剧表演主要适用于情感辅导和交往指导，也可根据实际情况应用于其他教学内容。

(2) 空椅子表演。这种方法只需一个人表演，适合于社交方面有困难的学生。例如，某个学生在异性同学面前很害羞，难以正常交往，就可以用空椅子表演的方法帮助他。具体做法是将两张椅子面对着放，让该生坐在一张椅子上，假设另一张椅子坐的是异性同学。让该生先表演彼此间曾经有的或可能有的对话，然后坐到对面去，以对方的立场说话。如此重复多次，往往使学生了解了对方，改善了双方的交往。

(3) 角色互换。这种方法与前一种类似，是让学生先后分别扮演不同的角色，分别体验不同角色的感受，学会不同角色应有不同的社会言语，每个人的言行应符合他所承担的角色，只是参与的人有两个或者更多。例如，辅导教师可以让一个学生扮演失败者，一个学生扮演帮助者。两人对话一段时间后，互换椅子和角色，如“我来当教师”、“失败时的我”、“三人座谈”、“假如我是他”等等。此类表演适合于自我意识训练、情感辅导、个性塑造和交往指导。

(4) 改变自我。在角色扮演中，辅导教师让某个学生扮演自己改变后的情况。例如，某学生上课时行为多动，辅导教师让他扮演自己，表演上课时行为不再多动时的情况。

(5) 双重扮演。这种方法要求两个学生一起表演，一个是有问题的学生，一个是助理演员。有问题的学生表演什么，助理演员就重复表演什么，这样可以重现事实，帮助问题学生认识自己。

(6) 魔术商店。辅导老师扮演店主，店里贩卖各种东西，如理想、健康、幸福、财富、成功等。由学生扮演买主，说出自己最想要的东西及其原因。然后，辅导教师问他愿意用什么来交换。用这种方法可以了解学生的需求和价值观，帮助学生树立正确的价值观和人生观。

(7) 相声表演。此种表演可以是一人的单口相声，也可以是两人的对口相声或多人的群口相声。表演者以通俗幽默的话语向学生展示深刻的心理学道理。例如，若想让学生认识到“注意”这一心理状态在日常生活、学习中的作用，就可以让一名学生进行“注意”的自述“我叫注意”；在进行情绪调控辅导时，可让两位同学说对口相声“我不生气”，等等。此类表演需要有较好的语言表达能力和其他表演技巧，辅导内容可以是提高学生认知水平的心理训练。

(8) 小品表演。这种方法是把幽默、讽刺或赞许的语言与滑稽的动作结合起来，展示生活、学习中的一些事情，使同学们明白其中的道理及处理问题的方式等。小品表演大多为多个同学参与，以期接近生活，情境显得较真实，富有感染力，如“同学病了”、“同学来我家做客”、“给妈妈过生日”等内容。此类表演有一定难度，从辅导内容上看，适用于自我意识、情感、个性、交往等方面的训练。

由于角色扮演生动有趣，不但可以减轻学生心理压力，帮助学生了解自己，而且还可以促进班级内思想感情的交流，提高社会交往的技能，在心理辅导课程中可以经常运用这类方法。

2. 价值观辨析法

价值观辨析法就是在教师的安排下，学生通过讨论、辩论等方法，利用理性思维和情绪体验来检查自己的行为模式，并把自己的行为模式与他人的行为模式进行比较，解决价值冲突，进而按照较符合社会要求的价值观支配自己的言行。

（1）运用价值观辨析法的原则。

第一，教师首先必须诱发学生的态度和价值陈述。

第二，教师必须无批评地和无批判地接受学生的思想、情感、信念和观点。

第三，教师必须向学生提出问题，以帮助学生思考自己的价值观念。

（2）具体方法及适用对象。

1）小组讨论法。针对某一问题情境（问题应为开放性问题），教师把学生分成小组，分组方式可以是随机的也可以是匹配的，每个小组内成员都畅所欲言，最后形成小组意见。接下来小组间进行讨论或辩论，最后由老师做总结。在讨论过程中，教师主要的功能是应用问题使讨论顺利进行并使讨论不离开主题，鼓励成员多贡献意见。此方法需要一定的认知基础，适合于学生自我评价、学习态度、个性、人际交往等方面的辅导。

2）两难问题法。教师利用假定的、设计的或真实的两难问题，让学生进行判断，激起他们的内心价值冲突，触动原有的心理认知结构，使他们产生不满足感，以达到改变自己原有认知结构的目的，从而提高心理水平。教师应启发学生积极思考，主动交流或辩论，做出判断，寻找自己认为正确的答案。此方法根据问题设置可适合于不同年级学生，在辅导内容方面适用于个性塑造和品德形成等。

3）脑力激荡法。此方法允许学生对一个问题自由地考虑可采用的方法。脑力激荡法可以帮助学生产生很多的概念，它的目的是在一种兴奋、有趣、安全及接纳的气氛下产生一般和非惯例的概念，鼓励学生真诚地贡献意见，不管意见有无价值，甚至类似开玩笑或引人注意的意见，也要接纳它，应特别鼓励有创意的学生。在讨论时，教师不予评价，只在最后进行总结。该方法适合于各年级学生，在辅导内容方面多适用于学生智力训练。

除以上方法外，还有排序与选择、敏感性训练与倾听技术、游戏以及个人日记等价值辨析方法，可在实际教学中灵活使用。

3. 榜样引导法

教师利用中学生的模仿特点，让他们观察榜样的行为，使自身受到强化，模仿榜样的言行，从而实现受辅导的目的。榜样可以是真实的也可以是符号性的（如通过传播媒介来呈现的榜样）。

（1）使用榜样引导法的原则。

第一，榜样的选取必须是可亲、可敬、可信并与学习者有较大相似性的。

第二，榜样行为的展现应是渐进的。

第三，呈现榜样的同时，最好配以讲评，突出模仿行为。

第四，为学生模仿行为提供心理安全，促使其大胆模仿。

第五，为学生提供及时的反馈信息，强化模仿行为。

（2）具体方法及适用对象。

1）参观访问。参观工厂、农村、公园、学校等，走访工人、农民和优秀学生，听其言，观其行，激发学生向榜样学习的强烈愿望并指导他们从身边做起，加强自身修养，养成良好的行为习惯。比如，走进公园看到许多人都主动把果皮、纸屑扔进垃圾箱，不践踏草坪，教师趁势加以提示，提高学生的模仿倾向。可以说有目的的参观访问只是榜样学习中的一小部分，更重要的是让学生模仿身边的榜样，从日常生活做起。由于榜样是活生生的，学生比较容易保持注意力，所以此方法适合个性塑造、美感形成、良好行为习惯的养成等。

2）媒体教学。充分利用科技教学手段，通过传播媒介来呈现榜样（传播媒介有图片、幻灯、录音、录像、电影、卡通片、文字说明等），学生观察榜样，进行模仿学习。这种榜样比真实榜样更能突出要求模仿的行为，因为教师能够事先进行精细的安排，而且比真实的榜样更安全。真实的榜样是不受严格限制的，是富于变化的，又由于媒体榜样可反复使用，所以在心理辅导上不失为一个很好的方式。由于这种教学方式辅导性兼容艺术性，形象、生动、有趣，颇受学生欢迎，可对不同年级的学生施教，教学内容可涵盖多个方面。

4. 行为改变法

行为改变法的理论依据是行为主义关于行为强化的学习理论。根据这种理论，通过奖惩等强化手段可以建立某种新的良好行为，或者消除某种不良行为。例如，我们利用正强化（精神或物质奖励）来促进学生举手发言，或者通过负强化（如批评或惩罚）来削弱学生课堂上的多动行为等。在使用这种方法时，要明确具体地指出所要强化的行为和所要达到的标准（例如，把某学生上课时离开座位的次数从原有的每节 5 次，降为每节不超出 2 次），选择适当的强化物（强化物可分为原级强化物，如糖果、玩具、书籍等；次级强化物，如分数、筹码、符号、五星等；社会性强化物，如微笑、赞许、摸头、陪同游戏等。不同的学生，应选择不同的强化物，以适应他们不同的需要）。强化的时间要及时，延误时间越长，强化对行为的作用就越小。在心理教育过程中，可以使用的行为改变法有以下几种。

（1）行为训练。辅导教师在使用这种方法时，指定学生完成一些行为训练的任务，如每堂课至少主动举手发言 10 次，每天主动向别人打招呼 15 次等，并加以督促和鼓励，以增强那种良好行为。这种方法对于自卑和缺乏行动勇气的学生是很有帮助的。

（2）示范。这是一种借助模仿来习得或掌握新行为的方法。在运用这种方法时，要求辅导教师起示范作用，做学生的楷模，学生通过仿效教师而获得良好行为。例如，教师表现出礼貌、热情、勇敢、公正和守信等行为品质，使学生模仿。在心理教育课中，不仅教师可以起示范作用，某些优秀学生也可以起示范作用。

（3）奖赏。利用糖果、玩具、分数、表扬、奖章等强化物增强某种良好行为，使之能够重复出现。在心理教育课中，教师常常以言语形式鼓励、奖赏学生，如“很好，你做得很对”，“不错，你表现很好”等。

（4）惩罚。利用批评、警告、记过、隔离、限制自由、令人讨厌或畏惧的刺激物如电击、恶心药和呕吐药等惩罚手段限制、改变某种不良行为。例如，采用服呕吐药的方法帮助学生戒烟。

（5）契约。在心理教育中，教师与学生双方共同商定一个明确、公平而可信的契约。

在契约中，明确规定何种良好行为的表现可以得到几个积分；何种不良行为的表现，每次要扣掉几个积分；多少积分就可换取何种强化物，或者享受某种特权。这份契约使教师明确教育训练各阶段的重点，使学生明确知道训练要达到的具体目标。

以上心理辅导方法的分类不是绝对的，不同种类的方法之间有一定的交叉或包含关系。在心理教育课程的设计中，要根据教育的特殊目标和心理教育方法的特点，选择出最适合的心理健康教育方法。在学生心理发展过程中，认知活动的成分与行为活动的成分是相互联系、相互作用的。因此，要使心理教育课程达到最佳的效果应采用多样化的心理辅导方法。

(二) 心理辅导课教学的主要原则

1. 主体性原则

教学内容必须从学生出发，充分引发学生的动机。老师选择的事例、所安排的活动都应当是学生所关心的，是他们生活中有意义的。突出学生的主体作用，师生关系应成为朋友关系。

2. 活动性原则

心理辅导课要淡化课程意识。备课就是设计各种由学生主持、参与和组织发动的活动。课堂教学的过程就是引导、推动这些活动。学生的学习过程则是在活动中自我教育，并经教师点拨、启发，逐步省悟、成熟的过程。

3. 情感性原则

心理辅导课特别强调学生的主观感受，心理体验和健康情感的熏陶，是心理辅导课的特点。教师的角色不能以“训导者”与“外人”、“师长”的形式出现，而应以平等的真实的情感去感染学生，引起学生的共鸣，以达到教育的目的。

4. 共感性原则

心理辅导课教学是老师和学生、学生与学生之间共感、互动的过程。教师必须站在学生的立场上，充分理解学生，视学生的各种需要为正当的，是符合人的身心发展规律的。教师要成为学生的朋友，使学生可以毫无顾忌地向你诉说衷肠，并且为学生保密，成为其可信赖的朋友。

5. 领悟原则

心理辅导课绝不能是说教课，它应该是在老师的引导下，学生自我心理成长的教育、对自己心理的领悟。对学生问题的解决，不去直接告知方法。实际上许多问题的解决并没有绝对正确、唯一的方法，因此，让学生在活动中去领悟人生的道理是重要的，这是一个内化的过程。

三、心理健康教育的实施渠道

我们必须把心理健康教育看做学校整个教育系统中的一个子系统，它既有各科教学的参与，也有专门的实施渠道，既有教学中的渗透，也有课外活动的补充与强化，既有教学的引导，也要有领导和管理层的关注与支持，要真正做到多内容、多层次、多途径、多形式地实施心理健康教育（见图 9—1）。

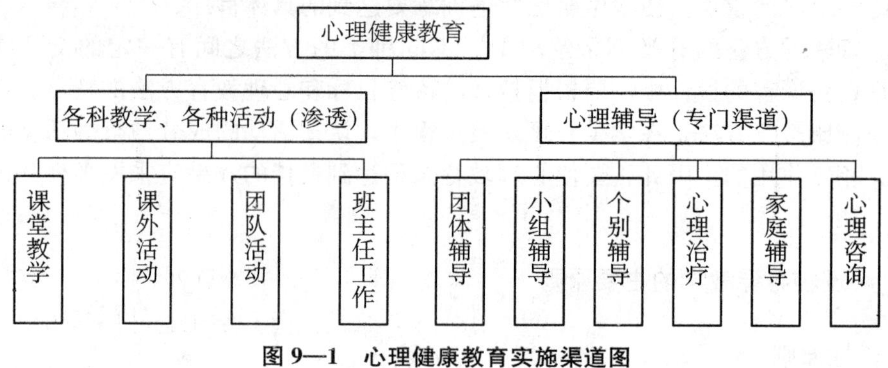

图 9—1　心理健康教育实施渠道图

第三节　心理健康教育内容设置及心理辅导的技能

心理健康教育要研究不同群体学生的生理、心理特点，因为学生个体在不同时期内，他们的心理问题也不相同，故此，心理健康教育的内容设置也应各不相同。

一、小学心理健康教育内容的设置

（一）小学生心理健康教育的主要内容

（1）智力发展。

（2）兴趣的培养。

（3）学习疲劳的预防和指导。

（4）行为的适应和指导。

（5）心理疾病的防治，包括儿童缄默症、孤独症、恐怖症、儿童多动症、儿童心理偏离、吸吮手指等异常疾病的防治。

（二）心理辅导的技能要求

在从事心理健康教育和辅导中，要针对学生的心身特点和辅导的总体目标，制订心理辅导的具体方法。许多学校在实践中积累了宝贵的经验，上海市虹口区曲阳四小的基本经验如下。

1. 心理辅导的基本原则

（1）辅导目标：防治和发展相结合的原则。

（2）辅导对象：全体和个别相结合的原则。

（3）辅导关系：尊重和理解相结合的原则。

（4）辅导功能：帮助和自助相结合的原则。

(5) 辅导方法：聆听和疏导相结合的原则。

2. 心理辅导的要点

(1) 以了解、关心学生为中心。
(2) 以创设良好的学习氛围为基础。
(3) 以班级为管理单位。
(4) 以小组为基本活动形式。
(5) 以帮助、互助、自助为基本原则。
(6) 以每个学生参与并获得发展作为目标。

对于小学生的心理辅导和咨询，除遵循上述的基本原则和要点外，各种活动方式都必须以生动活泼的形式为主体，用正确的人生理念去感染、影响学生。对学生的异常人格、行为和疾病，要学会早期甄别、早期应对，不可延误。

二、初中生心理健康教育内容的设置

(一) 初中生心理健康教育的主要内容

初中生的心理压力主要来源于三个方面：青春期性困惑、学习和考试焦虑、人际关系。尤其初二学生是中学阶段问题最多、最易分化的时期，所以主要以上述三个方面为例重点进行心理调整。

心理健康教育应考虑到各年级学生的不同心理特点、易出现的问题并有所侧重。内容要涉及青春期性教育、个性心理教育、心理防御方式和挫折心理教育、学习与考试心理教育、人际交往心理教育等。

初一年级：紧密结合初一政治课教材内容，对学生进行心理教育。重点放在适应能力、学习习惯、人际交往、自我控制力、班集体意识等方面的教育。

初二年级：这一学期是初中生分化的时期，学习的任务更大，内容更多，要求学生掌握学习方法。从心理的发展上来看，进入青春期，学生对出现的生理、心理变化不能很好地理解，出现许多困惑。因此，要加强青春期教育，特别是性心理、性生理的讲解。另外，要教学生学会学习的具体方法。

初三年级：学生在学习上已有两极分化。面对升学的压力易使学生出现许多情绪问题。因此，要注意学生情绪的心理辅导，让学生有一个正确的升学和就业观，结合学生的实际进行必要的应试指导，以及焦虑状态时的放松训练。

(二) 心理辅导的技能要求

1. 初中生这个年龄阶段是人生中非常关键的时期

从心理学的研究中可以看出，对这个阶段的称谓是最多的，如心理断乳期、半成人半儿童期、关键期、狂飙期、心烦意乱期、暴风骤雨期、半成熟半幼稚期、第二反抗期、矛盾期等等，据不完全统计，这类称谓有十几种。因此在对学生进行心理健康教育和心理辅导中，应该充分考虑初中生的心理特点，形式要多样化，内容要丰富。

2. 性心理的发展与成熟中存在的问题

人的少年、青年时期表现在生理方面是性器官逐步发育并最终达到成熟，在心理方面也是逐步发展并最终达到成熟。由于生理、心理的发展成熟与人的社会性成熟不同步，社会性成熟落后于生理、心理成熟，一般晚 10 岁左右，因此人们一般都有一个“性饥饿期”，并且长达 10 年之久。所谓社会性成熟，是指有固定的职业和经济收入来源，能够通过婚姻实现性的满足。所谓“性饥饿期”，即在生理、心理上性已成熟，但又不能得到满足的时期。在此时期，青少年存在的性问题或性困惑较多，要加强性心理、性道德的辅导及教育。如果引导和教育不力，可造成大量的心理问题或疾病，甚至可能出现性犯罪。因此要切实加以注意，不可忽视。

3. 加强对初中生的正面教育和疏导工作

少年期的学生正处在“心理断乳”期，是一个矛盾的时期。在这一阶段，我们应该加强心理健康教育工作，使学生顺利地度过“心理断乳”期。这对学生成人和成才都极为重要。帮助学生度过“心理断乳”期最有效的办法就是既承认、尊重学生日益强烈的独立性和日益成熟的独立人格，又给予热情的关心。

4. 切实关注学生的心身健康

中学时期是人类生长发育过程的一个特殊阶段，也是身心发育的重要转折点。这个时期不同于任何时期，学生的心理变化随着生物、心理、社会因素的影响而发生剧烈的变化。他们会面临许多生理、心理问题。教师、家长要关心学生的身心健康，注意心理辅导工作的针对性，加强心理健康教育，及时疏导和矫正学生的心理问题，使学生健康成长。

（三）中学生心理发展咨询的重点内容

（1）性心理问题，包括性心理的自我认识和教育问题、手淫问题、早恋问题。

（2）智力及创造力的培养。

（3）不良生活习惯的矫正问题。

（4）性格缺陷的矫正问题，如偏激、狭隘、嫉妒、敌对、暴躁、依赖、孤独、怯懦、自卑、神经质等。

三、高中生心理健康教育的内容

1. 正确认识健康的概念

随着社会的变化、人类的进步和科学的发展，健康的概念也在不断发展变化。在传统的生物医学模式下，人们大多认为，健康就是没有疾病。随着现代医学模式（生物—心理—社会）的变化，人对健康的认识也在发展变化。“健康不仅是指没有疾病或虚弱的状况，而且应该是生理、心理、社会适应能力的全面发展。”通过教育，使学生对健康有一个全面的了解。

2. 正确认识自己，愉快地接纳自己

让学生充分认识到每个人都是发展变化的，都是有价值的人，都是互有特长和差异的人。尤其是青少年正处在生长发育的旺盛期，一般都可以通过努力去积极塑造，争取发展。让学生学会正确评价自己，努力去发展自我，树立自信心，积极向上，不断进取，实现自己的人生目标。

3. 认识社会，适应社会

教会学生正确分析和判断事物的方法，组织学生积极参加各种社会活动，对于高中生中的一些片面、偏激的思想，利用心理学的原理、逻辑推理的方法，教会他们去正确分析、判断，学会正确分析社会现象，适应社会。

4. 学会学习

学会学习是教育发展的趋势之一，是学校心理健康教育的主要内容之一。它包括树立信心，提高学习积极性；激发学习需要，端正学习动机；提高成就欲望，了解生理节律，科学地安排学习计划和生活作息时间，培养、控制自己的注意力；了解自己的认知特点，掌握适应自己认知特点的思维方法和学习方法。

5. 调控自己的情绪状态，做情绪的主人

首先，使高中生认识到，一个心理健康的人应该是一个经常保持愉悦情绪的人。“快乐”是心理健康的重要指标。其次，帮助学生正确认识并对待挫折，帮助他们学会正确的表达情绪和调节情绪的方法，尤其是在学习中如何消除自己的紧张情绪，有效地帮助他们调整自己的学习状态和应试心态，减轻心理压力，提高学习效率。

6. 学会交往，建立良好的人际关系

学会社会交往，建立良好的人际关系，这也是心理健康水平高低的重要标志之一。首先，让学生对人际关系有一个正确的认识，鼓励学生积极与人交往。其次，让学生学会在人际交往中的技巧以及准确定位自己的角色，知道任何角色都有自己的行为规范，都应该按角色去行动。

7. 学会休闲，提高生活质量

明确休闲的必要性，良好的作息有利于人的成长。教会他们合理地安排时间，改进学习方法，确保休闲质量。

8. 面对现实，做好升学、择业准备

通过集体心理辅导、个别心理咨询等活动，帮助学生找到主体与客观现实的最佳匹配，帮助他们调整心态，正确面对高考，能用平静的心态对待一切客观现实。

四、大学生心理咨询的内容

大学生心理咨询的内容几乎涉及学生生活的各个方面，从目前的现状看，大致可以分为三类。

1. 发展咨询

这类咨询的学生属于比较健康、无明显心理冲突、基本适应环境的。其咨询的目的是为了更好地认识自己、扬长避短、开发潜能、提高学习与生活质量、追求完善的发展。例如，怎样处理社会工作与学习的关系？怎样获得更多的朋友？选择什么职业更有利于自己的发展和人生价值的实现？现在一般认为大学生的基本能力包括自学能力、表达能力、自我教育能力、社会适应能力、审美能力、组织管理能力、创造能力。大学生的专业不同，前来咨询的内容各不相同，注重大学生专业能力培养的辅导工作，是发展心理咨询的重点。

2. 适应咨询

这类咨询的学生基本健康，但在生活学习中有各种烦恼，有明显的心理矛盾和冲突。咨询的目的是排解心理困扰、减轻心理压力、改善适应能力。例如，因学习成绩不好而忧虑，因陷入失恋痛苦而难以自拔，因人际关系不协调而苦恼，因离开父母生活缺乏自理能力而焦虑，因环境改变而自我认知失调等。

3. 障碍咨询

这类咨询的学生一般有心理障碍，患某种心理疾病。学生为此苦不堪言，影响了正常的生活与学习，因而求治心切。咨询的目的是通过系统的心理治疗，克服障碍，缓解症状，恢复心理平衡，例如焦虑症、强迫症、疑病症等。

根据大学生心理咨询中经常遇到的问题，可以把咨询内容具体归纳为以下几个方面。

（1）学业问题，如考试焦虑，专业不满意，学习无动力，转学及休、退学等。

（2）人际关系问题，如宿舍关系不适应，人际恐怖，交往技能缺乏等。

（3）恋爱与性问题，如失恋、单相思、多角关系、性心理异常。

（4）心理问题，如性格内向封闭、自卑感强、情绪波动等。

（5）发展问题，如职业选择、人生目标、价值观冲突等。

（6）身心健康问题，如疾病、失眠、各种神经症等。

（7）其他，如家庭矛盾、经济困难、危机状态等。

第十章

心理健康教育工作的评估及发展

第一节 心理健康教育工作者的素质要求

一、心理咨询工作者的专业道德规范

心理咨询或心理健康教育工作是一种极为复杂和艰巨的工作。作为一位心理咨询工作者，应有一定的专业训练和专业的道德规范。在这方面世界各国都有较高的要求，我国心理学界对此也有较高的要求，现摘录张爕关于《心理咨询和治疗专业道德规范的建议稿》的部分内容，供从事心理咨询工作者参考。

（一）基本道德修养

(1) 心理工作出于对人的爱护和关心而提供最大的帮助，根本目的是为了工作对象的幸福和利益，这是最根本的动机。可从良好的服务中获得自己应有的报酬，但不以赚钱为目的，这样才能增强公众对这一职业的信任。

(2) 心理工作在自己的知识、能力、训练和经验的范围内，以学习的专业方式提供服务。不能利用某一专业机构的牌子或与某著名专家的关系，暗示自己具有超越实际能力的水平。

(3) 心理工作者要认识到自己专业训练的长处和局限，承认有必要不断学习新的知识和技术，提高服务质量，追求良好的效果。

(4) 要避免有损本专业声誉的言行。发现对专业有可能产生干扰的做法时，应以科学的态度处理，减少由干扰或冲突而造成的危害。

(5) 绝不能用心理咨询和治疗作为达到其他非专业目的的手段。例如，进行恐吓、敲诈、挑拨离间、性骚扰，以及受他人之托要达到的其他不正当目的。

（二）工作关系和责任

心理健康工作的一般原则主要有：

(1) 心理工作者与一切工作对象的关系是一种专业关系，不因个人感情和利益而使关系有所不同。

(2) 尊重每一对象，不管他们的生理、心理、情感、政治、经济、文化、种族、性别及宗教如何，毫无偏见地对待他们。

(3) 不论对个人，还是对学校、组织、群体进行何种咨询或治疗，心理工作者负有完全的责任，必须接受监督部门的检查。

(4) 心理工作者要履行自己应尽的义务。

(5) 心理工作者要忠于自己的科学信念，坚持科学标准，不因任何压力或利益的考虑，去做违背科学原理的事。

心理健康工作者对未成年人的服务原则主要有：

(1) 心理工作者要恪守未成年人保护法的有关条款，格外小心地爱护未成年人，谨慎防止可能产生的伤害。

(2) 家长或法定监护人对未成年人负有责任，心理工作者应取得他们的支持，事前向他们说明服务计划，征得其同意；在工作过程中报告发现和进展，保证他们能参与意见，向家长的报告应不违背事先确定的保密协议。

(3) 在工作对象或家长任何一方不愿意接受服务时，要尊重其意愿，尽力指导他们去寻求其他更满意的服务。

(4) 在服务工作中得出的个人资料（记录、测验结果等）如何修正、储存、使用，应与服务对象讨论，达成一致意见而加以妥善处理。①

二、心理健康教育工作者的专业知识要求

心理咨询人员都必须有一定的资格才能从事这方面的工作。以美国为例，心理咨询员必须具有心理学或教育学硕士或博士学位。在欧洲，由于各国的教育体制不同，有的要求有博士学位，有的要求有硕士学位。即使有硕士学位的人可以做咨询工作者，其专业训练所花费的时间也是非常可观的。以荷兰为例，一名咨询工作者或心理治疗工作者获得硕士学位的学习年限至少5年，长者达7年，学习的最后一年是实习期，之后还须先去医院或诊所做不拿工资的助理人员工作1～2年，有了这样的资历之后，才有可能受聘做正式的心理咨询或治疗专业工作人员。另外，在毕业实习期间和做助理工作人员期间，都有经验丰富的专家对其工作进行指导。

在我国，由于目前尚不具备这样的条件，不能强求一律，但对从业人员的专业水准也有一定的要求。从业人员至少应具备必要的心理学知识，其中包括普通心理学、发展心理学、变态心理学、人格心理学、情绪心理学、咨询心理学；对心理咨询要有一定的理论基础和一定的实践经验。

对于中小学现在从事心理健康教育工作者或辅导员来说，若对他们提出上述要求，显然是达不到的。但对学校专兼职从事心理咨询的中小学教师，要提出较高的要求标准，经过若干年的努力，力争和世界心理咨询师的标准接轨。目前可以将具备教育、教学经验，热爱心理咨询和辅导工作，深受学生欢迎和爱戴的老师，送到高等学校或心理咨询机构去接受一定的咨询技能的专业培训，然后再回到中小学校担任兼职咨询和辅导工作。其他的教师也应具备较深的心理学理论，在工作中不断学习，总结经验。许多学校组织老师上心理学函授大学，系统学习心理咨询知识，不失为一种好方法。

① 张燮：《心理咨询和治疗专业道德规范的建议稿》，载《心理科学》，1994 (6)。

三、《国家职业标准心理咨询师（试行）》对心理咨询人员的职业道德要求

1. 职业守则

热爱本职工作，坚定为社会做奉献的信念，刻苦钻研专业知识，增强技能，提高学生素质，遵守国家法律法规，与求助者建立平等友好的咨询关系。

2. 职业道德

（1）心理咨询师不得因求助者的性别、年龄、职业、民族、国籍、宗教信仰、价值观等任何方面的因素而歧视求助者。

（2）心理咨询师在咨询关系建立之前，必须让求助者了解心理咨询工作的性质、特点、这一工作可能的局限，以及求助者自身的权利和义务。

（3）心理咨询师在对求助者进行工作时，应与求助者对工作的重点进行讨论并达成一致意见，必要时（如采用某些疗法）应与求助者达成书面协议。

（4）心理咨询师与求助者之间不得产生和建立咨询以外的任何关系，尽量避免双重关系（尽量不与熟人、亲友、同事建立咨询关系），更不能利用求助者对咨询师的信任牟取私利，尤其不得对异性有非礼的言行。

（5）当心理咨询师认为自己不适合对个体求助者进行咨询时，应向求助者做出明确的说明，并且应本着对求助者负责的态度，将其介绍给另一位合适的心理咨询师或医师。

（6）心理咨询师应始终严格遵守保密原则，具体措施如下。

第一，心理咨询师有责任向求助者说明心理咨询工作者的保密原则，以及应用这一原则时的限度。

第二，在心理咨询工作中，一旦发现求助者有危害自身或他人的情况，必须采取必要的措施，防止意外事件发生（必要时应通知有关部门或家属），或与其他心理咨询师进行磋商，但应将有关保密的信息暴露限制在最低范围之内。

第三，心理咨询工作中的有关信息，包括个案记录、测验资料、信件、录音、录像和其他资料，均属专业信息，应在严格保密的情况下进行保存，不得列入其他资料之中。

第四，心理咨询只有在求助者同意的情况下才能对咨询过程进行录音、录像。在因专业需要进行案例讨论，或采用案例进行教学、科研、写作等工作时，应隐去那些可能会据以辨认出求助者的有关信息。

四、临床心理咨询的经验要求

各个国家对心理咨询师都有较高的要求，我国在制定的心理咨询师的标准中明确规定："心理咨询师必须从事心理咨询专业 5 年以上，经心理咨询正规培训达到规定的标准学时，并获毕（结）业证书。"这是对心理咨询师临床经验的明确要求，因此学校心理咨询和心理辅导工作者，要不断积累心理咨询的经验。要杜绝那种随便找个人应付这项工作，或者只是对这项工作热心，但没有经过正规培训的人员就上岗的事情。没有经过培训和缺乏一定的临床心理咨询经验，是不能从事这项工作的。

五、国家心理咨询师证书的鉴定方式

鉴定的方式包括理论知识综合考试和实际能力考核两项内容。理论知识综合考试采用闭卷考试。实际能力考核的方法是：采用专家组面试评定的方式，内容包括心理评估、案例分析、咨询方案制订和交谈技巧。

第二节　学校心理咨询师的职业标准

经过几代心理学家的努力，《国家职业标准心理咨询师（试行）》已于 2001 年 8 月 3 日正式由中华人民共和国劳动和社会保障部批准实施。这是我国心理学界的一件大事，对于规范心理咨询行业具有现实和历史意义。对于学校心理咨询和心理辅导工作者来说，都应该严格执行。这也是对即将从事心理咨询和心理辅导人员的考核标准。

一、基础知识的内容要求

1. 普通心理学

普通心理学是心理学的基础理论课，从事心理咨询和辅导的心理工作者应该掌握以下内容：

普通心理学的研究对象、任务、原则和研究方法；

普通心理学简史；

普通心理学的生理基础：神经系统的结构及功能、巴甫洛夫学说等；

普通心理学的认识过程、情感过程、意志过程；

普通心理学的个性心理：人格及人格理论、能力、气质、性格。

2. 社会心理学

社会心理学的研究对象、任务、方法和研究的主要理论；

社会心理学简史；

社会化和自我，社会知觉与归因，社会动机，态度，人际关系，社会影响，人际沟通，爱情、婚姻与家庭。

3. 发展心理学

发展心理学的研究对象、任务和研究方法；

发展心理学的基本理论；

发展心理学简史；

发展心理学的生物学意义；

儿童心理发展各阶段的心理发展特点和变化；

中老年期心理发展和变化。

4. 心理健康和心理障碍

心理健康的基础知识：心理健康的概念、标准、原则及促使心理健康的途径；

正常和异常心理区分的标准和原则，常见心理障碍的临床症状的主要表现及诊断标准；

心理卫生知识：儿童心理卫生、青少年心理卫生、中老年心理卫生、躯体疾患和残疾人的心理卫生。

5. 心理测验学

心理测验简史；

心理测验的基本知识：心理测验的概念，心理测验的分类、使用的方法和注意的问题，分数的解释技能，心理测验和心理咨询的关系；

智力测验：智商及计算方法，智力测验的种类及使用方法，智力测验的相关心理问题；

人格测验：人格测验的方法和种类，人格测验常用的工具和使用方法，人格测验存在的问题；

心理评定量表：量表的基本原理和分类，常见的心理评定量表工具的原理和使用方法，心理评定量表的信度和效度。

6. 咨询心理学

心理咨询师的工作对象、任务、范围、形式和方法、理论观点；

心理咨询简史；

心理咨询师应具备的条件、操作技能、咨询关系；

心理诊断的研究对象、任务、方法，心理诊断的意义和原则；

心理咨询的分类、内容。

7. 与心理咨询相关的法律知识

劳动法基本知识；

民法通则中与心理咨询和治疗相关的法律条文；

现行婚姻法、妇女儿童权益保护法、未成年人保护法中与心理咨询相关的条文；

治安条例中与心理咨询相关的条文；

消费者权益保护法中与心理咨询相关的条文。

二、心理咨询师的工作要求

（1）心理诊断的工作要求包括初诊接待、初步诊断、确定诊断和鉴别诊断、病因诊断。

（2）心理咨询的工作要求包括咨询方案的制订、咨询工作的实施、心理咨询的实施。

（3）心理测验的工作要求包括量表的分数与转换，测验的信度、效度与项目的分析，测验结果的解释，群体心理测验的实施；能指导心理咨询员的工作。

第三节　心理健康教育工作的测评

中小学开展心理健康教育的总目标是提高学生的心理素质，使他们学会学习、学会做人、学会适应、学会创造。这项工作实质上体现了一种教育思想，是一种教育方法。因此，心理健康教育不会因一学期的结束而终止，也不能因某些人事变动而改变，更不是为了潮流。但是在学校进行心理健康教育的效果如何，各教育行政部门应对这项工作进行检查评估。所谓“评估”，是运用科学的方法来收集有关辅导工作的各项资料，对辅导工作做出正确的评价，其目的在于推动学校心理辅导工作的进一步发展。这是科学评价的重要手段。目前，全国各地开展心理健康的情况不一，总的情况是大中城市好于中小城市，沿海和发达地区好于一般地区，城市好于农村。不同的地区开展的效果也不尽相同。所以，在对心理辅导工作进行测评时也不能简单划一，就目前情况而言，可从以下几个方面去测评。

1. 心理健康工作的组织和领导

各地市（区）的领导、管理人员对此项工作的认识和重视程度，对于基层教师能否正常运作和收效起着至关重要的作用。实践证明，只有加强行政领导，才能有效地推动学校心理健康教育。因此，在评估心理健康教育工作时，首先要看当地教育行政部门、学校内部是否有专门的组织机构。有了组织机构，才能有计划、有步骤地推动心理健康教育的普及工作。机构健全与否是衡量学校心理健康工作成效一个指标。

2. 学校开展心理健康教育工作的指导思想

中小学校开展健康教育，从内容到形式都是一个全新的课题。而心理学要研究人的心理现象，以及在教育实践领域中的规律。因此，采取科学的态度、观点和科学的管理，就显得尤为重要。在工作中，要看总的指导和目标体系是否建立。许多成功的经验表明，必须用系统的、整体的观点看待心理健康教育。学校教育要担负起培养学生良好心理品质、防治学生不良心理问题的重任，应该对学生施加全方位的积极影响。所以，学校心理健康教育工作的指导思想和教育体系是否健全，是评估的重要标准。

3. 与心理健康教育相关的素质

心理健康教育工作不同于一般的教育学方法的改革，可以在相对单一的领域进行，它从理论到实践、从师德到业务能力等方面，都对教师有较高的要求。从事心理健康教育的教师首先要有高度的责任心和事业心，乐于实践，乐于奉献，要尊重学生的人格，还要有优良的心理品质和较高的文化修养。评估心理健康教育工作要着重检查以下内容：教师在学校和学生中的威信度、文化程度、心理教育的继续程度、责任心、工作的计划性等状况，以及从事心理咨询教师的资格证书、培训证书、先进经验。

4. 心理健康教育的状况

学校是否已对学生建立心理档案、内容如何，是否有教育计划、图书资料、研究资料、心理健康教育的活动资料和规章制度等。

5. **硬件设施**

学校是否建立心理咨询室（心理辅导室）、心理信箱，心理咨询室是否有必备的条件和测量量表。

6. **学校心理健康教育具体运作的状况**

主要看学校心理健康教育具体操作的项目内容、效率。

7. **科研状况**

检查学校组织心理辅导教师交流、研讨状况，科研论文的篇目和质量。

8. **效果**

可组织教师、学生进行座谈，了解开展心理健康教育的状况。

第四节　学生心理健康教育发展的环境要求

开展心理健康教育工作，采取各种形式的活动是必需的。为学生创造良好的心理环境，特别是校园文化氛围，是十分重要的。在课堂教学中，要为学生营造活泼愉快的学习心理环境，以促进学生心理健康成长，任何脱离心理健康的环境基础搞的所谓心理健康教育都是徒劳的。

一、校风与心理健康

校风是一所学校特有的占主导地位的行为习惯和群体风尚，它稳定而具有导向性，是一个多因素、多层次、相对封闭、相对稳定的系统。优良的校风一经形成，就会构成一种独特的教育心理环境，成为影响整个学校生活的重要因素，这是一种心理环境。

心理健康教育作为一种现代教育方法，在学校首先要改变的是教育观念。

1. **师生关系应是一种平等的关系**

改变传统的“管”和“被管”的师生关系，应体现于教育教学之中。这也是落实《国家中长期教育改革和发展规划纲要（2010—2020年）》的要求：“要以学生为主体，以教师为主导，充分发挥学生的主动性，把促进学生健康成长作为学校一切工作的出发点和落脚点。关心每个学生，促进每个学生主动地、生动活泼地发展，尊重教育规律和学生身心发展规律，为每个学生提供适合的教育。努力培养造就数以亿计的高素质劳动者、数以千万计的专门人才和一大批拔尖创新人才。”

2. **尊重学生的人格**

从对人的个性研究中发现，人的个性包括外向性、社会交往中的随和性、对待学习和工作的尽职尽责、情绪稳定性和创新求异性。每个学生都在这五个方面有自己独有的特征。

教师要尊重学生的个性差异，首先要在自己的心目中对学生的个性特点做一个评价，并且因人而异。做到不体罚、不辱骂学生，不大声训斥学生，不羞辱、嘲笑学生，不随意当众批评学生，不随意向家长告状。以自己真挚的爱与高尚的师德给学生健康成长提供一个良好的心理环境。

二、家庭环境

家庭环境是指家庭的物质生活条件、社会地位、家庭成员之间的关系，以及家庭成员的语言、行为和情感的总和。家庭环境的好坏直接影响学生的心理健康。学生的心理问题一般产生于家庭，表现在学校。

学校的心理健康教育必须和家庭的教育密切结合。利用家长学校，给家长讲授心理学的有关知识，加强对家长的教育方式的指导工作，构建一个良好的家庭氛围。这是学校心理健康教育的基础建设工程。

第五节　心理健康教育的科学研究

中小学心理健康教育是素质教育的重要组成部分。教育部在1999年8月25日颁布的《关于加强中小学心理健康教育的若干意见》中，就中小学开展心理健康教育的指导思想、基本原则、主要任务和实施途径，以及心理健康教育的组织领导、师资队伍的建设等问题提出了指导性意见，要求从2000年秋季开学起，大中城市有条件的中小学要逐步开展心理健康教育。心理健康教育对于大多数学校的老师和在校的师范生来说，是一个全新的事业，有许多问题需要在实践中进一步去探究和总结经验。

1. 有利于全面深刻地认识心理健康教育

《中共中央国务院关于深化教育改革全面推进素质教育的决定》中指出，要针对新形势下青少年成长的特点，加强学生的心理健康教育，培养学生坚韧不拔的意志、艰苦奋斗的精神，增强青少年适应社会生活的能力。促进学生的心理健康，培养学生良好的心理素质是一个基础工程。素质教育作为一种教育观念，其根本目的是全面提高学生的个人素质。学生心理素质的培养和提高是素质教育的重要内容，是素质教育的核心。学生各种素质的形成均以心理素质为中介，心理素质的提高可以极大地促进学生其他各方面素质的提高。而提高全体学生的心理素质、促进学生的心理健康发展正是学校心理辅导的根本任务。

中小学教师只有结合心理健康教育的实践，才能把握和认识中小学生的身心发展规律。纠正传统教育的旧观念，探索心理健康教育的教学模式和训练模式，从而增强对教学、教育规律的正确认识。

2. 开展心理健康教育研究，有利于提高教学质量

广大的中小学教师在教育实践的第一线，面对教育实践，直接接触学生，直接参与各种教育活动，对学生心理活动规律的认识使其更加明白课堂的民主氛围有利于日常的教学。大量的实践证明，开展心理健康教育是提高教学质量的一个重要任务和途径。

3. 是提高中小学教师教育科学理论素养和科研水平的有效途径

教育科学理论是教育实践经验和历史的总结。如果不提高教育科研素养，搞好教学只能是一句空话。积极参加科研工作，可以提高运用教育理论分析、研究实际问题的能力，提高科研水平。我国心理健康教育工作的历程不长，无论在理论上还是在实践上，都有许许多多的问题需要去进行探索和研究。任何心理健康教育工作的实施，都必须以心理健康教育的理论为指导。心理健康教育工作要避免走弯路或低层的重复，就必须开展心理健康教育的科学研究。实践证明，心理健康教育的可持续发展必须依靠科研，心理健康教育工作为广大中小学教师进行科学研究提供了一次历史机遇。

二、中小学心理健康教育急需解决的问题

目前，中小学心理健康教育工作有以下问题需要进一步研究。

（1）心理辅导模式的理论研究。从 20 世纪 80 年代至今，在处理学生问题、提高学生心理素质方面，曾出现过四种模式：心理治疗模式、心理咨询模式、心理讲座模式、心理辅导模式。事实证明，心理辅导模式是最符合我国中小学的现实、最能体现理论和实践结合、有利于今后发展的模式。但心理辅导的理论基础和发展，以及心理辅导的形式和内容都需要进一步去研究。

（2）心理健康教育的目标体系和评价体系的研究。

（3）心理健康教育操作体系的理论基础，适应各年龄段的具体方法和标准。

（4）心理健康教育最终在学校存在的形式。

（5）如何去评价心理辅导效率。

（6）心理健康教育是否要科学化。

（7）教师心理健康状态对学生的影响。

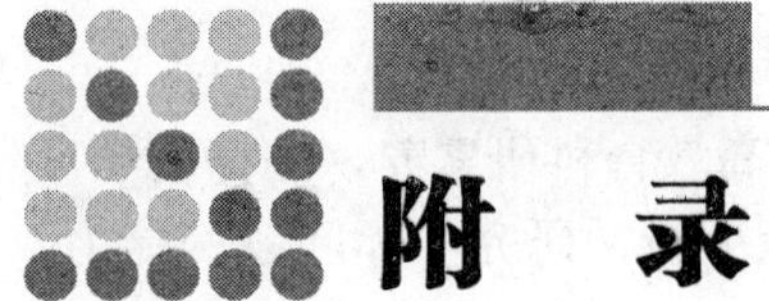

附 录

《教育部关于加强中小学心理健康教育的若干意见》

教基［1999］13 号

各省、自治区、直辖市教委、教育厅，新疆生产建设兵团教委：

80 年代以来，一些省、市在中小学生中开展心理健康教育，促进了学生心理素质的提高，取得了良好的效果。中小学开展心理健康教育，既是学生自身健康成长的需要，也是社会发展对人的素质要求的需要。《中共中央国务院关于深化教育改革全面推进素质教育的决定》明确指出，要“加强学生的心理健康教育，培养学生坚韧不拔的意志、艰苦奋斗的精神，增强青少年适应社会生活的能力”。为全面贯彻落实中央、国务院最近召开的全教会精神和《决定》精神，进一步加强中小学心理健康教育，现提出以下几点意见。

一、充分认识加强中小学心理健康教育的重要性

当今世界科学技术飞速发展，国际竞争日趋激烈，我们要实现中华民族的伟大复兴，就必须努力培养同现代化要求相适应的数以亿计的高素质的劳动者和数以千万计的专门人才。良好的心理素质是人的全面素质中的重要组成部分，是未来人才素质中的一项十分重要的内容。当代中小学生是跨世纪的一代。他们正处在身心发展的重要时期，大多是独生子女。随着生理、心理的发育和发展，竞争压力的增大，社会阅历的扩展及思维方式的变化，在学习、生活、人际交往和自我意识等方面可能会遇到或产生各种心理问题。有些问题如不能及时解决，将会对学生的健康成长产生不良的影响，严重的会使学生出现行为障碍或人格缺陷。他们的健康成长，不仅需要有一个和谐宽松的良好环境，而且需要帮助他们掌握调控自我、发展自我的方法与能力。

中小学心理健康教育是根据中小学生生理、心理发展的特点，运用有关心理教育方法和手段培养学生良好的心理素质，促进学生身心全面和谐发展和素质全面提高的教育活动；是素质教育的重要组成部分；是实施《面向 21 世纪教育振兴行动计划》，落实《跨世纪素质教育工程》，培养跨世纪高质量人才的重要环节。因此，对中小学生及时有效地进行心理健康教育是现代教育的必然要求，也是广大教育工作者所面临的一项紧迫任务。各级教育部门的领导和学校校长、教师、家长要充分认识加强中小学心理健康教育的重要性，要以积极认真的态度对待这项教育工作。

二、开展心理健康教育的基本原则

中小学心理健康教育是一项科学性、实践性很强的教育工作，应遵循以下一些基本原则。

（1）根据学生心理发展特点和身心发展的规律，有针对性地实施教育。

（2）面向全体学生，通过普遍开展教育活动，使学生对心理健康教育有积极的认识，使心理素质逐步得到提高。

(3) 关注个别差异，根据不同学生的不同需要开展多种形式的教育和辅导，提高他们的心理健康水平。

(4) 以学生为主体，充分启发和调动学生的积极性。要把教师在心理健康教育中的科学辅导与学生对心理健康教育的主动参与有机结合起来。

三、心理健康教育的主要任务和实施途径

中小学心理健康教育的主要任务，一是对全体学生开展心理健康教育，使学生不断正确认识自我，增强调控自我、承受挫折、适应环境的能力；培养学生健全的人格和良好的个性心理品质。二是对少数有心理困扰或心理障碍的学生，给予科学有效的心理咨询和辅导，使他们尽快摆脱障碍，调节自我，提高心理健康水平，增强发展自我的能力。

实施心理健康教育可通过以下一些途径：

(1) 全面渗透在学校教育的全过程中。在学科教学、各项教育活动、班主任工作中，都应注重对学生心理健康的教育，这是心理健康教育的主要途径。

(2) 除与原有思想品德课、思想政治课及青春期教育等相关教学内容有机结合进行外，还可利用活动课、班团队活动，举办心理健康教育的专题讲座。对小学生也可通过组织有关促使心理健康教育内容的游戏、娱乐等活动，帮助学生掌握一般的心理保健知识和方法，培养良好的心理素质。

(3) 开展心理咨询和心理辅导。对个别存在心理问题或出现心理障碍的学生及时进行认真、耐心、科学的心理辅导，帮助学生解除心理障碍。

(4) 建立学校和家庭心理健康教育沟通的渠道，优化家庭教育环境。引导和帮助学生家长树立正确的教育观，以良好的行为、正确的方式去影响和教育子女。心理健康教育要讲求实效，把形式和内容有机地结合起来。具体方式和所需时间，各地可从实际出发，自行安排。

四、心理健康教育的师资队伍和条件保障

搞好师资队伍的建设。提高广大教师的心理健康水平，是保障心理健康教育正常、健康开展的重要条件。要积极开展对从事心理健康教育教师的专业培训。要把对心理健康教育教师的培训列入当地和学校师资培训计划。通过培训，使从事心理健康教育的教师提高对心理健康教育重要性的认识，掌握进行心理健康教育所具备的知识和能力。通过培训取得证书的教师，还要有从事专职心理咨询（辅导）教师资格认证。对专业知识和实际能力达不到要求的，绝不能随意安排做专职心理咨询教师。未配备合格心理咨询教师的学校，暂不开展心理健康教育。

学校要逐步建立在校长领导下，以思想品德课和思想政治课教师、班主任和团、队（专职共青团、少先队）干部为主体，专兼职心理辅导教师为骨干，全体教师共同参与的心理健康教育工作体制。学校对每个教师都应提出重视对学生进行心理健康教育的要求，使教师树立关心学生心理健康的意识，要创设和构建一个心理健康教育的良好环境，学校的每一位教师都应成为学生的良师益友。

各级教育行政部门和学校要积极为心理健康教育创造必要的条件，大中城市具备条件的中学要逐步建立和完善心理咨询室（或心理辅导室），加强心理健康教育的辅导，同时要加强心理健康教育的研究与科学管理。特别要注重心理健康教育课题研究，研究心理健康教育与德育、与人的全面发展和与各类学科教育的关系。

五、心理健康教育的组织领导

各级教育行政部门和学校要把中小学心理健康教育作为深化教育改革，全面推进素质教育的一项重要工作。要制订心理健康教育的实施计划，研究和落实心理健康教育的办法和途径，积极稳妥地推进心理健康教育的开展。

中小学心理健康教育工作，由省、自治区、直辖市教育行政部门的德育处或基（普）教处负责。各级教育行政部门都应有专人负责或分管中小学心理健康教育工作。各级教研部门要积极配合、支持搞好心理健康教育。

已经开展中小学心理健康教育的地方和学校，要在认真总结经验的基础上，进一步推进心理健康教育的开展和深入；目前还未开展教育的地方，要积极创造条件，从 2000 年秋季开学起，大中城市有条件的中小学要逐步开展心理健康教育。小城镇及农村的中小学也要从实际出发，逐步创造条件开展心理健康教育。

教育部将制定中小学心理健康教育指导纲要，设立中小学心理健康教育咨询委员会，委托部分地区和高校开展心理健康教育课题的全面研究与实验，以加强对心理健康教育的指导。

六、当前开展心理健康教育需要注意的几个问题

（1）心理健康教育尽管在一些地区已进行了 10 多年的研究与实践，也取得了很好的经验，但发展很不平衡。目前就全国而言，这项工作还是刚刚起步，相当多的学校从思想认识、师资水平到必要的条件还难以适应开展心理健康教育的要求。因此，各地既要积极创造条件，又要实事求是，从实际出发，有计划、有步骤地逐步开展这项教育。可在先行试点、总结经验的基础上逐步推开，不能一哄而起。

（2）心理健康教育与德育工作有密切的联系，但不能用德育工作来代替，也不能取代德育工作。不能把学生的心理问题简单归结为思想品德问题。要注意防止心理健康教育医学化和学科化的倾向。不能把心理健康教育搞成心理学知识的传授和心理学理论的教育。除了教师辅导参考用书外，不要编印学生用教材，更不能要求学生统一购买教材。

（3）在中小学心理健康教育过程中，要谨慎使用测试量表或其他测试手段，不能强迫学生接受心理测量。所用量表和测试手段一定要科学，不能简单靠量表测试结果下结论。对心理测试的结果、学生的心理问题要严格保密。

教育部

1999 年 8 月 13 日

关于加强普通高等学校大学生心理健康教育工作的意见

教社政［2001］1 号

各省、自治区、直辖市党委教育工作部门、教育厅（教委），国务院有关部委教育司（局），部属各高等学校：

为进一步加强和改进高等学校德育工作，全面推进素质教育，现就加强普通高等学校大学生心理健康教育工作，提出以下意见。

一、充分认识加强高等学校大学生心理健康教育工作的重要性

当前，我国正处在建立社会主义市场经济体制和实现社会主义现代化战略目标的关键时期，社会情况发生了复杂而深刻的变化，如何指导学生在观念、知识、能力、心理素质

等方面尽快适应新的要求，是高等学校德育工作需要研究和解决的新课题。《中共中央国务院关于深化教育改革全面推进素质教育的决定》强调，在全面推进素质教育的工作中，必须更加重视德育工作，加强学生的心理健康教育。《中国普通高等学校德育大纲（试行）》明确提出，要把心理健康教育作为高等学校德育的重要组成部分，大学生应具备良好的个性心理品质和自尊、自爱、自律、自强的优良品格，具有较强的心理调适能力。加强大学生心理健康教育工作是新形势下全面贯彻党的教育方针、实施素质教育的重要举措，是促进大学生全面发展的重要途径和手段，是高等学校德育工作的重要组成部分。

高等学校培养的学生不仅要有良好的思想道德素质、文化素质、专业素质和身体素质，而且要有良好的心理素质。在马克思列宁主义、毛泽东思想、邓小平理论指导下，大力加强大学生心理健康教育工作是时代发展的需要，是社会全面发展对培养高素质创新人才的必然要求。它对于提高大学生适应社会生活的能力，培养大学生良好的个性心理品质，促进心理素质与思想道德素质、文化素质、专业素质和身体素质的协调发展，提高高等学校德育工作的针对性、实效性和主动性，具有重要作用。

近年来，各地教育工作部门和高等学校在推进和加强大学生心理健康教育工作方面做了大量的工作，进行了积极的探索，取得了一些成功的经验和明显的效果。一些高等学校已经把这项工作纳入学校德育工作体系，成立心理健康教育、心理辅导或咨询的专门工作机构，开展了相应的教育教学科研和实践活动，受到师生的广泛好评和欢迎。不少高等学校的保健医疗机构在开展大学生心理健康教育、心理辅导或咨询方面也做了大量的工作。但是，目前这项工作在全国高等学校开展的情况很不平衡，一些高等学校对大学生心理健康教育工作的意义认识不足，还没有把这项工作放到应有的重要位置上；一些高等学校对新形势下大学生心理健康教育工作的任务、特点和规律等，还缺乏足够的认识和研究；大学生心理健康教育工作队伍建设亟待加强。从总体上看，大学生心理健康教育工作远不能适应形势发展特别是全面推进素质教育的需要。当前要在认真总结各地高等学校开展大学生心理健康教育工作的基础上，借鉴和吸收其他一些国家和地区的有益经验，进一步明确新形势下开展这项工作的重要意义和积极作用，探索新的工作思路，推动高等学校大学生心理健康教育工作健康地开展。

二、高等学校大学生心理健康教育工作的主要任务和内容

高等学校大学生心理健康教育工作的主要任务是：根据大学生的心理特点，有针对性地讲授心理健康知识，开展辅导或咨询活动，帮助大学生树立心理健康意识，优化心理品质，增强心理调适能力和社会生活的适应能力，预防和缓解心理问题，帮助他们处理好环境适应、自我管理、学习成才、人际交往、交友恋爱、求职择业、人格发展和情绪调节等方面的困惑，提高健康水平，促进德、智、体、美等全面发展。

高等学校大学生心理健康教育工作的主要内容是：宣传普及心理健康知识，使大学生认识自身，了解心理健康对成才的重要意义，树立心理健康意识；介绍增进心理健康的途径，使大学生掌握科学、有效的学习方法，养成良好的学习习惯，自觉地开发智力潜能，培养创新精神和实践能力；传授心理调适的方法，使大学生学会自我心理调适，有效消除心理困惑，自觉培养坚韧不拔的意志品质和艰苦奋斗的精神，提高承受和应对挫折的能力，以及社会生活的适应能力；解析心理异常现象，使大学生了解常见心理问题产生的原因及主要表现，以科学的态度对待各种心理问题。

在大学生心理健康教育工作中，要以辩证唯物主义和历史唯物主义为指导，防止唯心主义、封建迷信和伪科学的干扰，确保心理健康教育工作的正确方向。

三、高等学校大学生心理健康教育工作的原则、途径和方法

大学生心理健康教育工作要重在建设，立足教育。心理健康教育要以课堂教学、课外教育指导为主要渠道和基本环节，形成课内与课外、教育与指导、咨询与自助紧密结合的心理健康教育工作的网络和体系。

各地教育工作部门和高等学校要将心理健康教育的有关内容纳入德育工作计划。要按照中宣部、教育部《关于印发〈关于普通高等学校“两课”课程设置的规定及其实施工作的意见〉的通知》以及《中国普通高等学校德育大纲（试行）》、《思想道德修养教学大纲》的要求，在思想道德修养课中，科学安排有关心理健康教育的内容。各高等学校应创造条件，开设大学生心理健康教育的选修课程或专题讲座、报告等。

大学生心理健康教育工作是学生日常教育与管理工作的重要内容，同时也是高等学校全体教职员工，特别是教师义不容辞的责任。教师要结合教学工作过程，渗透对学生进行心理健康教育的内容。班主任、政治辅导员不仅要在日常思想政治教育中发挥作用，也要在增进学生心理健康、提高学生心理素质中发挥积极作用。医疗保健机构要充分发挥医务人员的优势，面向学生开展心理健康教育和心理咨询服务。在日常思想政治教育工作中，要注意区分学生的思想道德问题与心理问题，要善于对学生的心理问题有针对性地进行辅导或咨询，及时主动地与学校从事心理健康教育工作的教师合作，给有心理困惑、心理障碍的学生以及时必要的帮助。

要重视开展大学生心理辅导或咨询工作。高等学校开展心理辅导或咨询工作，对于解决学生的心理问题，具有重要的作用。各高等学校要积极创造条件建立心理健康教育工作体系，开展心理辅导或咨询工作。心理辅导或咨询工作要通过个别咨询、团体辅导活动、心理行为训练、书信咨询、热线电话咨询、网络咨询等多种形式，有针对性地向学生提供经常、及时、有效的心理健康指导与服务。辅导或咨询机构要科学地把握高等学校心理健康教育工作的任务和内容，严格区分心理辅导中心或心理咨询中心与专业精神卫生机构所承担工作的性质、任务。在心理辅导或咨询工作中发现严重心理障碍和心理疾病的学生，要将他们及时转介到专业卫生机构治疗。

要充分利用高等学校广播、电视、计算机网络、校刊、校报、橱窗、板报等宣传媒体，通过第二课堂活动，广泛宣传、普及心理健康知识，强化学生的参与意识，提高广大学生的兴趣。要通过加强校园文化建设，营造积极、健康、高雅的氛围，陶冶学生高尚的情操，促进其全面发展和健康成长。

四、加强高等学校大学生心理健康教育工作队伍建设

高等学校专职从事心理健康教育的教师原则上应纳入学生思想政治工作队伍管理序列。承担其他专业课教学、科研等工作的兼职教师职务评聘，应根据岗位需要和本人承担的工作任务及具备的任职条件，聘任相应的教师或研究等专业技术职务。要参照中共教育部党组《关于进一步加强高等学校学生思想政治工作队伍建设的若干意见》（教党［2000］21号）精神，通过专、兼、聘等多种方式，建设一支以少量精干专职教师为骨干，专兼结合、专业互补、相对稳定的高等学校大学生心理健康教育工作队伍。

要积极开展对从事大学生心理健康教育工作专、兼职教师的培训，培训工作列入学校

师资培训计划。通过培训不断提高他们从事心理健康教育工作所必备的理论水平、专业知识和技能。还要重视对班主任、辅导员以及其他从事学生思想政治工作的干部、教师进行有关心理健康方面内容的业务培训。要逐步建立从事大学生心理健康教育工作专、兼职教师的资格认定体系。

五、加强领导，规范大学生心理健康教育工作的管理

各地教育工作部门和高等学校，要切实加强对大学生心理健康教育工作的领导，积极支持大学生心理健康教育工作的开展，帮助解决工作中的困难和问题。

高等学校大学生心理健康教育工作是学校德育工作的重要组成部分，实行主管校领导负责，以学生思想政治教育工作教师为主体，专兼结合的工作体制。要把高等学校大学生心理健康教育工作纳入学校德育工作管理体系中。目前已经开展心理健康教育工作的学校或工作基础较好的学校，应进一步完善或健全心理健康教育的工作体制和体系，条件不成熟的高等学校可在当地教育工作部门的统筹协助下，充分利用有关资源和条件并积极创造条件开展工作。高等学校应配备专职人员作为学校心理健康教育工作的骨干。其编制从学校总编制或专职学生思想政治工作编制中统筹解决。此外，根据学校实际情况还可聘请一定数量的兼职教师和心理辅导或咨询人员。要按学校有关规定计算工作量或给予报酬。

高等学校开展大学生心理健康教育工作经费原则上在德育工作经费中统筹解决。各高等学校要为开展大学生心理健康教育工作提供必要的条件，并不断改善条件，优化教育手段，务必保证工作的投入。

教育部

2001年3月16日

教育部关于印发《中小学心理健康教育指导纲要》的通知

教基［2002］14号

各省、自治区、直辖市教育厅（教委），新疆生产建设兵团教委：

为进一步加强中小学心理健康教育，我部制定了《中小学心理健康教育指导纲要》，现印发给你们。请各地结合实际，制定实施意见，认真组织实施，并将落实情况、问题和意见及时报我部。

2002年8月1日

中小学心理健康教育指导纲要

良好的心理素质是人的全面素质中的重要组成部分。心理健康教育是提高中小学生心理素质的教育，是实施素质教育的重要内容。中小学生正处在身心发展的重要时期，随着生理、心理的发育和发展，社会阅历的扩展及思维方式的变化，特别是面对社会竞争的压力，他们在学习、生活、人际交往、升学就业和自我意识等方面，会遇到各种各样的心理困惑或问题。因此，在中小学开展心理健康教育，是学生健康成长的需要，是推进素质教育的必然要求。为了深入贯彻《公民道德建设实施纲要》和《国务院关于基础教育改革与发展的决定》及《中共中央办公厅国务院办公厅关于适应新形势进一步加强和改进中小学

德育工作的意见》，进一步指导和规范中小学心理健康教育工作，在总结实验区工作经验的基础上，特制定本纲要。

一、心理健康教育的指导思想和基本原则

开展中小学心理健康教育工作，必须坚持以马列主义、毛泽东思想、邓小平理论、“三个代表”重要思想为指导，贯彻党的教育方针，落实《公民道德建设实施纲要》和《国务院关于基础教育改革与发展的决定》及《中共中央办公厅国务院办公厅关于适应新形势进一步加强和改进中小学德育工作的意见》，坚持育人为本，根据中小学生生理、心理发展特点和规律，运用心理健康教育的理论和方法，培养中小学生良好的心理素质，促进他们身心全面和谐发展。

开展中小学心理健康教育，要立足教育，重在指导，遵循学生身心发展规律，保证心理健康教育的实践性与实效性。为此，必须坚持以下基本原则：根据学生心理发展特点和身心发展规律，有针对性地实施教育；面向全体学生，通过普遍开展教育活动，使学生对心理健康教育有积极的认识，使心理素质逐步得到提高；关注个别差异，根据不同学生的不同需要开展多种形式的教育和辅导，提高他们的心理健康水平；尊重学生，以学生为主体，充分启发和调动学生的积极性。积极做到心理健康教育的科学性与针对性相结合；面向全体学生与关注个别差异相结合；尊重、理解与真诚同感相结合；预防、矫治和发展相结合；教师的科学辅导与学生的主动参与相结合；助人与自助相结合。

二、心理健康教育的目标与任务

心理健康教育的总目标是：提高全体学生的心理素质，充分开发他们的潜能，培养学生乐观、向上的心理品质，促进学生人格的健全发展。

心理健康教育的具体目标是：使学生不断正确认识自我，增强调控自我、承受挫折、适应环境的能力；培养学生健全的人格和良好的个性心理品质；对少数有心理困扰或心理障碍的学生，给予科学有效的心理咨询和辅导，使他们尽快摆脱障碍，调节自我，提高心理健康水平，增强自我教育能力。

心理健康教育的主要任务是全面推进素质教育，增强学校德育工作的针对性、实效性和主动性，帮助学生树立在出现心理行为问题时的求助意识，促进学生形成健康的心理素质，维护学生的心理健康，减少和避免对他们心理健康的各种不利影响；培养身心健康，具有创新精神和实践能力，有理想、有道德、有文化、有纪律的一代新人。

按照“积极推进、实事求是、分区规划、分类指导”的工作原则，不同地区应根据本地实际，积极做好心理健康教育的工作。

——大中城市和经济发达地区，要普遍开展心理健康教育工作。教师要在具有较全面的心理学理论知识和进行心理辅导的专门技能以及提高自身良好的个性心理品质上有显著提高。

——有条件的城镇中小学和农村中小学，要从实际出发，有计划、有步骤地开展心理健康教育工作。要抓好心理健康教育骨干教师队伍建设，同时在总结经验的基础上加强区域性心理健康教育的整体推进工作。

——暂不具备条件的农村和边远地区，要从实际出发，制定出中小学地区性的心理健康教育的发展规划；重点抓好一批心理健康教育的试点学校，积极开展心理健康教育教师的培训工作；逐步推进心理健康教育工作。

三、心理健康教育的主要内容

心理健康教育的主要内容包括：普及心理健康基本知识，树立心理健康意识，了解简单的心理调节方法，认识心理异常现象，以及初步掌握心理保健常识，其重点是学会学习、人际交往、升学择业以及生活和社会适应等方面的常识。

城镇中小学和农村中小学的心理健康教育，必须从不同地区的实际和学生身心发展特点出发，做到循序渐进，设置分阶段的具体教育内容。

小学低年级主要包括：帮助学生适应新的环境、新的集体、新的学习生活与感受学习知识的乐趣；乐与老师、同学交往，在谦让、友善的交往中体验友情。

小学中、高年级主要包括：帮助学生在学习生活中品尝解决困难的快乐，调整学习心态，提高学习兴趣与自信心，正确对待自己的学习成绩，克服厌学心理，体验学习成功的乐趣，培养面临毕业升学的进取态度；培养集体意识，在班级活动中，善于与更多的同学交往，培养健全开朗、合群、乐学、自立的健康人格，培养自主自动参与活动的能力。

初中年级主要包括：帮助学生适应中学的学习环境和学习要求，培养正确的学习观念，发展其学习能力，改善学习方法；把握升学选择的方向；了解自己，学会克服青春期的烦恼，逐步学会调节和控制自己的情绪，抑制自己的冲动行为；加强自我认识，客观地评价自己，积极与同学、老师和家长进行有效的沟通；逐步适应生活和社会的各种变化，培养对挫折的耐受能力。

高中年级主要包括：帮助学生具有适应高中学习环境的能力，发展创造性思维，充分开发学习的潜能，在克服困难取得成绩的学习生活中获得情感体验；在了解自己的能力、特长、兴趣和社会就业条件的基础上，确立自己的职业志向，进行职业的选择和准备；正确认识自己的人际关系的状况，正确对待和异性伙伴的交往，建立对他人的积极情感反应和体验；提高承受挫折和应对挫折的能力，形成良好的意志品质。

四、心理健康教育的途径和方法

开展心理健康教育的途径和方法可以多种多样，不同学校应根据自身的实际情况灵活选择、使用，注意发挥各种方式和途径的综合作用，增强心理健康教育的效果。心理健康教育的形式在小学可以以游戏和活动为主，营造乐学、合群的良好氛围；初中以活动和体验为主，在做好心理品质教育的同时，突出品格修养的教育；高中以体验和调适为主，并提倡课内与课外、教育与指导、咨询与服务的紧密配合。

开设心理健康选修课、活动课或专题讲座。包括心理训练、问题辨析、情境设计、角色扮演、游戏辅导、心理知识讲座等，旨在普及心理健康科学常识，帮助学生掌握一般的心理保健知识，培养良好的心理素质。要注意防止心理健康教育学科化的倾向。

个别咨询与辅导。开设心理咨询室（或心理辅导室）进行个别辅导是教师和学生通过一对一的沟通方式，对学生在学习和生活中出现的问题给予直接的指导，排解心理困扰，并对有关的心理行为问题进行诊断、矫治的有效途径。对于极个别有严重心理疾病的学生，能够及时识别并转介到医学心理诊治部门。

要把心理健康教育贯穿在学校教育教学活动之中。要创设符合心理健康教育所要求的物质环境、人际环境、心理环境。寻找心理健康教育的契机，注重发挥教师在教育教学中人格魅力和为人师表的作用，建立起民主、平等、相互尊重的新型师生关系。班级、团队活动和班主任工作要渗透心理健康教育。

积极开通学校与家庭同步实施心理健康教育的渠道。学校要指导家长转变教子观念，了解和掌握心理健康教育的方法，注重自身良好心理素质的养成，营造家庭心理健康教育的环境，以家长的理想、追求、品格和行为影响孩子。

五、心理健康教育的组织实施

加强对中小学心理健康教育工作的领导和管理。心理健康教育工作是学校教育工作的重要组成部分，各级教育行政部门和学校，要切实加强对心理健康教育工作的领导，积极支持开展中小学心理健康教育工作，帮助解决工作中的困难和问题。要通过多种途径和方式，根据本地、本校教育教学实际，保证心理健康教育时间，课时可在地方课程或学校课程时间中安排。各地教育行政部门要把心理健康教育工作纳入对学校督导评估之中，加强对教师和咨询人员的管理，建立相应的规章制度。

加强师资队伍建设是搞好心理健康教育工作的关键。学校要逐步建立在校长领导下，以班主任和专兼职心理辅导教师为骨干，全体教师共同参与的心理健康教育工作体制。专职人员的编制可从学校总编制中统筹解决。统筹安排中小学专职心理辅导教师专业技术职务评聘工作。根据学校实际情况，可聘请一定数量的兼职教师或心理咨询人员。

要重视教师心理健康教育工作。各级教育行政部门和学校要把教师心理健康教育作为教师职业道德教育的一个方面，为教师学习心理健康教育知识提供必要的条件。要关心教师的工作、学习和生活，从实际出发，采取切实可行的措施，减轻教师的精神紧张和心理压力，使他们学会心理调适，增强应对能力，有效地提高心理健康水平。

要积极开展心理健康教育的教师培训。教育部将组织有关专家编写教师培训用书，并有计划、分期分批地培训骨干教师。高等学校的心理学专业和教育学专业要积极为中小学输送合格的心理健康教育教师。师范院校要开设与心理健康教育有关的课程，以帮助师范学生和中小学教师掌握心理健康教育的基础知识和技能。

各级教育行政部门要积极组织对从事心理健康教育教师的专业培训，把对心理健康教育教师的培训列入当地和学校师资培训计划以及在职教师继续教育的培训系列。培训包括理论知识学习、操作技能训练、案例分析和实践锻炼等内容。通过培训提高专、兼职心理健康教育教师的基本理论、专业知识和操作技能水平。

加强心理健康教育的教研活动和课题研究。学校在进行心理健康教育时，要从学生实际出发，强调集体备课，统一做好安排。要以学生成长过程中遇到的各种问题和需要为主线，通过教研活动，明确心理健康教育的重点、难点，掌握科学的教育方法，提高心理健康教育的质量。坚持理论与实践相结合，通过带课题培训与合作研究等方式，推广优秀科研成果。

各种心理健康教育自助读本或相关教育材料的编写、审查和选用要根据本指导纲要的统一要求进行。自2002年秋季开学起，凡进入中小学的自助读本或相关教育材料必须按有关规定，经教育部或省级教育行政部门组织专家审定后方可使用。

各地在组织实施过程中，要注意心理健康教育与德育工作的密切联系，既不能用德育工作来代替心理健康教育，也不能以心理健康教育取代德育工作。不能把学生的心理问题简单归结为思想品德问题。同时，各地应根据中央和教育部的文件精神，对此项工作统一规范称为“心理健康教育”。

心理咨询是一项科学性、专业性很强的工作，也是心理健康教育的一条重要渠道。大中城市具备条件的中小学校要逐步建立和完善心理咨询室（或心理辅导室），配置专职人员。对心理咨询或辅导人员要提出明确要求。严格遵循保密原则，谨慎使用心理测试量表或其他测试手段，不能强迫学生接受心理测试，禁止使用影响学生心理健康的仪器，如测谎仪、CT、脑电仪等。

各地教育行政部门和学校既要积极创造条件，又要从实际出发，有计划、有步骤地开展心理健康教育工作。既要充分利用社会心理健康教育的资源，又要注意防止心理健康教育医学化和学科化的倾向。不能把心理健康教育搞成心理学知识的传授和心理学理论的教育，也不能把心理健康教育看成中小学各学科课程的综合或思想品德课的重复，更不许考试。

加强心理健康教育的课题研究与科学管理，特别要注重心理健康教育与德育、与人的全面发展关系的研究。各级教育行政部门对此项工作要给予大力指导，积极支持科研部门广泛开展科学研究活动，保证心理健康教育工作科学、健康地发展。

上海市中小学心理健康教育大纲

（试行）

上海市教育委员会　1998年12月

总纲

通过心理健康教育，帮助学生认识自己、悦纳自己、充分发掘潜力；学会控制和调节自己，能够克服心理困扰；培养乐观进取、自信自律、负责守信、友善合群、开拓创新、追求卓越、不畏艰难的健全人格及社会适应能力；树立人生理想，具备择业能力。

通过心理健康教育，有效地提高当代中学生的心理素质，为贯彻全国学校德智体全面发展的教育方针，打下扎实基础。

阶段分目标

小学阶段

提高小学生对校园生活的适应力，培养他们开朗、合群、乐学、自立的健康人格。

初中阶段

培养初中生自重、自爱、自尊、自信的独立人格及对自我与外界的评价能力；能以积极心态面对学习、生活压力和自我身心所出现的变化。

高中阶段

培养高中生更为完善的意志品质。增强自觉性、果断性和自制力，能以更为成熟的自我意识和社会责任感去对待学习、人际交往、情感世界及自我发展等问题。面对升学或就业，具备选择专业或职业和克服压力的能力。

年级分目标与教育内容

一年级目标

适应新的环境、新的学习生活。乐与老师、同学交往。

内容（适应）

1. 祝你成为小学生（角色意识）
2. 这是我们的校园（适应环境）
3. 和老师、同学手拉手（适应群体）
4. 课堂是知识的海洋（适应课堂、激发兴趣）

5. 和好习惯交朋友（行为习惯）

6. 校园"红灯"与"绿灯"（纪律意识）

7. 克服不安、孤独、恐惧（防范心理困扰）

二年级目标

感受集体活动与学习知识的乐趣，在谦让、友善的交往中体验友情，在好行为好习惯的训练中培养"做一个好学生"的意识。

内容（合群）

1. 我爱我班（集体意识）

2. 谦让、友善朋友多（交友意向）

3. 知识越学越有趣（乐于学习）

4. 告别"小粗心"、"小拖拉"（行为习惯）

5. 谁的发现多又好（观察与注意）

6. 做活泼、守纪的好学生（自我控制）

7. 克服厌学、依赖、交往障碍（防范心理困扰）

三年级目标

在学习中品尝解决难题的快乐，在班队活动中善与更多的同学交往，萌发集体意识，培养自主自动参与活动及表现自我的欲望与能力。

内容（乐学）

1. 头脑越练越聪明（动脑习惯）

2. 智斗难题真快乐（挑战难题）

3. 情绪气象台（认识情绪）

4. 让自己更快乐（调节情绪）

5. 让我也来"露一手"（自信心）

6. 当小朋友难过的时候（学会关心）

7. 愉快的假日生活（学会休闲）

四年级目标

能够正确对待自己的学习成绩，有集体荣誉感，勤于思考，不甘落后。

内容（自信）

1. 开放自己、表露自己（开朗心态）

2. 让大家喜欢我、需要我（期望自我）

3. 同学进步我高兴（排除嫉妒情绪）

4. 巧学苦练无难题（学习方法）

5. 集体成败牵我心（集体意识）

6. "绝招"大比试（表现自我）

7. 再也不说"我不行"（排除自卑）

五、六年级目标

具有能干、负责的哥哥姐姐意识，获取"一分辛劳一分收获"的愉悦感，培养面临毕业升学的适当态度。

内容（进取）

1. 大哥哥大姐姐的风采（兄姐意识）
2. 学习状态的自我诊断（自我认识）
3. 反转思考主意多（思维习惯）
4. 时间的妙用（学习习惯）
5. 克服考试的紧张情绪（松弛训练）
6. 我为自己的小学生涯而骄傲（总结自我）
7. 再见，母校（母校情感）
8. 向往中学新生活（中小学衔接）

初预、初一年级目标

适应新的学习环境和学习要求，富有责任感和进取心，形成良好的自我认识能力。

内容（独立）

1. 驾驭中学的学习生活（学习方法）
2. 众人拾柴火焰高（自我价值）
3. 做一个快乐的人（乐观开朗的心态）
4. 我是谁（自我认识）
5. 兴趣温度计（兴趣培养法）
6. 如何诊断行为习惯（自我测量）
7. 自我改变有妙法（行为矫正）
8. 筑起防范恶习的城墙（杜绝对烟酒毒赌的好奇心）
9. 当不幸降临的时候（心理承受方法）

初二年级目标

掌握青春期的生理和心理卫生常识，适应自我身心变化，能够大方得体地与同学、异性和长辈交往，勤奋精神和刻苦毅力逐渐养成。

内容（自控）

1. 镜中的我（悦纳生理变化）
2. 青春的快乐与烦恼（认识青春期心理）
3. 交往心态 PAC（人际交往）
4. 学会说“不”，学会自我保护（抵御能力）
5. 不下苦功何有乐（意志培养）
6. 开发大脑有诀窍——发散性思维和突破定势（思维方法）
7. 职业大舞台（择业意识）

初三年级目标

形成锲而不舍的个性特征，掌握自我心态、情绪的调适方法，改善学习方法，能够在升学和就业方面做出合适的决定。

内容（耐挫）

1. 人生发展的六个阶段（心理发展知识）
2. 人的五个需求层次（需求理论）
3. 人生百味（人生价值取向）
4. 成功在于再坚持一下的努力之中（意志力）

5. 成功者的个性特质（榜样启示）
6. 把握升学选择的方向（择业指导）
7. 保持考前最佳状态（情绪与作息调适及处理压力技巧）
8. 告别母校，迎接挑战（情感与进取）

高一年级目标

适应高中学习环境与学习要求，增强集体感和人际交往能力，掌握自我调适与自我改变的技能。

内容（适应）

1. 营造健康积极的校园氛围（集体意识）
2. 让我们敞开心扉（开朗性格与人际沟通）
3. 开发你自己（潜能发掘）
4. 读书要诀（科学用脑）
5. 怎样与异性交往（性心理与得体的异性交往方式）
6. 如何欣赏、说服和拒绝他人（人际交往技能）
7. 假如你要改变自己（行为方法）
8. 职业兴趣是成功的动力（择业指导）

高二年级目标

培养丰富的情感，增强社会责任感，发展创造性。

内容（创造）

1. 如何掌握学习主动权（学习方法）
2. 创造意识与创造性地学习（创造思维）
3. 友情与爱情（性心理）
4. 如何增强交往能力（社交技巧）
5. 时间的分配、运用与管理（效益观）
6. 职业能力自我测定（择业指导）
7. 学会负责（责任感）
8. 如何面对压力（应激指导）

高三年级目标

认识自己的社会价值，关心国家命运并具有使命感，具有奉献精神，选准自己的发展前途与人生目标，能娴熟地运用所学技巧自我调节考前情绪，成功完成中学阶段的最后冲刺，能够做出升学或择业的最佳选择。

内容（奉献）

1. 关心社会的心理需求与功能（确立个人潜能最深厚的激发源）
2. 人生发展计划（人生指导）
3. 把握高三（合理运筹时间）
4. 掌握系统学习律（学习方法）
5. 如何调节应试情绪（松弛、系统脱敏）
6. 推销你自己（面试技巧）
7. 条条道路通罗马（择业指导）

8. 告别母校、迈向人生（培养报答母校、报效社会的情怀）

资料来源：《大众心理学》，1999（1）。

上海全日制高等院校心理健康教育大纲

（试行）

上海市教育委员会　1998 年 12 月

一、目标

通过心理健康教育，帮助高校学生掌握青年期身心健康基本知识，增强社会适应能力、人际交往能力和自我调适能力，能够积极开发自我潜能，成功完成学业，具备择业能力。

通过心理健康教育，帮助学校德育和学生管理工作。

更为有效地发挥其教育功能，有助于全面提高学生素质，努力培养德智体等方面全面发展的社会主义现代化事业的建设者和接班人。

二、内容

（1）了解心理健康的内容和标准。

（2）确立合适的奋斗目标，合理规划人生。

（3）学会客观评价自我、树立自信心和悦纳自我的方法。

（4）能够承受挫折，培养良好意志品质。

（5）发展社会适应和人际交往能力。

（6）克服消极的非理性的思维方式，培养积极的理性的思维习惯。

（7）掌握心态、情绪的表达和调适方法。

（8）培养科学的学习方法、良好的学习习惯。

（9）了解自我职业兴趣和职业能力倾向，确立适当的求职目标，具备求职心理技能。

（10）掌握性心理卫生常识。

（11）形成正确的婚恋观，了解恋爱心理调适方法。

（12）学会矫正人格缺陷，塑造健全人格的方法。

（13）了解常见心身疾病及心理障碍的种类、症状和成因，懂得预防和克服的方法。

（14）掌握发展自我、开发潜能的方法。

（15）培养广泛兴趣，提高审美情趣，陶冶高尚情操。

资料来源：《大众心理学》，2000（4）。

北京市教育委员会关于印发北京市中小学校和职业学校心理咨询室建设基本要求的通知

京教德〔2006〕2 号

各区县教委：

随着经济社会的发展，学生心理问题逐渐增多，加强学生心理健康教育和心理咨询工作日益引起各级教育部门和社会的关注。建立和规范学校心理咨询室，有利于推动学校心理健康教育工作的开展。按照市教委提出的“2008 年前，全市小学中心校以上的中小学均建成心理咨询室”的工作部署，我们在总结已有心理咨询室建设和使用经验的基础上制定了《北京市中小学校和职业学校心理咨询室建设基本要求（试行）》，现印发给你们，请结合本区县实际贯彻落实。

心理咨询室建设是加强德育基础建设的一项重要工作，也是北京市中小学办学条件标准中的一项重要内容。各区县教委要依据此要求，指导学校结合实际，创建符合不同学段学生需求的心理咨询室，进一步推动学校心理健康教育工作的开展。

2006 年 3 月 22 日

北京市中小学校和职业学校心理咨询室建设基本要求（试行）

学校心理咨询室是为学生提供心理服务的固定场所，是学校心理健康教育的重要渠道，也是北京市中小学办学条件标准中的一项重要指标。随着经济社会的发展，学生心理问题逐渐增多，建立和规范全市中小学心理咨询室显得尤为必要和重要。根据当前中小学生的实际需求和学校心理健康教育工作的现状及发展需要，现就规范学校心理咨询室提出以下基本要求。

一、建设原则

中小学校心理咨询室的建设和使用必须以教育部《中小学心理健康教育指导纲要》和《北京市中小学和职业学校心理健康教育工作纲要》精神为指导，坚持育人为本，尊重科学，着眼教育，立足学校，服务学生。

根据我市实际，按照“区域推进、示范引导、分层实施”的原则，到 2008 年全市小学中心校以上的中小学校均建成心理咨询室。

二、功能定位

中小学心理咨询室面向全校学生、教师和家长开展心理健康教育工作，提供心理咨询、指导和服务。具体来说，应具有以下服务功能。

（1）开展面向全体学生的心理健康教育活动，如开展心理保健操、小团体心理训练等；指导学生自助，促进学生良好心理素质和健康人格的形成；为有特殊需要或心理问题倾向的学生建立心理档案。有条件的学校也可以建立全体学生的心理档案。

（2）针对学生的身心发展特点，积极开展学生成长关键期和关键点的指导工作，如入学适应性调节、考前减压、专业选择咨询和升学指导等活动，帮助学生充分认识自己的个性能力特点，以利学生做出合适的选择。

（3）接待有心理辅导需求的学生，对有一般心理问题的学生进行个别辅导，帮助他们解决心理困扰；发现和鉴别出具有较为严重和严重心理问题的来访者，向家长或监护人提出建议，将其转介到有关专业心理咨询和治疗机构。

（4）开展对班主任、学科教师和学校教职员工的心理健康教育知识和简单操作技能的培训，帮助教职员工掌握心理保健和心理健康教育的基本方法。

（5）向家长提供有关亲子关系和家庭教育的咨询，指导家长正确认识孩子的心理特点、成长规律和教育策略。

三、建设要求

学校咨询室应独立设立，相对固定。咨询室的建设要与新颁布的《中小学办学条件标准》的细则相适应，要符合本地区、本学校的实际情况和不同学段学生的需求。

(1) 名称的选择：应选择亲切、生动、贴近学生心理，能够易于接受的名称，如心语室、知心屋、谈心室、聊天室、心情吧等。

(2) 地点的选择：本着安静和方便的原则，尽量设在远离教学区和办公区的地方，便于形成一种安全、温馨的氛围，有助于学生心态的调试。

(3) 设备的配置：计算机、打印机、电视机、影碟机、投影机、摄像机、收录机、小型情绪调节器械、心理图书资料、常用心理测量工具和统计软件、资料柜、舒适而且温馨的坐椅（沙发）、茶几、办公桌、钟表、饮水器具、面巾纸等。

(4) 环境的布置：整个房间的布置以简洁、温馨、舒适、安全，符合不同学段学生特点为原则，房间达到一定的隔音标准。可以在墙上挂有"心理咨询人员工作守则"、"心理健康标准"和温馨话语等。

有条件的学校可在心理咨询室中，增添心理活动区和阅览区，也可以单独建室。活动区（室）的建立，一是为学生进行各种团体辅导活动提供场所，二是为学生进行心理训练提供条件。心理活动区（室）可根据辅导活动或训练活动的需要，配置一些设备，一般有地毯、学生坐椅、收录机、录音带（心理训练用）、音响、录像设备以及活动道具等。

阅览区（室）应配置书柜、阅览架、桌椅、心理方面的图书、报纸和杂志等。阅览区（室）可以让学生选择自己所需要的资料，从而得到帮助和启示；也可以为教师提供各种心理健康教育的方法、现代教育思想、心理辅导技术等方面的资料。

四、人员组成

学校心理咨询室应至少有1名受过系统培训的专职或兼职心理教师，咨询室人员还可以包括具有一定心理学知识和技能的班主任和团队干部以及热心于此项工作的其他教师、校外人员和学生志愿者。

五、使用要求

(1) 咨询室应定期开放，每周不少于10小时，开放时间应符合求助者的需求，在开放时间内必须有咨询人员值班。

(2) 学校心理咨询室可以根据咨询室设置情况和求助者的需求，提供多种形式的咨询服务，如现场咨询、通信咨询、电话咨询、网络咨询。

(3) 全心全意为求助者服务，尊重并积极关注每一位来访者。未经本人或监护人的允许，不得擅自向其他人透露求助者的各种隐私、心理测量结果和咨询记录等；与来访者保持适当的人际距离。

(4) 不掌握心理测量有关知识和方法的咨询人员不得对求助者进行心理测量。不得使用盗版、信度和效度差、不符合学生特点的量表。不经学生本人或监护人同意不能强迫学生进行各类心理测量。

(5) 在咨询过程中要密切关注求助者情绪，如遇特殊情况应采取有效措施，并及时向校领导和有关方面人员汇报。

教育部办公厅关于印发《普通高等学校学生心理健康教育工作基本建设标准（试行）》的通知

教思政厅［2011］1号

各省、自治区、直辖市党委教育工作部门、教育厅（教委），新疆生产建设兵团教育局，有关部门（单位）教育司（局），部属各高等学校：

为深入贯彻落实全国教育工作会议、教育规划纲要以及全国加强和改进大学生思想政治教育工作座谈会精神，进一步深入贯彻落实《中共中央 国务院关于进一步加强和改进大学生思想政治教育的意见》（中发［2004］16号），推进大学生心理健康教育工作科学化建设，现将《普通高等学校学生心理健康教育工作基本建设标准（试行）》印发给你们，请结合本地本校实际情况，认真贯彻执行。

本标准自印发之日起试行，适用于普通高等学校，其他类型高校可参照执行。各地各校制定的实施方案和政策措施请及时报送我部思想政治工作司。

附件：普通高等学校学生心理健康教育工作基本建设标准（试行）

教育部办公厅

2011年2月23日

附件：

普通高等学校学生心理健康教育工作基本建设标准

（试行）

加强和改进大学生心理健康教育是新形势下贯彻落实全国教育工作会议和《国家中长期教育改革和发展规划纲要（2010—2020年）》精神，促进大学生健康成长、培养造就拔尖创新人才的重要途径，是全面贯彻党的教育方针、建设人力资源强国的重要举措，是推动高等教育改革、加强和改进大学生思想政治教育的重要任务。为推进大学生心理健康教育工作科学化建设，根据《中共中央 国务院关于进一步加强和改进大学生思想政治教育的意见》（中发［2004］16号）和《教育部 卫生部 共青团中央关于进一步加强和改进大学生心理健康教育的意见》（教社政［2005］1号）等文件精神，特制订本标准。

一、大学生心理健康教育体制机制建设

（1）高校应将大学生心理健康教育纳入学校人才培养体系。应成立专门工作领导小组，指定主管校领导负责，心理健康教育和咨询机构、学生工作部门、宣传部门、教务部门、人事部门、财务部门、安全保卫部门、后勤保障服务部门、校医院以及各院（系）、研究生院和相关学科教学研究单位等负责人为成员，负责研究制订大学生心理健康教育工作的规划和相关制度，统筹领导全校大学生心理健康教育工作。党委常委会或校长办公会应定期听取专门工作汇报，研究部署工作任务，解决存在的问题。

（2）高校应有健全的校、院（系）、学生班级三级心理健康教育工作网络，各级各部门应有明确的职责分工和协调机制。学校应有机构负责大学生心理健康教育和咨询，纳入学校思想政治教育工作体系，具体组织协调开展全校学生心理健康教育工作；院（系）应安排专兼职教师负责落实心理健康教育工作；组织学生班委会、党团支部等学生组织积极协助辅导员、班主任和研究生导师开展心理健康教育工作。

（3）高校应根据实际情况，研究制订大学生心理健康教育工作的意见或实施办法。应建立考核、奖惩机制，制订年度工作计划。

（4）高校应围绕心理健康教育和咨询机构的规范管理、心理危机预防与干预、心理咨询工作流程、心理健康教育课程教学、心理健康教育从业者职业道德规范等内容，建立健全各项规章制度。

二、大学生心理健康教育师资队伍建设

（5）高校应建设一支以专职教师为骨干，专兼结合、相对稳定、素质较高的大学生心理健康教育和心理咨询工作队伍。高校应按学生数的一定比例配备专职从事大学生心理健康教育的教师，每校配备专职教师的人数不得少于2名，同时可根据学校的实际情况配备兼职教师。

（6）高校应将大学生心理健康教育师资队伍建设纳入学校整体教师队伍建设工作中，加强选拔、配备、培养和管理。从事大学生心理健康教育的教师，特别是直接从事心理咨询服务的教师，应具有从事大学生心理健康教育的相关学历和专业资质。专职教师的专业技术职务评聘应纳入大学生思想政治教育教师队伍序列，设有教育学、心理学、医学等教学研究机构的学校，也可纳入相应专业序列。专兼职教师开展心理辅导和咨询活动应计算相应工作量。

（7）高校应重视大学生心理健康教育专兼职教师的专业培训工作，将师资培训工作纳入年度工作计划和年度经费预算。应保证心理健康教育专职教师每年接受不低于40学时的专业培训，或参加至少2次省级以上主管部门及二级以上心理专业学术团体召开的学术会议。适时安排从事大学生心理咨询的教师接受专业督导。应支持大学生心理健康教育教师结合实际工作开展科学研究。

（8）高校所有教职员工都负有教育引导学生健康成长的责任，要着力构建和谐、良好的师生关系，强化大学生心理健康教育的全员参与意识。学校应将心理健康教育内容纳入新进教师岗前培训课程体系。辅导员、班主任、研究生导师是大学生心理健康教育工作的重要力量，每年应为他们至少组织一次心理健康教育专题培训。应对学生宿舍管理员等后勤服务人员开展相关常识培训。

三、大学生心理健康教育教学体系建设

（9）高校应充分发挥课堂教学在大学生心理健康教育工作中的主渠道作用，根据心理健康教育的需要建立或完善相应的课程体系。学校应开设必修课或必选课，给予相应学分，保证学生在校期间普遍接受心理健康课程教育。

（10）高校应充分考虑学生的心理发展规律和特点，科学规范大学生心理健康教育课程的教学内容，切实改进教育教学方法。应有专门的教学大纲或教学基本要求。教学内容设计应注重理论联系实际，力求贴近学生。应通过案例教学、体验活动、行为训练等多种形式提高课堂教学效果，通过教学研究和改革不断提升教学质量。

四、大学生心理健康教育活动体系建设

（11）高校应面向全体学生开展心理健康教育活动，不断创新心理健康教育活动形式，拓展心理健康教育途径，积极营造良好的心理健康教育氛围。

(12) 高校应通过广播、电视、校刊等多种媒介，积极开展心理健康教育宣传活动，应重视心理健康教育网络平台建设，开办专题网站（网页），充分开发利用网上教育资源。

(13) 高校应充分发挥广大学生在心理健康教育工作中的主体作用，满足学生自我成长的心理需要。应重视发挥班集体建设在大学生心理健康教育中的重要作用，支持学生成立心理社团，组织开展心理健康教育活动，普及心理健康知识，充分调动学生自我认识、自我教育、自我成长的积极性、主动性。

五、大学生心理咨询服务体系建设

(14) 高校应根据行业要求设立心理咨询室，为学生提供心理咨询服务。有条件的高校可在院（系）及学生宿舍设立心理健康教育辅导室。心理咨询室开放的时间应能满足学生的咨询需求。

(15) 高校应加强心理咨询制度建设，遵循心理咨询的伦理规范，保证心理咨询工作按规定有效运行。应建立健全心理咨询的值班、预约、重点反馈等制度。应加强心理咨询个案记录与档案管理工作，坚持保密原则，按规定严格管理心理咨询记录和有关档案材料。应定期开展心理咨询个案的研讨与督导活动，不断提高心理咨询的专业水平。

(16) 高校应通过多种途径开展心理咨询服务。应经常开展团体辅导活动，针对不同学生群体的需求，研究制订相应的团体辅导计划和实施方案，努力帮助学生解决心理问题，促进健康发展。应向全校学生公布心理健康教育和咨询机构的咨询信箱、咨询电话和网址。有条件的学校可提供网上咨询预约和网络咨询服务。

六、大学生心理危机预防与干预体系建设

(17) 高校应坚持预防为主的原则，重视心理健康知识的普及宣传工作，充分发挥心理健康教育工作网络的作用，通过新生心理健康状况普查、心理危机定期排查等途径和方式，及时发现学生中存在的心理危机情况。学校要对有较严重心理障碍的学生予以重点关注，并根据心理状况及时加以疏导和干预。应加强对患精神疾病学生康复及康复后的关注跟踪。

(18) 高校应制订心理危机干预工作预案，明确工作流程及相关部门的职责。应积极在院（系）、学校心理健康教育和咨询机构、校医院、精神疾病医疗机构等部门之间建立科学有效的心理危机转介机制。有条件的高校可在校医院设立精神科门诊，或聘请精神专科职业医师到校医院坐诊。对有较严重障碍性心理问题的学生，应及时指导学生到精神疾病医疗机构就诊；对有严重心理危机的学生，应及时通知其法定监护人，协助监护人做好监控工作，并及时将学生按有关规定转介给精神疾病医疗机构进行处理。转介过程应详细记录，做到有据可查。

(19) 高校应按照有关规定做好心理危机事件善后工作，应重视对危机事件当事人及其相关人员提供支持性心理辅导，最大限度地减少危机事件的负面影响。应及时总结经验教训，提高师生对心理危机事件的认识以及应对心理危机的能力。

七、大学生心理健康教育工作条件建设

(20) 高校应保障心理健康教育工作经费，并纳入学校预算，确保大学生心理健康教育的日常工作需要。

(21) 高校应加强心理健康教育和咨询场地建设。心理健康教育和咨询场地的建设应符合大学生心理健康教育工作的特点和要求，能够满足学生接受教育和咨询的需求。心理健康教育和咨询场地包括预约等候室、个体咨询室、团体辅导室、心理测评室等。

（22）高校应为心理健康教育和机构配备必要的办公设备、常用心理测量工具、统计分析软件和心理健康类书籍等心理健康教育产品。

主要参考文献

1. 耿文秀．走向 21 世纪的健康新概念．心理科学，1998（3）

2. 陈会昌．德育忧思——转型期学生个性心理研究．北京：华文出版社，1999

3. 彭聃龄主编．普通心理学．北京：北京师范大学出版社，2001

4. 王金道，刘勇，郭念锋．临床疾病心理学．北京：北京师范大学出版社，1994

5. 钟友彬．认识领悟疗法．贵阳：贵州教育出版社，1999

6. 陈力主编．心理障碍与精神卫生．北京：人民卫生出版社，2000

7. 曾文星，徐静．心理治疗：原则与方法．北京：北京医科大学出版社，2000

8. 许又新．心理治疗基础．贵阳：贵州教育出版社，1999

9. 李海洲，边和平．挫折教育论．南京：江苏教育出版社，1995

10. 中华人民共和国劳动和社会保障部．心理咨询师：国家职业标准（试行）．北京：中央广播电视大学出版社，2001

11. 郭念锋主编．心理咨询师（上下册）．北京：民族出版社，2002

12. 曹华，蔡发良．家庭心理医生．北京：九州图书出版社，2002

13. 凌文辁，滨治世编著．心理测验法．北京：科学出版社，1998

14. 季建林主编．医学心理学．上海：上海医科大学出版社、复旦大学出版社，2001

15. 周宏，高长梅，白昆荣主编．学校心理教育全书（上下册）．北京：九州图书出版社，1998

16. ［美］Jerry M. Burger. 人格心理学．北京：中国轻工业出版社，2000

17. ［美］Phillip L. Rice. 健康心理学．北京：中国轻工业出版社，2000

18. ［美］Phillip L. Rice. 压力与健康．北京：中国轻工业出版社，2000

19. ［美］Rita Sommers-Flanagan，John Sommers-Flanagan. 心理咨询面谈技术．北京：中国轻工业出版社，2000

20. 中华医学会精神科分会编．CCMD—3 中国精神障碍分类与诊断标准（第三版）．济南：山东科学技术出版社，2001

21. 陈彦方编．CCMD—3 相关精神障碍的治疗与护理．济南：山东科学技术出版社，2001

22. 徐光兴．临床心理学：心理健康与援助的学问．上海：上海教育出版社，2001

23. 张小乔主编．心理咨询治疗与测验．北京：中国人民大学出版社，1993

24. 郑日昌，陈永胜．学校心理咨询．北京：人民教育出版社，1991

25. 樊富珉．我国大学生心理咨询之发展．大众心理学，1995（6）

26. 王奉德．心理自助医生：正确调整自己的心态．北京：中国档案出版社，2002

27. 傅安球编著．家庭心理医师．上海：文汇出版社，2000

28. 郑瞻培，徐声汉编著．如何摆脱心理困惑．上海：上海教育出版社，1999

29. 姚本先．当前学校心理健康教育的消极倾向与发展趋向．中国教育学刊，2000（4）

30. 樊富珉．21 世纪我国学校心理健康教育的发展趋势．大众心理学，2000（4）

31. 刘华山．心理健康概念与标准的再认识．心理科学，2001（4）
32. 余展飞，杨新发，林香玲编著．现代心理卫生科学理论与实践．北京，世界图书出版公司，2000
33. 王金道．我省心理健康教育的现状调查．健康心理学，2001（5）
34. 王金道．心理治疗和药物治疗关系的探讨．中国心理卫生杂志，2003（1）
35. 王金道．素质教育中几个心理问题的思考．现代中小学教育，1999（8）

后记

经过多年的孕育，本书终于可以面向读者。此时应该说我的心情是轻松的，但是总感到还有许多事情没有做完。

本书稿由于种种原因，几次被搁浅。书稿的部分内容曾先后给几千名参加继续教育的中学老师和学生讲授，深受他们的欢迎。在我的亲人、同学、学生和许多中学老师的鼓励、支持下，才使得我克服重重困难完成任务。这可以说是我从事心理咨询教学、科研工作和十几年临床经验的结晶。首先应该感谢心理门诊中的来访者和来咨询的学生，在帮助他们的同时我也从他们身上学到了许多东西。这种收获别人是难以体会的，正是他们才使得我下定写作本书的决心。想让我的学生或年轻的朋友不再产生本来不应有的心理问题，或者说少有一些心理困惑，就是我写作本书的目的所在。

有人说我是教师，但又有人觉得我更像医生，可能原因有二：其一是我接触的医生数量可能比认识的老师多；其二是这么多年来，我本人的研究方向一直是心理咨询和心理卫生，接触的心理疾病病人或来访者很多，所以对教育也有一些新的认识。当人们从心理疾病、心理障碍的形成过程中来看今天的教育时，一定会有许多感慨。心理健康教育绝不是虚的东西，它关系到我们的未来。我常常给学生说，什么是人才，他首先是一个人、一个身心都正常的人，其次才是才。假如他是一个心理变态的人，那么他只能是一个笨才、庸才、废才、无用之才。一位中学的校领导听到我说的话后，十分感慨地讲了一件他自己的事情。他的独子，今年 16 岁，上初中三年级。平时少言寡语，在班中当班长且学习成绩很好，是公认的好学生，来年考上重点中学没有任何问题。可是，突然有一天，孩子一夜没有回家，第二天被找回来后遭到父亲的痛打，可孩子仍然说："我去和她照相。"感到情况不好，他带孩子到医院，结果被诊断为精神分裂症。现在孩子不能自理。这位领导听我讲课后十分激动地说："我现在体会最深的是你说的，首先是一个正常人，其次才是才。"他懊恼自己没有早点关心孩子的心理健康。生活中类似的情况很多很多，我作为一位从事心理咨询的工作者，也有许多无奈。这也是促使我写作本书的动力所在。

《国家中长期教育改革和发展规划纲要（2010—2020 年）》中的第二章"战略目标和战略主题"中，再一次明确提出，加强心理健康教育，促进学生身心健康、体魄强健、意志坚强。从全面提高全民素质的高度来看，我们的教育不能没有心理健康教育或心理辅导，对学生的心理援助应该越早越及时越好，教育工作者要形成这样一个良好的习惯。本书的内容涉及医学、心理学、社会学，假如能够对读者有所帮助，使我们的学生少一点心理问题，那么我的辛苦就是值得的。

本书从第一次与读者见面，到现在再次出版得到各级领导、同事、亲人的大力支持。在此对他们的付出表示诚挚的谢意。

在本书编写的过程中，参考了大量的相关的研究成果，特此表示衷心的感谢。由于编著者时间、水平有限，本书难免存在缺点和疏漏，甚至错误，敬请读者批评指正。

王金道

2011 年 11 月

图书在版编目（CIP）数据

学校心理辅导/王金道编著．—北京：中国人民大学出版社，2011.11
21 世纪通识课系列教材
ISBN 978-7-300-13936-4

Ⅰ．①学… Ⅱ．①王… Ⅲ．①学校教育-教育心理辅导-高等学校-教材 Ⅳ．①G448

中国版本图书馆 CIP 数据核字（2011）第 261121 号

21 世纪通识课系列教材
学校心理辅导
王金道 编著
Xuexiao Xinli Fudao

出版发行	中国人民大学出版社		
社　　址	北京中关村大街 31 号	**邮政编码**	100080
电　　话	010－62511242（总编室）		010－62511398（质管部）
	010－82501766（邮购部）		010－62514148（门市部）
	010－62515195（发行公司）		010－62515275（盗版举报）
网　　址	http://www.crup.com.cn		
	http://www.ttrnet.com(人大教研网)		
经　　销	新华书店		
印　　刷	北京市媛明印刷厂		
规　　格	185 mm×260 mm　16 开本	**版　　次**	2012 年 1 月第 1 版
印　　张	15.25 插页 1	**印　　次**	2012 年 1 月第 1 次印刷
字　　数	363 000	**定　　价**	29.00 元